Sozialarbeit bei Epilepsie 14

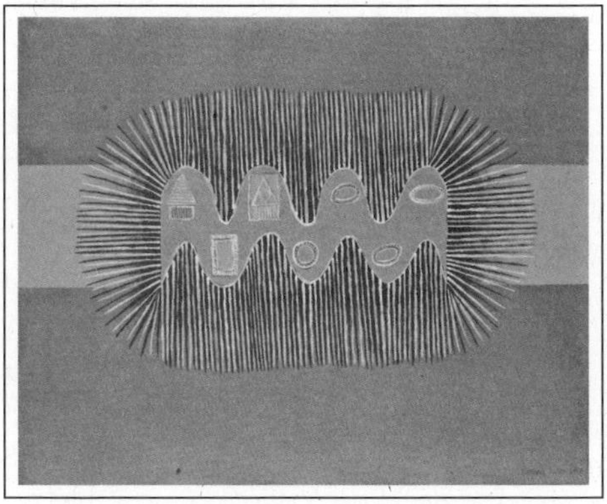

Sozialarbeit bei Epilepsie 14

Beiträge und Materialien der 14. Fachtagung
vom 22. – 24. September 2016
im Epilepsiezentrum Kork

Herausgegeben von
Rupprecht Thorbecke und Michaela Pauline Lux
im Auftrag von
Sozialarbeit bei Epilepsie e.V.

Bethel

Bethel-Verlag · Bielefeld

„Sozialarbeit bei Epilepsie e.V.“

Vorstand:

Peter Brodisch, Dipl. Pädagoge, Dipl. Sozialpädagoge
EpilepsieBeratung Innere Mission München und Netzwerk Epilepsie & Arbeit (NEA)
Ysenburgstraße 7
80634 München
PBrodisch@im-muenchen.de

Michaela Pauline Lux, Dipl. Sozialpädagogin/ Sozialarbeiterin
Epilepsiezentrum Kork
Landstraße 1
77694 Kehl-Kork
mlux@epilepsiezentrum.de

Beate Weihnacht, Dipl. Sozialarbeiterin/ -pädagogin
Sozialpädiatrisches Zentrum am Städtischen Klinikum Dresden
Industriestraße 35
01129 Dresden
beate.weihnacht@khdn.de

Haftungsausschluss:

Diese Schrift wurde mit großer Sorgfalt erstellt. Sie kann und will aber nicht die Rolle einer verbindlichen Handlungsanweisung in jedem Einzelfall übernehmen. Es bedarf immer der individuellen Prüfung und Beurteilung, erforderlichenfalls der Einschaltung beteiligter Fachleute, weil es um die Gesundheit des Einzelnen geht. Autoren und Herausgeber übernehmen keine Haftung für evtl. Schäden, die mittelbar oder unmittelbar in Zusammenhang mit Inhalten dieser Broschüre entstehen sollten. Die Interpretation gesetzlicher Regelungen verändert sich beständig durch die Rechtsprechung, auch können gesetzliche Regelungen selbst geändert werden. Diese Schrift gibt den Stand von Dezember 2017 wieder.

Aus Gründen der besseren Lesbarkeit wird auf die geschlechtsneutrale Differenzierung verzichtet und alternierend die weibliche und männliche Form verwendet.

Impressum

Redaktion: Rupprecht Thorbecke, Michaela-Pauline Lux
Fotos: Eckart Steuernagel
Layout: Nicolaus Hohlfeld
Druck: LASERLINE Druckzentrum Berlin KG
Bethel-Verlag, Bielefeld, März 2018
ISBN 978-3-935972-53-6

Bibliografische Information der Deutschen Bibliothek

Die Deutsche Bibliothek verzeichnet diese Publikation in der Deutschen Nationalbibliografie; detaillierte bibliografische Daten sind im Internet über https://portal.d-nb.de abrufbar.

Wir danken für die Unterstützung der Tagung
und der Herstellung dieser Schrift der

Stiftung Michael

und
den Unternehmen:

Desitin Arzneimittel GmbH
Epitech GmbH
Hörmann KG
Novartis Pharma GmbH
nubedian GmbH

Vorwort

2016 fand die Fachtagung „Sozialarbeit bei Epilepsie“ zum zweiten Mal im Epilepsiezentrum Kork statt.
Wir danken dem ärztlichen Direktor der Kliniken, Herrn Bernhard Steinhoff sehr herzlich, der dies wieder ermöglichte.
Das Epilepsiezentrum Kork, oder die „Diakonie Kork“ wurde 1892 als "Heil- und Pflegeanstalt für epileptische Kinder" gegründet. Heute ist es eine überregionale Einrichtung zur Behandlung und sozialen Eingliederung von Kindern und Erwachsenen mit Epilepsie, in deren Zentrum eine Klinik für epilepsiekranke Kinder und eine Klinik für Erwachsene mit Epilepsie stehen, um die herum Einrichtungen zur schulischen und beruflichen Eingliederung, zur Verselbständigung im Wohnen und zur allgemeinen Beratung von Menschen mit Epilepsie und ihren Familien gruppiert sind.
Das Motto der Tagung 2016 lautete **„Übergänge – von wo und wohin?“**. Damit sollte zum Ausdruck kommen, dass die Epileptologie sich rasch verändert mit Auswirkungen auf die Praxis der Sozialarbeit.
Der Künstler Søren Lux hat das Tagungsmotto übersetzt in das Thema „Vibrationen – Transitionen – Transformationen“ und in einer Serie von Bildern, die während der Tagung gezeigt wurden, auszudrücken versucht. Sie finden sie an verschiedenen Stellen in diesem Band.
Der vorliegende Tagungsband 14 enthält die schriftlich gefassten Beiträge nach den Schwerpunkten der Tagung geordnet.
Die **Versorgungsstruktur** bei Epilepsie wurde in den letzten 3 Jahrzehnten kontinuierlich ausgebaut und dieser Prozess geht weiter, wie die Darstellung neuer Behandlungs- und Beratungsangebote im Epilepsiezentrum Kork zeigt. Eine epidemiologische Langzeitstudie über einen Zeitraum von 15 Jahren weist nach, dass dies Früchte trägt, sowohl was den Behandlungsstand als auch die Stigmatisierungserfahrungen von Menschen mit Epilepsie betrifft.
Innerhalb der verbesserten Behandlungs- und Beratungsmöglichkeiten bedürfen besonders die Gruppen besonderer Aufmerksamkeit, die nicht profitieren konnten, weil ihre Epilepsie sich gegenüber den gängigen Behandlungsmethoden als resistent erweist. Zwei Beiträge geben einen Überblick zu diesen Epilepsien bei Kindern und Erwachsenen. Anschließend werden neue Ansätze zur Beratung dieser Patienten und ihrer Angehörigen dargestellt mit einem besonderen Augenmerk auf die Gruppe mit tuberöser Sklerose.
Ein neues Problem in der Versorgungsstruktur ist die „Transition“ von der Behandlung in kinderepileptologischen Einrichtungen in solche für er-

wachsene Menschen mit Epilepsie. Dies wurde aus unterschiedlicher Perspektive diskutiert.
Auch die sozialrechtlichen Rahmenbedingungen für die soziale Beratung ändern sich. In einem mehrjährigen Diskussionsprozess ist es zu grundlegenden Veränderung der Regelungen zur sozialen Teilhabe, mit der Folge einer Neustrukturierung des SGB IX gekommen. Zum Zeitpunkt der Tagung standen sie kurz vor dem Abschluss, so dass ein erster Überblick gegeben werden konnte
Zum ersten Mal auf einer Fachtagung wurden **genetische Untersuchungsmethoden und deren Konsequenzen für die Beratung von Patienten und Familien** dargestellt. In diesem sich rasch entwickelnden Gebiet gibt es Schnittstellen zur Sozialberatung, deren Kenntnis es ermöglicht, Patienten und Familien in schwierige Entscheidungssituationen auch sozialarbeiterisch zu begleiten.
Kernbereiche sozialarbeiterischer Beratung bei Epilepsie, die auf keiner Fachtagung fehlen dürfen sind Arbeits-, Schul-, Familien- und Mobilitätsberatung. Der Band enthält die Berichte der Arbeitsgruppen zu diesen Themen und die Darstellung eines neu geschaffenen mobilen sonderpädagogischen Dienstes zur Beratung von Schulen, in denen auch epilepsiekranke Kinder und Jugendliche unter den Schülern sind.

Unser Dank gilt dem Epilepsiezentrum Kork als großzügigem Gastgeber für die Tagung.
Ein großer Dank geht auch an die Vorbereitungsgruppe und die Workshopleiter, die die Tagung vorbereitet und danach schriftlich zusammengefasst haben und nicht zuletzt an Eckart Steuernagel, der den Tagungsablauf wieder photographisch begleitet hat. Die Rückmeldungen der Tagungsteilnehmer waren überwältigend positiv. Der Tagungsband ermöglicht all denen, die nicht teilnehmen konnten, sich einen Überblick über aktuelle Entwicklungen im Arbeitsgebiet der Sozialarbeit bei Epilepsie zu verschaffen. Die Erfahrung zeigt, dass die Beiträge in den Tagungsbänden über viele Jahre ihre Aktualität behalten und sich als Hilfen für die eigene Arbeit, für Neuankömmlinge im Gebiet der Sozialarbeit bei Epilepsie und für andere Berufsgruppen, mit denen die Sozialarbeit bei Epilepsie eng zusammenarbeitet, bewährt haben.

Michaela Pauline Lux  Rupprecht Thorbecke 

F
A
CH
TA
GU
NG

Inhalt

Transition

Internationales

Langfristige Veränderungen

Arbeitsgruppen

Adressen und nützliche Informationen

Aktuelles aus den Epilepsiezentren

Das Epilepsiezentrum Kork verändert sein Profil

Vorstellung Psychiatrische Institutsambulanz (PIA) der Klinik an der Lindenhöhe; Außenstelle Séguin-Klinik Epilepsiezentrum Kork

Isabelle Heinersdorff

Ausgangspunkt:

Bedarf psychiatrischer Begleitung unserer Patienten (Menschen mit geistiger Behinderung und meist noch zusätzlichen körperlichen Erkrankungen) ist nicht oder nur sehr unzureichend gedeckt.

Prävalenz psychischer Störungen bei geistiger Behinderung:

Von 1032 Erwachsene mit Intelligenzminderung (IM) wiesen **40,9 % eine psychische Störungen** auf (Cooper, BJP 2007; 190, 27- 35).

Herausforderndes Verhalten 22,5 %; Autismus-Spektrum-Störung 7,5 %; Affektive Störungen 6,6 %; Psychosen 4,4 %; Angststörungen 3,8 %; Organische psychische Störungen 2,2 %; Pica-Syndrom 2,0 %; ADHS 1,5 %; Substanzmissbrauch 1,0 %; Persönlichkeitsstörungen 1,0 %; Zwangsstörungen 0,7 %; Schlafstörungen 0,6 %

Hausinterne Studien (Kämpf, Bast 2012) deuten darauf hin das eine leichte Intelligenzminderung das Risiko von nichtepileptische Anfälle substantiell erhöhen.

Besonderheiten in der Diagnostik und Behandlung bei Menschen mit geistiger Behinderung

- *Die diagnostische Herausforderung wächst mit dem Schweregrad der Intelligenzminderung*
- Verhaltensstörungen erschweren die Diagnostik und Therapie
- lückenhafte Vorbefunde; unzureichende somatische Diagnostik (u. a. auch genetische Aspekte)
- Reduzierte verbale (expressive und rezeptive)und nonverbale Ausdrucksmöglichkeiten („underreporting“); Die Beschwerden können nicht mitgeteilt werden und werden damit oft nicht erkannt oder fehlinterpretiert; Körperliche Erkrankungen können sich in Form einer psychischen Auffälligkeit präsentieren
- Die erhöhte Basisrate „auffälligen“ Verhaltens, wird oft „zur Intelligenzminderung gehörend“ fehlinterpretiert „diagnostic overshadowing“)

- Variationen in der Erscheinungsform psychiatrischer Symptomatik (psychosocial masking), reduzierte Introspektionsfähigkeit (cognitive disintegration), psychische Störungen sind oft nicht regelhafter Bestandteil der fachärztlichen Ausbildung und werden nicht immer erkannt

Besonderheiten in der Therapie von Verhaltensstörungen bei Menschen mit geistiger Behinderung

- Pharmakologische Behandlung der Verhaltensstörung oft am ehesten zu handhabende aber am wenigsten effektivste Therapie
- Häufig umfangreiche Co-medikation
- Paradoxes oder verändertes Ansprechen auf Psychopharmaka
- Psychotherapie sehr zeitaufwendig
- Milieutherapie unabdingbar/kompliziert und zeitaufwendig

Häufige Fragestellungen

- zunehmende oder veränderte Verhaltensauffälligkeiten (fremd-, selbst-, sachschädigendes Verhalten)
- Diagnostik im Hinblick auf das Ausmaß der geistigen Behinderung („Intelligenztestung")
- Diagnostik im Hinblick auf das sozio-emotionale Entwicklungsniveau (SEO - „Schema van emotionale ontwikkeling" [Schema der Emotionalen Entwicklung] nach Prof. Anton Dosen)
- Autismus Diagnostik
- Demenzdiagnostik (z. B. bei Down-Syndrom)
- Diagnostik und Behandlung „klassischer" psychischer Störungen
- Nicht – psychiatrische Ursachen von Verhaltensstörungen (z. B. Schmerzen)

Zielgruppe Patienten mit: Intelligenzminderung und

- problematischem Krankheitsverlauf (sog. Drehtürpatienten, häufig aufgrund der Interaktion zwischen der körperlichen Problematik z. B. Epilepsie, der Medikation und der Psyche und des sozialen Umfeldes)
- Schweren Verhaltensstörungen im Rahmen von emotionaler Weiterentwicklung
- Chronischen Psychosen
- Affektiven Störungen

- Persönlichkeitsstörungen
- Demenz
- Autismusspektrumsstörungen
- Schweren somatischen Komorbiditäten, z. B. nicht epileptische Anfälle

Leistungsspektrum:

- Zusammenarbeit mit und Beratung von Bezugspersonen aus dem vorhandenen Helfersystem (Wohngruppen, Heilpädagogische Förderung, Werkstatt für behinderte Menschen, Familie, Psychologen, gesetzliche Betreuer)
- somatische Ursachenabklärung
- Verhaltensanalyse zum besseren Verständnis von Ursache Wirkungs-zusammenhängen
- Diagnosestellung und Einordnung in ICD 10
- in Kooperation mit Patienten zielorientierender Gesamtbehandlungsplan unter Einbeziehung der unterschiedlichen Störungsebenen (bio-psycho-sozial)

Isabelle Heinersdorff
Diplom Psychologin
Epilepsiezentrum Kork

Erste Epilepsieberatungsstelle in Baden-Württemberg Psychosoziale Beratungsstelle im Epilepsiezentrum Kork - Kork verändert sein Profil -

Anna Dorn, Karin Drinsinger

Konzeption und Entstehung der ersten Epilepsieberatungsstelle in Baden-Württemberg

Epilepsie ist eine Erkrankung, die sich individuell sehr unterschiedlich äußert und die spezifische Problemlagen hervorruft, beispielsweise das Autofahrverbot, was für viele Betroffene im Alltag eine Katastrophe ist - besonders in Baden-Württemberg mit seinen vielen ländlichen Regionen und infrastrukturschwachen Gebieten. Dies alles in einem Maß, das sich Nichtbetroffene und Menschen, die damit bisher keinen Kontakt hatten, kaum vorstellen können. Deshalb gibt es in diesem Zusammenhang aus unserer Sicht einen großen Bedarf an Unterstützung, Beratung und Begleitung.
Das bisherige Beratungsangebot, das z. B. die allgemeinen Lebensberatungsstellen oder auch der Integrationsfachdienst anbieten, reicht bei weitem nicht aus, um den spezifischen Fragestellungen der Krankheit Epilepsie mit ihren psychosozialen Auswirkungen gerecht zu werden.
Auch das Internet und auch nicht Selbsthilfegruppen können diese spezifische, professionelle psychosoziale Beratung leisten. Dies wurde schon früh von der Selbsthilfe thematisiert und professionelle Unterstützung eingefordert. In Bayern mit nachhaltigem Erfolg, aber auch in Sachsen, Niedersachen, NRW und Hessen.
Baden-Württemberg war bis zur Eröffnung der ersten Epilepsieberatungsstelle in Kork Ende 2012 und der Außensprechstunde in Karlsruhe Mitte 2015 ein weißer Fleck auf der Landkarte der Epilepsieberatungsstellen (nur in Tübingen gab es eine Anlaufstelle für Angehörige von Kindern mit Epilepsie, die bis heute besteht und an 2 halben Tagen pro Woche Sprechzeiten hat).
Wir möchten, dass die verbesserte Situation bestehen bleibt, bzw. Ziel ist ein Netz von Beratungsstellen, wie es in anderen Bundesländern bereits etabliert ist - damit Betroffene und Angehörige eine bessere Teilhabe an der Gesellschaft haben, wie das SGB IX es vorsieht - und nicht wieder allein gelassen werden.
Für Baden-Württemberg wurde durch die Erfahrungen und Ergebnisse des durch Bundesmittel geförderten 3-jährigen Modellprojekts „Brücken bauen" (2007-2010) zur Verbesserung der Ausbildung und Eingliederung

junger Menschen mit Epilepsie die Versorgungslücke deutlich aufgezeigt. In Zusammenarbeit mit dem Landesverband der Epilepsie-Selbsthilfe erfolgten folgende Schritte:

- 2008 und 2009 Gespräche mit Sozialdezernenten und Politikern der Region Stuttgart und dem Verband Region Stuttgart um über lokale Ebene eine Finanzierung zu erreichen (analog dem bayerischen Modell)
- 2009 Briefaktion an alle Mitglieder des Landtags von BW in ihren jeweiligen Wahlbezirken durch den Landesverband der Epilepsie-Selbsthilfe Baden-Württemberg mit all seinen Selbsthilfegruppen (auf Initiative der Mitarbeiter des Modellprojekts Epilepsie) UND Briefaktion der Epilepsieeinrichtungen Baden-Württembergs an die Sozialministerin auf Initiative von Prof. Lerche, Tübingen
- Infolge daraufhin gestellter Anträge verschiedener Abgeordneter fanden im Jahr 2009, 2010, 2011 mehrere Gespräche/Anhörungen im Sozialausschuss unter Beteiligung der Selbsthilfe, Mitarbeitern aus dem BBW Waiblingen, dem Epilepsiezentrum Kork, der Uniklinik Tübingen, dem Integrationsamt, der Landesärztekammer statt
- Der Ausschuss wollte die Erstellung einer Konzeption an Fachpersonen in Auftrag geben und nach der Sommerpause informieren, Ministerialrat Dr. Wuthe sollte einen Antrag formulieren für ein 2-3jähriges Pilotprojekt mit Beratungsstellen in Kork und Tübingen. Diese hätten nur auf direkte Zuweisung durch die „Gemeinsamen Servicestellen Rehabilitation" tätig werden können. Lange nach der Sommerpause war die Finanzierung und zeitliche Umsetzung immer noch unklar: Prof. Steinhoff wollte handeln statt warten!
- Deshalb im November 2011 Antragstellung bei Aktion Mensch, Bewilligung im März 2012.

Somit war die Anschubfinanzierung für drei Jahre für das Projekt gesichert. Arbeitsbeginn der ersten Epilepsie-Beratungsstelle in Baden-Württemberg war am 01. Oktober 2012 mit Räumlichkeiten hier in der Diakonie Kork und angegliedert an das Epilepsiezentrum.
Die offizielle feierliche Eröffnung fand dann am 9.11.2012 statt. Wir arbeiten mit einem Stellenumfang von 125 % SozialarbeiterInnen-Stellen (75 % Anna Dorn und 50 % Karin Drinsinger) und einem SekretärInnen-Anteil von 25 %. (Stand August 2016).
Die Arbeit orientiert sich an den Standards psychosozialer Epilepsieberatungsstellen. Da wir hier in der Diakonie Kork die Besonderheit haben, dass der „Sonderpädagogische Dienst Epilepsie" Teil unseres

Oberlin-Schulverbunds ist (Gemeinschaftsschule und Sonderpädagogisches Bildungs- und Beratungszentrum mit dem Förderschwerpunkt körperliche und motorische Entwicklung), sprechen wir uns bei schulischen Belangen mit den KollegInnen ab (siehe Beitrag Barbara Tonnelier und Hans-Martin Gunzenhauser). Für alle anderen sozialrechtlichen Fragen sind wir die alleinige Anlaufstelle.

Es ist kaum verwunderlich, daß, kaum begonnen, die Anzahl der Klientenkontakte in die Höhe schnellte:

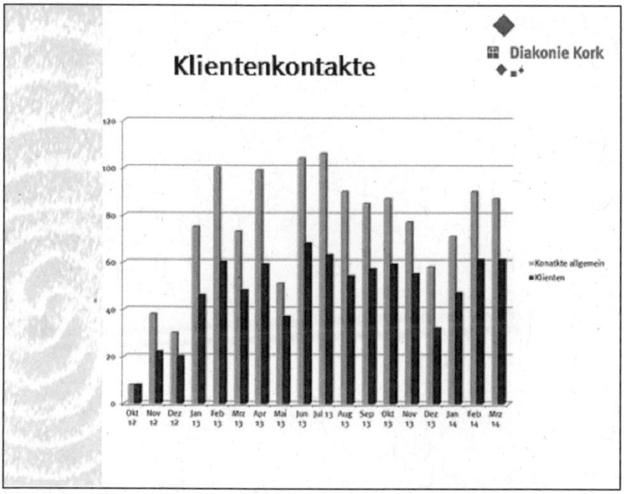

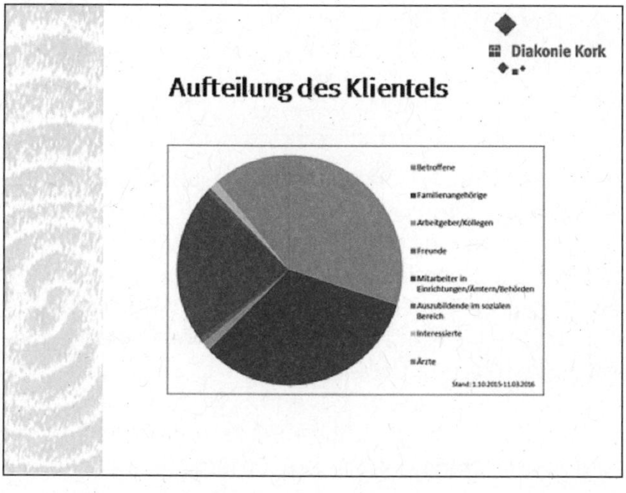

Hier zeigt sich sehr deutlich der hohe Bedarf und die große Not der Betroffenen und ihrer Angehörigen. Des Weiteren bedingt auch die räumliche Nähe zum Epilepsiezentrum Kork den schnellen Anstieg der Klientenzahlen. Trotzdem haben wir auch viele externe Kontakte und Klienten.
Da unser Einzugsgebiet ganz Baden-Württemberg und darüber hinaus (wir beraten Betroffene u.a. aus dem Saarland, Rheinland-Pfalz,...) umfasst, ist es für viele Hilfesuchende schwierig bis unmöglich, zu uns in die Beratungsstelle zu einem persönlichen Beratungsgespräch zu kommen. Da ist die Flexibilität und „Fantasie" von uns Kolleginnen gefragt, beispielsweise per Telefonat mit Klienten Antragsformulare zur Pflegeeinstufung oder Schwerbehindertenausweis auszufüllen. Hier arbeiten wir mit allen uns zur Verfügung stehenden Hilfsmitteln: e-mail, Fax, Post, Telefon.

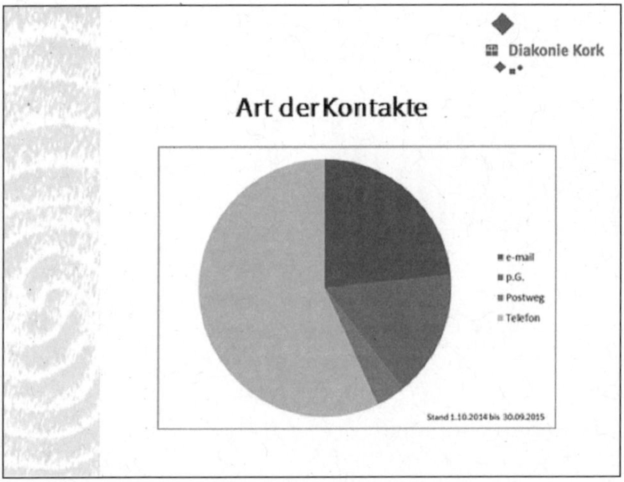

Aufgrund der oft „weiten Wege nach Kork" haben wir nach Möglichkeiten gesucht, Beratungsgespräche auch an einem anderen Ort anzubieten, der für epilepsiekranke Menschen mit öffentlichen Verkehrsmitteln besser zu erreichen ist. Karlsruhe als zentraler Verkehrsknotenpunkt bietet sich natürlich an. Nach Verhandlungen mit dem Diakonischen Werk Karlsruhe können wir dort seit 01.07.2015 einen Nachmittag im Monat Beratungsgespräche nach Terminvereinbarung anbieten.
Aktuelle Situation:
Jetzt im September 2016 läuft die vierjährige Förderung durch Aktion Mensch aus. Durch die Beantragung des vierten Förderjahres hat sich die

Diakonie Kork verpflichtet, die Epilepsieberatungsstelle für weitere drei Jahre im bisherigen Umfang weiter zu führen. Natürlich müssen „Mitfinanzierer" ins Boot, um längerfristig und nachhaltig den Erhalt der Epilepsieberatungsstelle zu sichern. Es laufen derzeit Verhandlungen mit dem Sozialministerium Baden-Württemberg, den Krankenkassen und der Deutschen Rentenversicherung Baden-Württemberg. Finanzielle Zusagen gibt es bis dato noch nicht....

Anna Dorn,
Karin Drinsinger
Dipl. Sozialarbeiterinnen
Epilepsiezentrum Kork

Vorstellung Sonderpädagogischer Dienst Epilepsie, Oberlin-Schulverbund Kehl-Kork

Barbara Tonnelier und Hans-Martin Gunzenhauser

Aufgabenbereiche

Anfragen der Schulen allgemein

- Beratung über Epilepsie in der Schule
- Inklusive Bildungsangebote
- Medikamentengabe „Verabreichung von Medikamenten bei chronischer Krankheit“, VwV 2013
- Nachteilsausgleich: „Kinder und Jugendliche mit besonderem Förderbedarf und Behinderungen“, VwV 2008
- Aufsichtspflicht
- Sport, Schwimmen, Werken, Klassenfahrten
- Zusammenarbeit Schule – betroffene Schüler/Eltern
- Übergänge (Kindergarten – Schule – Beruf)

Anfragen zu Schulproblemen einzelner Schüler

- Verhalten
- Mobbing
- Leistungsanforderungen
- Teilleistungsstörungen
- Wahrnehmungsprobleme
- Unterstützungsmaßnahmen (z. B. Schulassistenz)

Sonstige Anfragen

- Fortbildung von Busfahrern (Schulen)
- Vorstellung des Dienstes an Partnerschulen der Oberlinschule
- Vorstellung des Dienstes an Ausbildungsstätten Sonderpädagogik
- Zentrale Fortbildungsveranstaltungen, (z. B. Landesakademien Bad Wildbad und Esslingen, SPZ Ludwigsburg, RP Karlsruhe)

Vernetzung:

Der Sonderpädagogische Dienst Epilepsie fungiert als beratendes Bindeglied zwischen den Betroffenen bzw. deren Eltern, der Schule und dem Bereich Medizin.

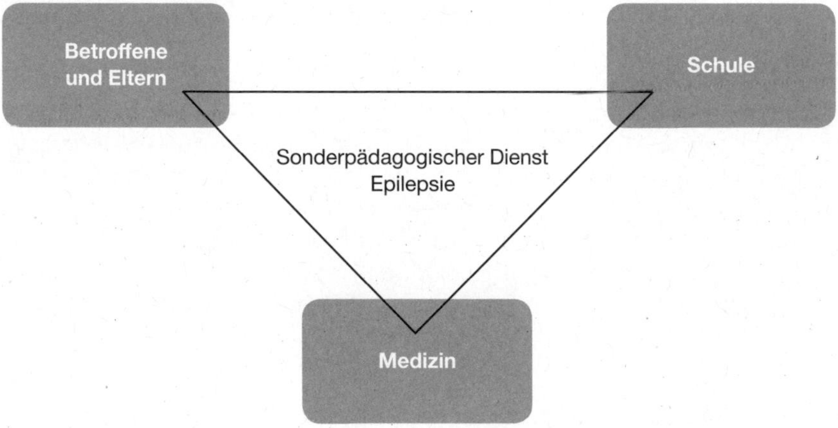

Fallbeispiel

Hintergrund

Der zehnjährige Boris (*Name geändert*) lebt mit seiner Schwester, 10 Jahre, und seinem Bruder, 12 Jahre, bei den Eltern. Mitte der zweiten Klasse war er mit seiner Familie von Südafrika nach Deutschland gekommen. Die Mutter ist Niederländerin, der Vater ist Deutscher, wodurch Boris mehrsprachig aufwuchs. Gegenwärtig besucht er eine Kombinationsklasse (3./4. Schuljahr) an einer Grundschule.

Bei Boris wurde eine genetisch bedingte Epilepsie im Rahmen einer SCN1A-Mutation festgestellt. Er hat tonisch-klonische Anfälle mit Statusneigung – zuletzt im Dezember 2014 und im Dezember 2015. Ferner besteht Verdacht auf ADS.

Boris zeigt Auffälligkeiten im alltäglichen Sprachverständnis und hat nach einer Überprüfung Anspruch auf ein sonderpädagogisches Beratungs- und Unterstützungsangebot im Sinne des Förderschwerpunkts Sprache. Des Weiteren sind seine Aufmerksamkeits- und Exekutivfunktionen beeinträchtigt, was sich in Problemen bei der Handlungsplanung, Konzentrationsstörungen, einem deutlich verminderten Arbeitstempo niederschlägt.
Im sozial-emotionalen Bereich zeigt er stark schwankendes Verhalten, teilweise signifikant aggressiv. Seine Frustrationstoleranz ist gering, eben-

so wie sein Selbstwertgefühl. Generell sind Schwierigkeiten in der Sozialkompetenz klar erkennbar.

Als Epilepsiemedikation erhält Boris Valproat (VPA), welches er gut verträgt. Eine Reduktion des VPA, um eventuelle negative Auswirkungen auf seine Kognition abzumildern, führte zu einem Anfallsrezidiv mit starkem kognitivem Einbruch und darauf folgender langer Regenerationsphase. Somit wurde von einem weiteren Reduktionsversuch abgesehen. Daneben nimmt er Methylphenidat (MPH) ein. Sein vor Einnahmebeginn im unterdurchschnittlichen Bereich liegender IQ (80) hat sich mit der Einnahme von MPH im Normbereich (108) stabilisiert.

Intervention Sonderpädagogischer Dienst

Da Boris' Schule von vier Kindern mir Epilepsie besucht wird, wurde der Sonderpädagogische Dienst angefragt, eine Informationsveranstaltung zum Thema mit dem Kollegium durchzuführen. *Schwerpunkt der Informationsveranstaltung im Juni 2015 waren die Vermittlung medizinischer Grundlagen, Erste Hilfe, Erläuterungen zur Medikamentengabe, Nachteilsausgleich, Aufsichtspflicht und die möglichen begleitenden Lern- und Leistungsproblematiken* (dies geschah im Juni 2015). Im September 2015 wurde der Wunsch seitens der Mutter, Klassenlehrerin und Schulleiterin nach einer individuellen Beratung für Boris geäußert.

Diese fand im Oktober 2015 als Runder Tisch mit dem Sonderpädagogischen Dienst Epilepsie, Schulamt, Sozialamt, Klassenlehrerin, Schulleiterin und den Eltern als TeilnehmerInnen statt. Hierbei sprach sich die Schule nachdrücklich für einen Verbleib von Boris in seiner Klasse aus. Überlegungen zu adäquaten Unterstützungsmöglichkeiten führten zu folgenden Vereinbarungen:

- Planung, einen Nachteilsausgleich für Boris zu beschließen
- Beantragung einer qualifizierten Schulbegleitung
- Durchführung eines Aufklärungsgesprächs mit Boris und seiner Klasse

Der Nachteilsausgleich (Zeitverlängerung bei Klassenarbeiten, kurze Pausen, wenn notwendig, Reduzierung der Hausaufgaben) wurde daraufhin zeitnah bewilligt.
Das Gespräch mit Boris über den Inhalt der geplanten Stunde zur Aufklärung seiner Klasse und seine aktive Rolle dabei, und die darauffol-

gende vom Sonderpädagogischen Dienst Epilepsie gehaltene Unterrichtsstunde in Boris' Klasse zur Aufklärung über seine Erkrankung fanden im Januar 2016 statt.
Hierauf waren die Rückmeldungen, die einige Eltern gaben, durchweg positiv. Boris' Mutter stellte in der Folge des Aufklärungsgesprächs nun eine aktive Auseinandersetzung mit der Krankheit bei ihrem Sohn fest, die er davor hatte vermissen lassen.
Ab Februar 2016 erhielt Boris eine qualifizierte Schulbegleitung für die gesamte Unterrichtszeit. Diese ihn begleitende Fachkraft hatte eine Grundausbildung im medizinischen Bereich und durch eine Schulung Kenntnisse über Epilepsie erworben.
Die Mutter meldete sich nochmals im März 2016 und berichtete von einer Selbstüberforderung ihres Sohnes in der Schule. Er versuche, die Anwesenheit der Schulbegleitung überflüssig zu machen. Außerdem erhalte er übermäßig viele Hausaufgaben – so verbringe er täglich für deren Bearbeitung 1,5 bis drei Stunden. Um diese Problematik zu entschärfen, wurde daraufhin mit der Klassenlehrerin eine Reduzierung der Hausaufgaben vereinbart.

Zentrale Elemente bei der Beratung

Bei der schulischen Eingliederung von Kindern mit Epilepsie sind einige Elemente von zentraler Bedeutung, die Herausforderungen für eine gelingende Beratung darstellen können. Diese lassen sich in drei Personengruppen bzw. sozialen Bereichen zusammenfassen: das Umfeld Schule mit Lehrern und Mitschülern, das Elternhaus sowie die Betroffenen selbst. Nachfolgend eine stichpunktartige Auflistung:

Schule – Pädagogen

- Umgang mit der Erkrankung – Ängste und Unsicherheit
    - Fehlende Informationen
    - Aufsicht/Haftung
    - Medikamentenverordnung(Bedarfsmedikamente)
    - Teilnahme Sport- und Schwimmunterricht
    - Erste Hilfe
- Nachteilsausgleich
    - Keine Bevorzugung, sondern Ausgleich der durch die Erkrankung entstehenden Nachteile

- Fehlende Systemkenntnis, Aufklärung über das Procedere bei der Beantragung eines NTA

- Sinn einer Schulassistenz

Schule – Mitschüler

- Mangelnde Informationen
  - Ausgrenzung
  - Ängste thematisieren

Eltern

- Fehlende Offenheit
  - Angst vor Konsequenzen im sozialen Bereich (Stigmatisierung)
  - Wichtigkeit der Informationsweitergabe an die Schule

- Überbehütendes Verhalten

Betroffene

- Compliance
  - Auch: Akzeptanz einer Schulbegleitung

- Körperliche Beeinträchtigungen
  - Anfallssituation
  - Mangelnde Belastbarkeit
  - Müdigkeit
  - Nebenwirkungen Medikamente

- Psychische Belastungen (Depressionen)
- Schulschwierigkeiten
  - Durch Teilleistungsstörungen
  - Soziale Ausgrenzung
  - Häufige Fehlzeiten

- Erwachsenenabhängigkeit (Ablösungsprozesse schwierig)

- Zukunftserwartungen
- Einschränkungen im täglichen Leben
    - Führerschein, Disco, Alkohol, Schlaf

All diese Faktoren gilt es, bei der Beratung zu bedenken. Damit der Beratungsprozess Erfolg hat, ist ein persönliches Gespräch mit allen Beteiligten unumgänglich. So lassen sich meist Bedenken und Ängste zerstreuen und konstruktive Lösungen finden.

Barbara Tonnelier
Dipl. Sozialpädagogin/Fachlehrerin und

Hans-Martin Gunzenhauser
Sonderschullehrer

Oberlin Schulverbund
Gemeinschaftsschule
SBBZ mit Förderschwerpunkt körperliche
und motorische Entwicklung
Epilepsiezentrum Kork

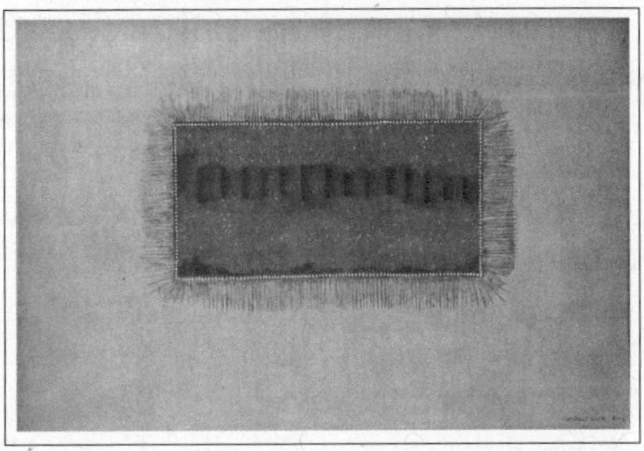

Epilepsie im Kindesalter und deren Prognose

Epilepsien mit ungünstiger Prognose bei Kindern und Jugendlichen

PD Dr. med. Thomas Bast

Einleitung

Im Gegensatz zu Epilepsien bei Erwachsenen ist es so, dass Kinder nicht nur eine höhere Chance auf Anfallsfreiheit unter der Therapie haben, sondern auch ein Absetzen der Medikation bei bis zwei Dritteln der Betroffenen im Langzeitverlauf möglich ist [Geerts et al. 2010]. Grund sind die sog. „benignen“, nach der neuen Klassifikation der Epilepsien der ILAE „selbstlimitierten“ Epilepsien [Scheffer et al. 2017]. Diese machen einen Großteil der Epilepsien im Kindesalter aus (Rolandoepilepsie etwa 15 %, Absenceepilepsien etwa 10 %) und tragen so zu dem sehr positiven Gesamtergebnis bei. Auch viele andere, am ehesten genetisch verursachte Epilepsiesyndrome lassen sich meist sehr gut medikamentös kontrollieren, auch wenn es nicht oder nur in seltenen Fällen möglich ist, die Therapie im Langzeitverlauf zu beenden (z. B. idiopathische generalisierte Epilepsie mit bilateral tonisch-klonischen Anfällen, juvenile myoklonische oder juvenile Absenceepilepsie).

Allerdings ist es keineswegs so, dass von solch einer guten Prognose für alle im Kindesalter beginnenden Epilepsien auszugehen ist. Etwa ein Viertel bis ein Drittel der kindlichen Epilepsien verlaufen pharmakorefraktäre und teilweise sehr schwer mit enzephalopathischem Charakater. Letzteres bedeutet, dass die Epilepsie selbst mit ihrer ausgeprägten interiktalen und iktalen Aktivität (und -schwer zu unterscheiden- Folgen der Therapie) zu einer Beeinträchtigung kognitiver Funktionen - häufig auch mit Verhaltensstörung - über das Maß, das alleine durch die Ursache der Erkrankung (z. B. Fehlanlage oder bestimmte Mutation) zu erwarten wäre, hinaus beiträgt.

Insgesamt können in Bezug auf die Langzeitprognose verschiedene Outcomeparameter unterschieden werden (Tabelle 1). In diesem Buchbeitrag sollen vor allem die wichtigsten epileptischen Enzephalopathien und andere, schwerst therapierbare und chronische Epilepsien behandelt werden.

Tabelle 1: Aspekte der Langzeitprognose

Chance auf	Risiko für
• Anfallsfreiheit unter Medikation	• Fehlende Anfallskontrolle / Pharmakoresistenz
• Anfallsfreiheit auch nach Absetzen der Antiepileptika („Ausheilung“)	• Lebenslange Medikation
• Folgenlose Remission auch in Bezug auf Kognition, Verhalten und psychosoziale Entwicklung	• Chronische Folgeschäden der aktiven oder transienten Epilepsie
	• Mortalität

Epilepsiesyndrome und Langzeitprognose

Epilepsiesyndrome werden diagnostiziert, wenn eine typische Kombination verschiedener klinischer Symptome -beispielsweise Alter bei Erstmanifestation, Anfallstypen, Ätiologie (z. B. Familienanamnese) und EEG-Befunde- zusammen auftritt. Aus der Syndromdiagnose lässt sich nicht nur eine bestimmte Behandlungsstrategie, sondern oft auch die Prognose abschätzen. In 2017 wurde eine neue Klassifikation der Epilepsien durch die ILAE verabschiedet[Scheffer et al. 2017], die allerdings keine Liste dieser definierten Syndrome enthält, was darauf hindeutet, dass auch diesbezüglich eine Überarbeitung folgen wird. Eine aktuelle Übersicht über die elektroklinischen Syndrome, auch hinsichtlich detaillierter Diagnosekriterien, findet sich auf der Homepage der ILAE [https://www.epilepsydiagnosis.org/syndrome/epilepsy-syndrome-groupoverview.html].

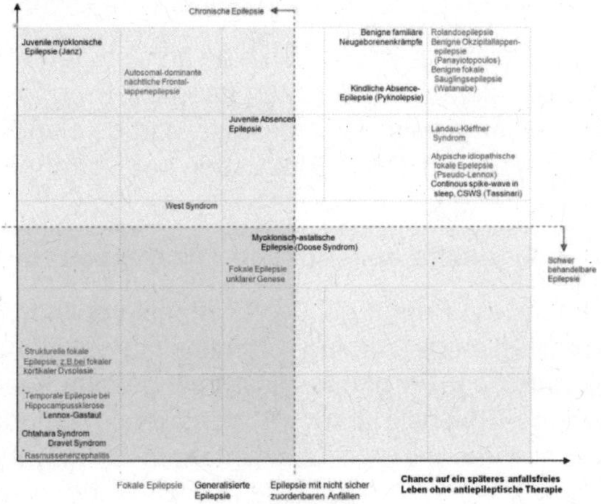

Abbildung 1:
Prognose verschiedener Epilepsiesyndrome (und Ätiologien)
[Modifiziert nach Bast T. 2017]

Abbildung 1 stellt eine Auswahl von Epilepsiesyndromen (und Ätiologien von Epilepsien) hinsichtlich ihrer Kurzzeit- (Anfallsfreiheit erreichbar?) und Langzeitprognose (Therapiebeendigung möglich?) dar.

Kindliche Absenceepilepsie als Beispiel einer an sich gut behandelbaren Epilepsie

Wichtig ist es festzuhalten, dass eine beeinträchtigte psychosoziale Entwicklung bei Kindern mit Epilepsie nicht unbedingt immer mit einer Pharmakoresistenz einhergeht. So zeigten Caplan et al. [2008] beispielsweise, dass sich bei Kindern mit Absenceepilepsien in etwa 60 % der Fälle psychiatrische Diagnosen (V.a. ADHS, Angststörungen) feststellen lassen. Bei 25 % zeigten sich subtile kognitive und bei 40 % sprachliche Defizite. Nur knapp ein Viertel der Kinder war wegen dieser Probleme behandelt. Prädiktiv für diese Komorbiditäten waren längere Krankheitsdauer, höhere Anfallsfrequenz und eine Antiepileptikatherapie. Eine kanadische, populationsbasierte Studie zeigte, dass Menschen mit der Vorgeschichte einer Absenceepilepsie häufiger psychosoziale Probleme hatten, als es in einer Vergleichsgruppe mit an juveniler rheumatoider Arthritis Erkrankter der Fall war [Wirrel et al. 1997]. Die Hälfte der Betroffenen blieb mindestens einmal in der Schule sitzen und ein Drittel hatte keinen Schulabschluss. Fast 40% gaben einen Alkoholabusus in der Vorgeschichte und genauso viele Verhaltensprobleme an. Ein Drittel der Schwangerschaften ging aus instabilen Beziehungen hervor. Über 50 % berichteten von aktuellen psychiatrischen oder emotionalen Problemen. Dies galt explizit auch für Patienten in Remission was verdeutlicht, dass eine Epilepsie durch mehr als nur Anfälle das Leben beeinträchtigen kann.

Eine Epilepsie - also auch eine an sich gutbehandelbare und hinsichtlich der Anfälle mit einer guten Langzeit-Prognose einhergehende - ist also immer mehr als nur eine anfallsartige Funktionsstörung und hat Auswirkungen auf das ganze Leben der Betroffenen.

Frühkindliche epileptische Enzephalopathien

Unter dem Begriff der „early infantile epileptic encephalpathy“ wird eine hinsichtlich der Ätiologie variable Gruppe schwerster Epilepsien mit sehr ungünstiger Prognose zusammengefasst. Sie schließt die frühe myoklonische Epilepsie (early myclonic encephalopathy) mit häufig metabolischer Ursache und das Ohtahara-Syndrom (mit tonischen Spasmen, burst suppression im EEG und entweder struktureller oder genetischer

Ursache) mit ein. Der Großteil dieser meist in den ersten 3 Monaten beginnenden Epilepsien präsentiert sich allerdings unspezifisch mit sehr vielen und teilweise verschiedenen Anfällen, massiven interiktalen EEG-Veränderungen und einer deutlichen Entwicklungsbeeinträchtigung. Zwischenzeitig wurde eine ganze Reihe genetischer Veränderungen identifiziert, die als Ursache infrage kommen [McTague et al. 2016]. Die wichtigsten sind Mutationen in SCN2A, KCNQ2, SCN8A und STXBP1. Für einen Teil der Fälle eröffnet die genetische Diagnose eine personalisierte Therapieoption. Für alle anderen ist von einer Pharmakoresistenz mit schwerer und irreversibler Entwicklungsbeeinträchtigung auszugehen. Die Mortalitätsrate ist klar erhöht und bei einem Teil der Fälle geht die Symptomatik in ein West-Syndrom (infantile Spasmen) über.

West Syndrom (infantile Spasmen)

Das Westsyndrom beginnt typischerweise im ersten Lebensjahr und ist definiert durch die Anfälle (epileptische Spasmen, früher „BNS-Anfälle) in Kombination mit einem chaotischen EEG in Form einer Hypsarrhythmie (Abbildung 2) [https://www.epilepsydiagnosis.org/syndrome/west-syndrome-overview.html].

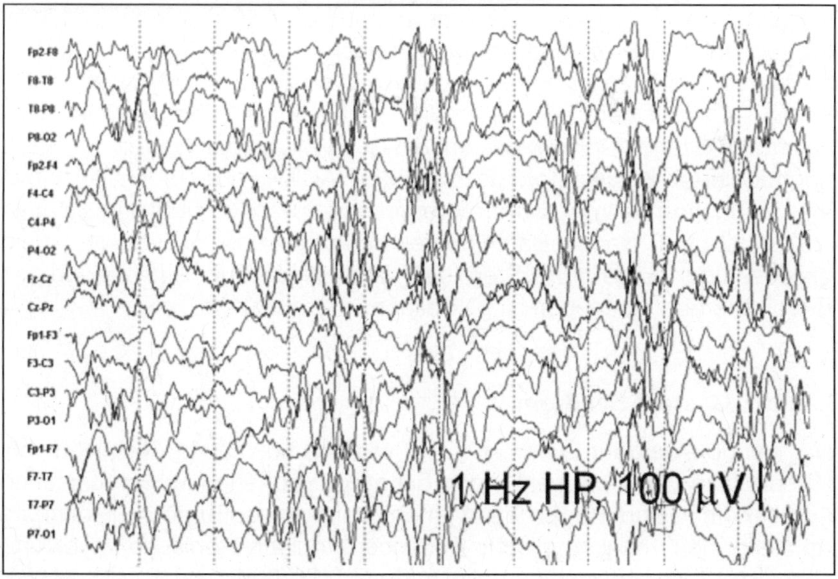

Abbildung 2: Hypsarrhythmie bei West Syndrom

Die meisten Kinder sind aufgrund der Ursache bereits vor dem Auftreten der ersten Anfälle in der Entwicklung gestört. Aufgrund des enzephalopathischen Charakters der Epilepsie verschlechtert sich die Entwicklung mit Stillstand oder sogar Rückschritten falls es nicht gelingt, Anfälle und EEG-Pathologie zu kontrollieren. Die Manifestation einer Epilepsie als West-Syndrom ist altersgebunden und mehr Ausdruck des Reifegrades der Hirnentwicklung als der Ätiologie. Ursächlich kommen vor allem strukturelle, aber auch (sehr selten!) metabolische und (häufiger) genetische Veränderungen infrage. Auch ohne Therapie kommt es im Verlauf zu einem Sistieren der epileptischen Spasmen (bei 11 % innerhalb 6 Monaten, bei 25 % innerhalb 12 Monaten), wobei sich nur 9 % dieser Kinder ohne Therapie später normal entwickeln [Hcharovy et al. 1991]. Vor allem Säuglinge, bei denen das West Syndrom nach unauffälliger Vorgeschichte und ohne erkennbaren Grund auftritt, haben eine klar bessere Prognose, auch, was die Behandelbarkeit betrifft. Eine Anfallskontrolle gelingt bei bis zu 90 % und die Langzeit-Prognose ist vor allem dann gut, wenn diese Kontrolle innerhalb von 4 Wochen nach Onset der Erkrankung erreicht wurde [Cohen-Sadan et al. 2009]. Generell ist aber die Langzeit-Prognose bei West Syndrom eher schlecht. Ca. 30 % der Betroffenen versterben vor Erreichen des Erwachsenenalters [Riikonen 1996, Riikonen 2001]. Bei den Überlebenden geht die Epilepsie bei 20 % in ein Lennox-Gastaut-Syndrom, bei 25 % in fokale Epilepsien und bei 15 % in andere Epilepsieformen über. 5 % behalten die epileptischen Spasmen als führenden Anfallstyp. Bei 35 % kommt es im Langzeitverlauf zu einer Remission der Epilepsie. Nach der neuesten AWMF-Leitlinie zur Therapie des Westsyndroms (Stand 10/2014) besteht die Behandlung der Wahl in der Gabe hochdosierter Kortikosteroide oder von ACTH, oder der Alternative Vigabatrin [http://www.awmf.org/en/clinical-practice-guidelines/detail/ll/022-022.html]. Neuste Daten deuten daraufhin, dass die vor vornherein gleichzeitige Gabe von Steroiden und Vigabatrin einer alleinigen Steroidtherapie überlegen ist [O'Callaghan et al. 2017].

Lennox-Gastaut Syndrom

Das Lennox-Gastaut Syndrom (LGS) wird als solches im Kleinkind- bis Vorschulalter diagnostiziert, wenn bei den Betroffenen neben tonischen Anfällen (mit und ohne Sturz) auch weitere und unterschiedlichste Anfallsformen (fokal, atypische Absencen, tonisch-klonische, myoklonische oder auch atonische Anfälle) auftreten. Darüber hinaus stellt es sich mit typischen EEG-Mustern (Sharp-slow-wave Variant im Wachen

(Abbildung 3) und rasche Beta-/Polyspikemuster („tonische Muster“) im Schlaf) dar. Bei etwa 2/3 der Betroffenen entwickelt sich das LGS aus einer anderen Epilepsieform, typischerweise dem West Syndrom. Bei einem Drittel tritt es initial als solches auf. Meist handelt es sich um strukturell bedingte Epilepsien, seltener um genetische Formen. Besonders belastend sind die Sturzanfälle und prolongierte nicht-konvulsive Status, die bei etwa der Hälfte der Patienten vorkommen.

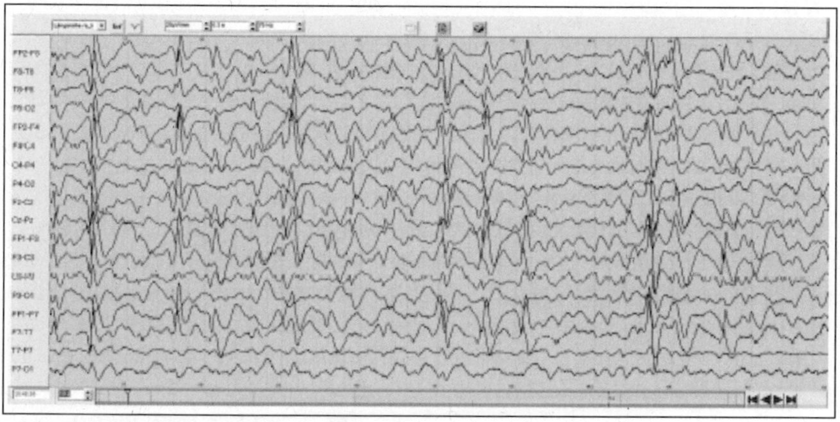

Abbildung 3: Sharp-slow-wave-Variant-Muster bei Lennox-Gastaut Syndrom

Im Langzeit-Verlauf von 10 bis 20 Jahren persistiert die Epilepsie mit dieser Präsentation bei etwa 1/3 der Betroffenen. Bei den Übrigen wandelt sich die Symptomatik in unspezifische, aber weiterhin meist schwere Epilepsieformen, bei denen vor allem die tonischen Anfälle weiterhin auftreten. Trotz der Pharmakoresistenz werden im Langzeitverlauf etwa 5 % der Kinder mit LGS später anfallsfrei bezüglich belastender Anfälle [Yagi 1996]. Das EEG unterliegt mit dem Eintritt ins Erwachsenenalter einem Wandel, so dass die definitionsrelevanten Muster dann meist nicht mehr nachweisbar sind, so dass sich die Diagnose quasi „entdifferenziert“. Als Ausdruck der epileptischen Enzephalopathie zeigt sich eine progrediente kognitive Beeinträchtigung, häufig auch eine Gang- und/oder Schluckstörung [Ogawa et al. 2001]. Die meisten Betroffenen bleiben lebenslang auf Hilfe angewiesen. Die antiepileptische Therapie hat nicht eine komplette Anfallsfreiheit als Ziel, sondern soll insbesondere Sturzanfälle und non-konvulsive Status verhindern. Bewährt haben sich folgende Medikamente: Valproat, Lamotrigin, Topiramat, Rufinamid, Felbamat und Clobazam [Nunes et al. 2012].

Dravet Syndrom

Das Dravet Syndrom ist definiert durch einen Beginn im ersten Lebensjahr mit febrilen und/oder afebrilen (teilweise unilateralen und seitenwechselnden) tonisch-klonischen Anfällen mit Statusneigung bei bislang unauffällig entwickelten Kindern. Im Verlauf treten weitere Anfallstypen (Myoklonien, atypische Absencen, fokale Anfälle, tonische oder atonische Anfälle) auf und die Epilepsie ist therapieresistent. Ab dem zweiten Lebensjahr kommt es zu einer zunehmenden Entwicklungsbeeinträchtigung und neurologischen Symptomatik (v.a. Ataxie). Anfallsauslösend sind neben Fieber und Impfungen häufig auch Baden im warmen Wasser und emotionaler Stress (durchaus auch positiv, wie z. B. eine Geburtstagsfeier....). Weit über 90 % der Betroffenen erfahren im Verlauf kognitive Beeinträchtigungen, was zu der Annahme führte, dass das Dravet-Syndrom eine klassische epileptische Enzephalopathie sei. Es ist aber davon auszugehen, dass ein Großteil der Problematik durch die genetische Ursache (bei >80 % Mutation im SCN1A-Gen) selbst und unabhängig vom Epilepsieverlauf und der Medikation auftreten [Auvin 2014]. Als Risikofaktoren gelten konvulsive Status epileptici und das frühe Auftreten von myoklonischen Anfällen und Absencen [Ragona et al. 2011]. Da sich eine komplette Anfallsfreiheit nur in den allerseltensten Fällen erreichen lässt, muss sich die Behandlung vor allem auch an der Verträglichkeit der Therapie orientieren. Sog. Natrium-Kanal-Blocker (z. B. Carbamazepin, Oxcarbazepin. Lamotrigin) können die Anfallssituation vor allem im frühen Kindesalter massiv verschlechtern und zum Status führen. Bewährt hat sich der Einsatz von Valproat plus Stiripentol plus Clobazam [Chiron 2011], oder auch Topiramat oder Bromid [Kröll-Seger et al. 2006, Lotte et al. 2012].
Das Vorliegen einer SCN1A-Mutation alleine erlaubt nicht die Diagnose eines Dravet Syndroms, da auch andere, mildere Epilepsieformen bei solchen Mutationen auftreten können. Die Genotyp-Phänotyp-Korrelation ist offensichtlich schlecht. Ein Auftreten eines ersten Anfalls im Alter unter 6 Monaten und der Nachweis einer sog. splicing Mutation erlauben tatsächlich sehr häufig eine frühe Diagnosestellung [Cetica et al. 2017]. Bei anderen Kindern kann die Diagnose dann eigentlich erst post-hoc im Verlauf eindeutig gestellt werden. Von allen kindlichen Epilepsieformen geht das Dravet Syndrom mit dem höchsten Mortalitätsrisiko einher. 10 bis 20 % der Betroffenen versterben in den ersten 20 Lebensjahren [Dravet 2011]. In der Hälfte der Fälle handelt es sich um den sog. SUDEP (sudden unexplained death in epilepsy), ein Drittel verstirbt im Status epilepticus und die übrigen Ursachen schließen Ertrinken, Unfälle und andere ein [Shmuely et al. 2016]. Insbesondere der SUDEP tritt gehäuft in den ersten

Lebensjahren auf. Im Erwachsenalter verändert sich das klinische Bild bei Dravet Syndrom. Die Anfälle treten (meist als nächtliche tonisch-klonische Anfälle) seltener auf, wobei die wenigsten Patienten anfallsfrei werden. Andere Anfallsformen treten in den Hintergrund und die Fiebersensitivität nimmt ab. Im Vordergrund der Problematik stehen die geistige Behinderung und die Bewegungsstörung mit Ataxie und Gangstörung. Camfield et al. [2012] zeigten sehr gut die sozialmedizinischen Herausforderungen in der Behandlung von Menschen mit Dravet Syndrom auf und stellten fest, dass das alleinige Verschreiben einer Medikation bei weitem nicht ausreicht, den Bedürfnissen der Familien in den verschiedenen Epilepsie- und Lebensphasen gerecht zu werden.

CSWS (continuous spike-waves in slow sleep syndrome) und Landau-Kleffner Syndrom

Während die klassischen selbstlimitierten fokalen Epilepsien wie die Rolandoepilepsie in der Regel eine sehr gute Prognose haben, gibt es Varianten, bei denen die massive interiktale Aktivität (vor allem im Schlaf) zu kognitiven und Verhaltensstörungen führt, die dann bei ausbleibendem Therapieerfolg lebenslange Konsequenzen haben. Das CSWS ist definiert über den EEG-Befund einer (bilateralen) epilepsietypischen Aktivität in mehr als 85 % der Zeit im Tiefschlaf und einer Entwicklungsstagnation oder -regression. Beim Landau-Kleffner Syndrom steht der Verlust einer sinnhaften Verarbeitung auditorischer Information mit konsekutiver Sprachstörung/Aphasie im Vordergrund.

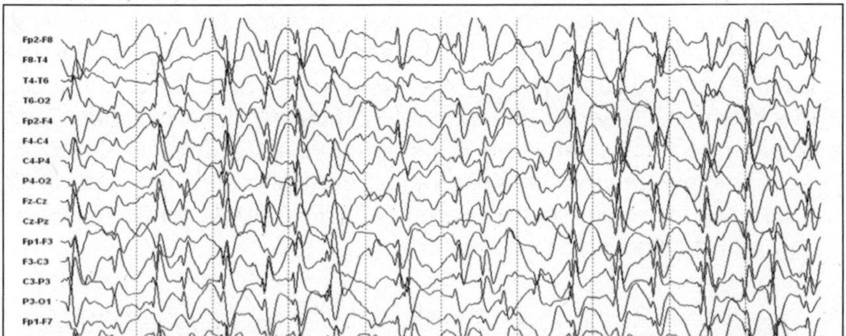

Abbildung 4: Schlaf-EEG bei CSWS

Dass ein Zusammenhang dieser beiden Syndrome mit anderen idiopathischen Epilepsie besteht, zeigten genetische Befunde eines gehäuften Auftretens von Mutationen im GRIN2A-Gen [Lemke et al. 2013]. Allerdings zeigt sich bei mehr als der Hälfte der von CSWS betroffenen Kinder eine strukturelle Läsion als (mit)auslösend. In der Therapie haben sich insbesondere Corticosteroide, Sultiam, Clobazam. Levetiracetam, Valproat und Ethosuximid bewährt [Lagae 2009, Buzatu et al. 2009]. Risiken für eine schlechte Langzeit-Prognose bei CSWS sind geringerer IQ und jüngeres Alter bei Erkrankungsbeginn, sowie fehlendes Ansprechen auf die Therapie [Liukkonen et al. 2010].

Generelles Langzeit-Outcome und Mortalität schwerer kindlicher Epilepsien

Camfield et al. untersuchten im Rahmen einer populationsbasierten Studie das Langzeit-Outcome von 80 Kindern mit sogenannten „symptomatischen generalisierten Epilepsien" [Camfield und Camfield 2007]. Alle zeigten bei Einschluss multiple Anfallsformen und generalisierte (oder zumindest multifokale bilaterale) EEG-Veränderungen. Bei 60 % lag der Epilepsiebeginn im ersten Lebensjahr. Nach einer medianen Beobachtungsdauer von 20 Jahren nach Epilepsiebeginn waren 24 % der Betroffenen verstorben. 39 % lebten mit einer weiterhin schweren Epilepsie. 26 % erfuhren dagegen eine Remission (10/32 mit West Syndrom, 0/4 mit LGS, 5/9 mit myoklonisch-astatischer Epilepsie, 0/2 mit Dravet Syndrom und 10/31 mit variablen Epilepsieformen). Steinhoff und Beume [2010] untersuchten das Langzeit-Outcome von Kindern, die mit schwerer Epilepsie am Epilepsiezentrum Kork behandelt worden waren. Nach 20 Jahren lag die Mortalität bei 18 %.In einer Populationskohorte aus Finnland lag die Mortalität nach 40 Jahren bei 24 % und war damit gegenüber Kontrollen dreifach erhöht [Sillanpää und Shinnar 2010]. Risikofaktoren waren eine ausbleibende Anfallsfreiheit und eine strukturelle Genese der Epilepsie. Ein Zusammenhang des Versterbens mit der Epilepsie zeigte sich in 33 von 60 Fällen. Hauptursachen waren SUDEP in 30 %, Anfälle selbst in 15 % und Ertrinken in 15 % der Fälle.

Fazit

Obwohl die meisten Epilepsien mit Beginn im Kindesalter mit einer guten Behandelbarkeit und Langzeitprognose einhergehen, gibt es genetische oder strukturell verursachte Syndrome, die nicht nur hinsichtlich der Anfälle selbst, sondern auch wegen der enzephalopathischen Einflüsse auf Kognition und Verhalten mit einer sehr ungünstigen psychosozialen Prognose einhergehen. Die Therapie dieser Patienten erfordert neben der medizinischen Expertise und Erfahrung vor allem ein umfassendes, interdisziplinäres Behandlungskonzept mit dem Ziel einer Verbesserung der Lebensqualität und Teilhabe.

Literatur

Geerts A, Arts WF, Stroink H, Peeters E, Brouwer O, Peters B, Laan L, van Donselaar C. Course and outcome of childhood epilepsy: a 15-year follow-up of the Dutch Study of Epilepsy in Childhood. Epilepsia. 2010;51:1189-1197

Scheffer IE, Berkovic S, Capovilla G, Connolly MB, et al. (2017) ILAE classification of the epilepsies: Position paper of the ILAE Commission for Classification and Terminology. Epilepsia 2017;58:512-521

Bast T. Moderne Epilepsiebehandlung bei Kindern. Update. Monatsschrift Kinderheilk 2017, im Druck.

Wirrell EC, Camfield CS, Camfield PR, Dooley JM, Gordon KE, Smith B. Long-term psychosocial outcome in typical absence epilepsy. Sometimes a wolf in sheeps' clothing. Arch Pediatr Adolesc Med. 1997;151:152-158

Caplan R, Siddarth P, Stahl L, Lanphier E, Vona P, Gurbani S, Koh S, Sankar R, Shields WD. Childhood absence epilepsy: behavioral, cognitive, and linguistic comorbidities. Epilepsia 2008;49:1838-1846

McTague A, Howell KB, Cross JH, Kurian MA, Scheffer IE. The genetic landscape of the epileptic encephalopathies of infancy and childhood. Lancet Neurol 2016;15:304-316

Hrachovy RA, Glaze DG, Frost JD Jr. A retrospective study of spontaneous emission and long-term outcome in patients with infantile spasms. Epilepsia 1991;32:212-214

Cohen-Sadan S, Kramer U, Ben-Zeev B, Lahat E, Sahar E, Nevo Y, Eidlitz T, Zeharia A, Kivity S, Goldberg-Stern H. Multicenter long-term follow-up of children with idiopathic West syndrome: ACTH versus vigabatrin. Eur J Neurol 2009;16:482-487

Riikonen R. Long-term otucome of West syndrome: a study of adults with a history of infantile spasms. Epilepsia 1996;37:367-372

Riikonen R. Long-term outcome of patients with West syndrome. Brain Dev. 2001;23:683-687

O'Callaghan FJ, Edwards SW, Alber FD, Hancock E, Johnson AL, Kennedy CR, Likeman M, Lux AL, Mackay M, Mallick AA, Newton RW, Nolan M, Pressler R, Rating D, Schmitt B, Verity CM, Osborne JP; participating investigators.. Safety and effectiveness of hormonal treatment versus hormonal treatment with vigabatrin for infantile spasms (ICISS): a randomised, multicentre, open-label trial. Lancet Neurol 2017;16:33-42

Yagi K. Evolution of Lennox-Gastaut syndrome: a long-term longitudinal study. Epilepsia 1996;37(Suppl 3):48-51

Ogawa K, Kanemoto K, Ishii Y, Koyama M, Shirasaka Y, Kawasaki J, Yamasaki S. Long-term follow-up study of Lennox-Gastaut syndrome in patients with severe motor and intellectual disabilities: with special reference to the problem of dysphagia. Seizure 2001;10:197-202

Nunes VD, Sawyer L, Neilson J, Sarri G, Cross JH. Diagnosis and management of the epilepsies in adults and children: summary of updated NICE guidance. BMJ 2012;344:e281

Auvin S. Should we still consider Dravet syndrome an epileptic encephalopathy? Epilepsy Behav 2014;36:80-81

Ragona F, Granata T, Dalla Bernardina B, Offredi F, Darra F, Battaglia D, Morbi M, Brazzo D, Cappelletti S, Chieffo D, De Giorgi I, Fontana E, Freri E, Marini C, Toraldo A, Specchio N, Veggiotti P, Vigevano F, Guerrini R, Guzzetta F, Dravet C. Cognitive development in Dravet syndrome: a retrospective, multicenter study of 26 patients. Epilepsia 2011;52:386-392

Chiron C. Current therapeutic procedures in Dravet syndrome. Dev Med Child Neurol 2011;53 (Suppl 2):16-18

Kröll-Seger J, Portilla P, Dulac O, Chiron C. Topiramate in the treatment of highly refractory patients with Dravet syndrome. Neuropediatrics 2006;37:325-329

Lotte J, Haberlandt E, Neubauer B, Staudt M, Kluger GJ. Bromide in patients with SCN1A-mutations manifesting as Dravet syndrome. Neuropediatrics 2012;43:17-21

Cetica V, Chiari S, Mei D, Parrini E, Grisotto L, Marini C, Pucatti D, Ferrari A, Sicca F, Specchio N, Trivisano M, Battaglia D, Contaldo I, Zamponi N, Petrelli C, Granata T, Ragona F, Avanzini G, Guerrini R. Clinical and genetic factors predicting Dravet syndrome in infants with SCN1A mutations. Neurology 2017;88:1037-1044

Shmuely S, Sisodiya SM, Gunning WB, Sander JW, Thijs RD. Mortality in Dravet syndrome: A review. Epilepsy Behav 2016;64:69-74

Camfield P, Camfield C, Nolan K. Helping families cope with the devastation of Dravet syndrome. Eur J Paediatr Neurol 2012;16(Suppl 1):S9-12

Lemke JR, Lal D, Reinthaler EM, Steiner I, Nothnagel M, Alber M, Geider K, Laube B, Schwake M, Finsterwalder K, Franke A, Schilhabel M, Jähn JA, Muhle H, Boor R, Van Paesschen W, Caraballo R, Fejerman N, Weckhuysen S, De Jonghe P, Larsen J, Møller RS, Hjalgrim H, Addis L, Tang S, Hughes E, Pal DK, Veri K, Vaher U, Talvik T, Dimova P, Guerrero López R, Serratosa JM, Linnankivi T, Lehesjoki AE, Ruf S, Wolff M, Buerki S, Wohlrab G, Kroell J, Datta AN, Fiedler B, Kurlemann G, Kluger G, Hahn A, Haberlandt DE, Kutzer C, Sperner J, Becker F, Weber YG, Feucht M, Steinböck H, Neophythou B, Ronen GM, Gruber-Sedlmayr U, Geldner J, Harvey RJ, Hoffmann P, Herms S, Altmüller J, Toliat MR, Thiele H, Nürnberg P, Wilhelm C, Stephani U, Helbig I, Lerche H, Zimprich F, Neubauer BA, Biskup S, von Spiczak S. Mutations in GRIN2A cause idiopathic focal epilepsy with rolandic spikes. Nat Genet 2013;45:1067-1072

Lagae L. Rational treatment options with AEDs and ketogenic diet in Landau-Kleffner syndrome: still waiting after all these years. Epilepsia 2009;50 (Suppl 7):59-62

Buzatu M, Bulteau C, Altuzarra C, Dulac O, Van Bogaert P. Corticosteroids as treatment of epileptic syndromes with continuous spike-waves during slow-wave sleep. Epilepsia 2009;50(Suppl 7):68-72

Liukkonen E, Kantola-Sorsa E, Paetau R, Gaily E, Peltola M, Granström ML. Long-term outcome of 32 children with encephalopathy with status epilepticus during sleep, or ESES syndrome. Epilepsia 2010;51:2023-2032

Camfield P, Camfield C. Long-term prognosis for symptomatic (secondarily) generalized epilepsies: a population-based study. Epilepsia 2007;48:1128-1132

Beume LA, Steinhoff BJ. Long-term outcome of difficult-to-treat epilepsy in childhood. Neuropediatrics 2010;41:135-139

Sillanpää M, Shinnar S. Long-term mortality in childhood-onset epilepsy. N Engl J Med 2010;363:2522-2529

PD Dr. med. Thomas Bast
Neuropädiater
Epilepsiezentrum Kork

Tuberöse Sklerose bei Kindern, Soziale Beratung von Familien -worauf kommt es an?

Michaela Pauline Lux

Bei einer komplexen Ausgangslage aufgrund der meist über viele Organe verteilten Krankheitszeichen, zu denen häufig neben einer kognitiven Einschränkung auch emotionale und Verhaltensstörungen gehören, wünschen sich die Eltern/Angehörigen schlicht die bestmöglichen Entwicklungschancen für ihr Kind. Multiple Belastungen erschweren den Alltag, und machen Behandlungen in Spezialzentren, die quer durch die Republik verteilt sind, notwendig. Das Krankheitsbild ist variabel, bzw. verschiedene Erkrankungsformen treten in verschiedenen Verlaufsphasen in den Vordergrund etc. Epileptische Anfälle können dabei phasenweise im Vordergrund stehen, dann wieder „verdrängt" werden durch andere lebensbedrohliche Symptome der Erkrankung. Wir haben es hier also mit unterschiedlichen, teils parallelen Langzeitprojekten mit unterschiedlichen Schwerpunkten zu tun.

Das bedeutet auf der praktischen Ebene Ausfallzeiten bei der Arbeit, lange Fahrtwege und Übernachtungen – also durchaus finanzielle Einbußen, die von keiner Stelle abgepuffert werden – auf der emotionalen Ebene erfolgt aber oft leider nicht die ersehnte Erleichterung, weil die Ärzte auch hilflos sind und den Verlauf der Krankheit nicht prognostizieren können. Kinder mit Tuberöse Sklerose werden gerne als „die tickende Wundertüte" bezeichnet.

Was wünschen sich nun also Eltern bei solch einer Ausgangslage, um Entlastung zu erfahren?

Bei einer Stichprobenbefragung im Rahmen meiner Beratungs- und Vortragstätigkeit beim Verein der Tuberösen Sklerose Deutschland e.V. sind von ihnen folgende Punkte genannt worden:

- Nicht um den heißen Brei reden: die Dinge klar benennen („die nackte Wahrheit")
- Selbst zu Wort kommen
- Dass der Gesprächspartner die Sorge und Überforderung der ELTERN sieht und anerkennt statt sie professionell zu belächeln oder klein zu reden („es tut gut, wenn der Arzt sagt, daß er sich mehr Sorgen um mich/uns macht, als um das Kind")

- In Notsituationen sofort einen kompetenten Gesprächspartner greifbar haben
- Austausch in einer psychoedukativen Elterngruppe
- Zugang zu Therapeuten/Spezialisten

Was Eltern also brauchen ist Klarheit und einen verlässlichen Ansprechpartner, der ihnen auch Orientierung im sich ständig verändernden Krankheitsprozeß gibt. Als hilfreich haben sich neben den Tuberöse Sklerose-Zentren die Aktivitäten der Selbsthilfe erwiesen: der Bundesverband hat es geschafft internationale Spezialisten in sein Netzwerk einzubinden, die zuverlässig und unbürokratisch mit den Familien gemeinsam nach Lösungen suchen.

Was ist also anders in der Begleitung von Eltern mit einem an tuberöse Sklerose betroffenen Kind? Das ist auch ein philosophische Frage, die wunderschön in einem Bilderbuch von einer Mutter eines TS-Kindes aufgearbeitet wird: **das Kind** ist offensichtlich anders und wegen der sich beständig verändernden Krankheitszeichen ist, ähnlich wie bei Kindern mit Epilepsie, kein Standartverfahren möglich. Es muss individuell herausgearbeitet werden, was im Moment weiterhilft, auch wenn man unter Umständen morgen mit einer komplett veränderten Ausgangslage konfrontiert ist.

Die langersehnte Normalität lässt auf sich warten, aber durch den Versuch der Anpassung an die jeweils sich veränderte Situation wird es leichter. Gute Voraussetzungen dafür sind ein gut funktionierendes Familienleben, eine offene Kommunikation und eine realistische Einschätzung der Entwicklung des Kindes.

Besonders sensibel ist in der Begleitung die Tatsache, dass diese Krankheit eine genetische Komponente hat und somit die Schuld frage immer auf dem Tisch liegt. Eltern machen sich Vorwürfe, wobei viele erst durch die offensichtlichen Krankheitsanzeichen ihrer Kinder und deren Diagnose von ihrer eigenen Betroffenheit (als Träger oder als tatsächlich Erkrankter) erfahren. Hier gilt es sensibel aber ressourcenweckend zu arbeiten. Es ist essentiell die Kraftreserven dieser Familien zu aktivieren um diese langwierige Erkrankung mit den vielen „ups und downs“ zu bewältigen.

Was ist also zu tun für uns Sozialarbeiter?

Beratung und Hilfestellung zur Erlangung von Sozialleistungen für an tuberöse Sklerose erkrankte Kinder und ihre Familien unter Berücksichtigung der psychosozialen Aspekte und der jeweiligen, nicht nur epilepsiespezifischen Problemstellungen - oder bezogen auf Transition: **Prozeßbegleitung**

Diese Familien brauchen ein systemübergreifendes Behandlungs- und Begleitungsnetzwerk damit die möglichen Einschränkungen abgemildert werden. Hier geht es um individuelle und familiäre Hilfen und um Hilfen in den Bereichen Schule, Ausbildung, Beruf, Wohnen, Finanzen, Versicherungsrecht und Mobilität.

Folgende Fragen stellen sich uns in der Begleitung dieser Familien immer wieder: welche Auswirkung hat die Erkrankung auf die einzelnen Bereiche des Lebens? Wie befähigen wir unsere Patienten trotz multipler Handicaps? Wie können wir starre behördliche Strukturen aufweichen und so den gesetzlich verbürgten Anspruch auf Hilfen realisieren?

Hier ist noch viel zu tun – und das ist nur zu schaffen, wenn wir uns gegenseitig unterstützen durch Austausch und Input!

Gute Informationen in Form von Broschüren, praktische Hilfen (auch finanzieller Art), Treffen zum Erfahrungsaustausch (u.a. auch in Form von Mütterauszeiten, Geschwisterseminaren), fachbezogenen Ansprechpartner und die Möglichkeit an der jährlichen Tagung für Betroffene teilzunehmen, bietet der Bundesverband Tuberöse Sklerose Deutschland e.V. (www.tsdev.org). Dieser besteht seit 1985 und hat ein hauptamtliches besetztes Vereinsbüro.

Literatur:

Bilder und Inspiration aus: Carmen Gallitzendorfer, Blümels Welt, Einzigartig- Wunderbar

www.tsdev.org

Michaela Pauline Lux
Dipl. Sozialarbeiterin
Epilepsiezentrum Kork

Lebensqualität bei Kindern und Jugendlichen mit Tuberöser Sklerose und Epilepsie

Marion Stomberg

Gesundheitsbezogene Lebensqualität

Die Untersuchung der gesundheitsbezogenen Lebensqualität hat besonders in den letzten 10-20 Jahren in der Forschung an Bedeutung gewonnen. Dies zeigt sich beispielsweise durch einen sprunghaften Anstieg von Publikationen zu diesem Thema (Ravens-Sieberer & Cieza, 2000). In der Medizin wird dieses Konstrukt zunehmend häufiger genutzt z. B. als Evaluationskriterium, also bei der Untersuchung von Behandlungsergebnissen oder der Entwicklung von Therapiemöglichkeiten. Auch im Epilepsie-Zentrum Bethel sind in den vergangenen Jahren verschiedene Publikationen zu diesem Thema entstanden und es wurde ein Instrument zur Erhebung der Lebensqualität bei Epilepsiepatienten entwickelt, der Fragebogen PESOS (May et al., 2004). Dieser dient der Erfassung von individuellen Auswirkungen einer Epilepsie auf soziale und berufliche Bereiche und nimmt somit eine diagnostische Funktion ein. Ebenso erhebt er Effekte der Behandlung und Beratung auf die Lebensqualität der Betroffenen und erfüllt demnach auch eine evaluierende Funktion.

Lebensqualität bei chronischen Erkrankungen im Kindes- und Jugendalter

Bei chronischen Erkrankungen kann besonders im Kindes- und Jugendalter die Bewältigung der typischen Entwicklungsaufgaben wie Identitätsbildung, Autonomieentwicklung, Aufbau sozialer Beziehungen, usw. durch die Auswirkungen der Krankheits¬manifestationen erschwert werden (Tröster, 2005). Häufig betreffen diese alle Lebensbereiche eines Kindes (Familie, Schule, Freundeskreis, usw.) und beeinflussen, bzw. beeinträchtigen sie mehr oder weniger stark. Selbst bei weniger ausgeprägter Symptomatik erfordern chronische Erkrankungen meist dennoch regelmäßige Arztbesuche, Medikamenteneinnahme, Einschränkungen bei Freizeit¬aktivitäten, oder Ähnliches – je nach Erkrankung und deren Auswirkungen.

Chronische Erkrankungen können somit zu einer erhöhten psychosozialen Belastung der betroffenen Kinder und Jugendlichen führen (Warschburger, 2000). Wie stark die Beeinträchtigungen sind, ist laut

Studien zu diesem Thema unter anderem abhängig von unterschiedlichen Ressourcenkonstellationen, die im Rahmen der Krankheitsverarbeitung sowohl Stressoren als auch Moderatoren sein können. Dabei haben sowohl individuelle Merkmale (z. B. kognitive Leistungsfähigkeit, Bewältigungsverhalten oder Selbstkonzept), als auch soziale Ressourcen (z. B. Freundeskreis, Unterstützungs-/Fördersysteme) einen großen Einfluss auf die Adaptationsfähigkeit und den Anpassungsprozess der Jugendlichen (vgl. Lavigne & Faier-Routman, 1993; Tröster, 2005)
Insbesondere bei komplexen Erkrankungen, wie beispielsweise einer Tuberösen Sklerose, ist das Ausmaß der Krankheitsbelastung stark abhängig vom Ausmaß der Erkrankung selbst, also dem Schweregrad der Symptomatik. Wie nachfolgend noch näher erläutert wird, können bei einer Tuberösen Sklerose unterschiedliche Organe, unterschiedlich schwer betroffen sein. Zudem stellt eine Epilepsie eines der häufigsten Symptome einer Tuberösen Sklerose dar. Die epilepsiespezifischen Belastungen können somit als eine zusätzliche Herausforderung für die Betroffenen verstanden werden.

Bei einer Epilepsie können, ebenso je nach Ausmaß der Erkrankung, potentiell alle Lebensbereiche der Kinder und Jugendlichen beeinflusst werden (Marin, 2005). So werden in Studien bei betroffenen Kindern sowohl emotionale Störungen (Angst, Depression) und Verhaltensstörungen berichtet, als auch Lern- und Konzentrationsstörungen, ebenso wie Probleme durch Stigmatisierungen und Einschränkungen der Freizeitgestaltung (vgl. Austin et al., 2004; Baker, 2006; Turky, 2008). Dies alles kann die gesundheitsbezogene Lebensqualität maßgeblich beeinflussen. Dabei können mögliche Beeinträchtigungen einerseits primär durch die Epilepsie bedingt sein, aber auch sekundär durch eine nicht gelungene Krankheitsbewältigung verstärkt werden (Gaitatzis, Carroll, Majeed & Sander, 2004). In einer Studie von Turky und Kollegen (2008) konnte eine Korrelation zwischen der Anfallsintensität und emotionalen Störungen, sowie Depressivität beschrieben werden. Ebenso wie ein Zusammenhang von kognitiven Defiziten und Verhaltensstörungen sowie ADHS. Letztere führten beide zu deutlichen Einschränkungen in der Lebensqualität.

Tuberöse Sklerose Komplex

Die Erkrankung Tuberöse Sklerose wird der Gruppe der neurokutanen Störungen zugeordnet. Die Erkrankung beruht auf einer Genmutation. Diese führt wiederum zu Fehlfunktionen auf Ebene der Zell-Zell-Interaktion, also zu Fehlfunktion bei der Zellproliferation, -migration und -differenzierung. Je nach Ausmaß kommt es hierdurch zu Fehlbildungen und tumorartigen Veränderungen, die potentiell in fast allen Organen möglich sind. In der nachfolgenden Tabelle (1) sind die häufigsten klinischen Symptome aufgeführt (adaptiert von Baskin, 2008 & Leung, 2007). Diese führen zu unterschiedlichen Beschwerden, die dann wiederum in ihrem Ausmaß individuell stark variieren können.

klinische Symptome		**Häufigkeit**
Neurologisch	(Sub-)kortikale Tubera, subependymale Knoten (SEN)	90 %
	Epileptische Anfälle	90 %
	Abnorme weiße Hirnsubstanz	80 %
	Mentale Retardierung	<50 %
	Autismus	20-50 %
Dermatologisch	Hypomelanotische Flecken	90 %
	Faziale Angiofibrome, Bindegewebsnävi (Stirn)	70 %
Abdomen	Renale Angiomyolipome (AML)	75 %
Zähne	Multiple Zahnschmelzdefekte	90 %
kardiopulmonales System	Kardiale Rhabdomyome	65 % (Neugeborene)
Skelett	Sklerotische Läsionen	>90 %
vaskuläres System	Pseudoaneurysmen in AML	häufig

Tabelle 1: Häufigkeiten klinischer Symptome bei Tuberöser Sklerose (adaptiert von Baskin, 2008; Leung, 2007).

Aufgrund des breiten klinischen Spektrums wird nachfolgend auf einige, ausgewählte Krankheitssymptome näher eingegangen (vgl. Hertzberg & Martin et al., 2013; Curatolo, Bombardieri & Jozwiak, 2008).
Neurologische Manifestationen sind ein Charakteristikum einer Tuberösen Sklerose und stellen zentrale Diagnosekriterien dar. So waren als ein Hauptmerkmal (sub-) kortikale Tuber letztlich auch namensgebend für die Erkrankung. Tuber bestehen aus stark dysmorphen Zellen (z. B. aus dysmorphen Neuronen, großen Astrozyten und Riesenzellen) und können als benigne (gutartige) tumorartige Veränderungen, bzw. Auswölbungen an der Hirnrinde beschrieben werden. Als eine weitere, häufige neuronale

Manifestation bei Tuberöser Sklerose gelten subependymale Knötchen. Dies sind meist kalzifizierte, gutartige Tumoren, die als rundliche Veränderungen meist entlang der Seitenventrikel auftreten. Histologisch kaum abgrenzbar von subependymalen Knötchen, jedoch größer, kann im Rahmen der Erkrankung zudem ein subependymales Riesenzellastrozytom entstehen. Dies ist ein abgegrenzter, oft kalzifizierter, langsam wachsender Tumor. Bei zunehmender Größe besteht die Gefahr, dass der Liquorabfluss behindert wird und in Folge dessen ein Hydrocephalus entsteht. Bei drohenden Komplikationen ist daher eine neurochirurgische Behandlung nötig. Neuere Studien liefern jedoch Hinweise auf eine mögliche Volumenreduktion durch eine neue molekulare Therapie (Krueger et al., 2010).

Beispiele für sichtbare Manifestationen an der Haut sind unter anderem die in der Regel wenig beeinträchtigenden hypomelanotischen Flecken. Sie werden auch als „white spots" bezeichnet und stellen sich als vereinzelte, blattartige Depigmentierungen der Haut dar. Ebenso verhältnismäßig harmlos können sogenannte Konfettiläsionen auftreten, also multiple, kleine und dicht gruppierte Depigmentierungen. Sie können beim Ausbleiben weiterer Krankheitsanzeichen als Symptom einer Tuberösen Sklerose übersehen werden. Häufig treten jedoch auch meist kosmetisch stark störende faziale Angiofibrome auf. Dies sind für die Erkrankung charakteristische Hamartome der Haut des Gesichtes, die aus Bindegewebe und Gefäßen bestehen. Sie erscheinen an Wangen, Nase und Kinn in der sogenannten „Schmetterlingsverteilung" und werden mit höherem Alter meist zahlreicher und größer. Sie gehen z.T. auch mit Blutungen einher und können die Nasenatmung behindern. Ein weiteres Beispiel sind Nagelfalzfibrome, die entsprechend an Fingern und Zehen auftreten können. Sie schädigen das Nagelbett und können Schmerzen verursachen.

Wie der oben aufgeführten Tabelle zu entnehmen manifestiert sich eine Tuberöse Sklerose relativ häufig auch in weiteren Organen. So beispielsweise in den Nieren in Form von renalen Angiomyolipomen. Das sind seltene Nierentumore, die meist gutartig sind und viele Fettzellen enthalten. Auch kardiale Rhabdomyome, also gutartige Tumore der quergestreiften Muskulatur, kommen im Rahmen einer Tuberösen Sklerose vor. Rhabdomyome entwickeln sich ab der zweiten Schwangerschaftshälfte und sind bereits oft pränatal im Ultraschall nachweisbar. Sie wachsen bis zur Geburt und können zu verschiedenen vorgeburtlichen Komplikationen führen. Meist schrumpfen sie jedoch wieder, insbesondere in den ersten vier Lebensjahren und bilden sich bis zu einem Alter von etwa 10 Jahren

vollständig zurück. Seltener können sie jedoch auch bis nach der Pubertät überdauern. Wenn sie bis zur Geburt keine Symptome verursachen, sind spätere Komplikationen eher unwahrscheinlich.
Ebenso ist bei einer Tuberösen Sklerose das Risiko für das Vorliegen einer mentalen Retardierung sowie Störungen aus dem autistischen Formenkreis oder eines Aufmerksamkeitsdefizit-(Hyperaktivitäts-)Syndrom erhöht (vgl. Smalley, 1998, Winterkorn, Pulsifer & Thiele, 2007). Dies stellt die Betroffenen und deren Familien vor besondere Herausforderungen und hat oft weitreichende Auswirkungen auf die Lebenssituation.

Die charakteristischen Fehlbildungen der Erkrankung führen also zu unterschiedlichen Symptomen, die mehr oder weniger traumatisch sein können. Zusätzlich können bei einer Tuberösen Sklerose weitere kongenitale Erkrankungen auftreten und zu den häufigsten zählt eine Epilepsie. Diese hat wiederum spezifische, je nach Schweregrad mehr oder weniger große Auswirkungen auf die Lebenssituation der Betroffenen. Die große Bandbreite und der individuell ausgeprägte Schweregrad der Erkrankung führt letztlich zu einem unterschiedlichen Ausmaß an Auswirkungen auf die subjektiv empfundene Lebensqualität der Kinder und deren Familien. Auf den Zusammenhang von Epilepsien als eine der häufigsten neurologischen Manifestationen einer Tuberösen Sklerose soll nachfolgend näher eingegangen werden.

Tuberöse Sklerose und Epilepsie

Fast 90 % der Betroffenen von Tuberöser Sklerose haben eine Epilepsie (vgl. Chu-Shore, Major, Camposano, Muzykewicz & Thiele, 2010; Jozwiak, Schwartz, Janniger & Bielicka-Cymerman, 2000), die zudem häufig therapieschwierig oder pharmakoresistent, also durch Medikamente nicht kontrollierbar, ist. Der Schweregrad der Epilepsie kann dabei individuell variieren. Bei einigen Patienten tritt die Epilepsie bereits in früher Kindheit auf und nimmt einen schweren Verlauf. So haben beispielsweise bis zu einem Drittel der Kinder mit Tuberöser Sklerose und Epilepsie infantile Spasmen, die sich prognostisch besonders ungünstig auf die kognitive Entwicklung auswirken können (vgl. O'Callaghan et al., 2004; Winterkorn, Pulsifer & Thiele, 2007). Bei anderen Patienten manifestiert sich die Epilepsie in Form fokaler Anfälle erst im Laufe des Lebens. Kognitive Einbußen sind bei einer Spätmanifestation der Epilepsie außerhalb der vulnerablen Phasen der Hirnentwicklung in der Regel nicht zu erwarten. Das Vorliegen einer therapieschwierigen Epilepsie sowie eines schwereren Krankheitsverlaufs (insbesondere beim Auftreten von infantilen

Spasmen) in früher Kindheit können unter anderem das Risiko für kognitive Defizite aber auch einer Autismus-Spektrum-Erkrankung sowie von psychiatrischen Auffälligkeiten erhöhen. In einer Studie mit über 200 Patienten mit Tuberöser Sklerose wiesen etwa zwei Drittel der Patienten mit epileptischen Anfällen mehr oder weniger schwere kognitive Einschränkungen auf, wohingegen nur etwa jeder zehnte Patient ohne Anfälle kognitiv beeinträchtigt war (Chu-Shore et al., 2010). Dies legt nahe, dass der Behandlungserfolg bezüglich der Epilepsie Bedeutung für die kognitiven Fähigkeiten hat.

Epilepsiechirurgie bei TSC

Die Epilepsiechirurgie stellt insbesondere bei medikamentös therapierefraktären, fokalen Epilepsien eine effektive Behandlungs¬methode dar, ca. 50-80 % der Kinder werden anfallsfrei (Spencer & Huh, 2008). Die höchsten Erfolgsraten werden bei temporalen Resektionen (78 %) erzielt und ein wichtiger, begünstigender Faktor für postoperative Anfallsfreiheit ist eine klar umschriebene epileptogene Läsion (vgl. Freitag, 2007; Vasconcellos et al., 2001). Besondere Herausforderungen der Epilepsiechirurgie bei Tuberöser Sklerose als zugrundeliegende Ätiologie stellen die charakteristischen, hirnphysiologischen Veränderungen der Erkrankung dar. Bei einer Tuberösen Sklerose liegen meist multiple Läsionen in Form von kortikalen und subkortikalen Tubern vor. Diese können zudem in mehreren Hirnlappen und auch auf beiden Hemisphären auftreten. Bei der Abwägung einer chirurgischen Intervention gilt es daher mehrere Fragen zu beantworten (vgl. Hertzberg & Martin, 2013).

Welche Läsion verursacht die Anfälle?

Da jeder Tuber zunächst als potentielle epileptogene Läsion angesehen werden könnte, ist eine umfangreiche prächirurgische Diagnostik notwendig um die Möglichkeit einer chirurgischen Intervention abzuklären. Umfangreiche Untersuchungen haben das Ziel anhand von bildgebenden Verfahren (MRT, PET) und elektroklinischen Befunden, die im Rahmen eines Intensivmonitorings oder gegebenenfalls auch durch eine Abklärung mittels invasiver Diagnostik erhoben werden, den epileptogenen Fokus zu identifizieren.

Verursachen mehrere Tuber Anfälle?

Um einen epilepsiechirurgischen Eingriff durchführen zu können gilt es einen Tuber (oder eine Tuberformation) zu identifizieren, der die epileptischen Anfälle verursacht. Hierbei kommt dem Nachweis einer elektroklinisch-anatomischen Korrelation eine besondere Bedeutung zu, ebenso wie der Konstanz der Befunde. Letztendlich erfolgt anhand der erhobenen Daten eine Beurteilung, ob die identifizierte epileptogene Zone unter Abwägung von Defizitrisiko und der Chance auf Anfallsfreiheit reseziert werden kann und ein operativer Eingriff entsprechend indiziert ist.

Werden andere Tubera nach der Operation epileptisch aktiv?

Etwa 50-60 % der Patienten mit Tuberöser Sklerose werden nach einem epilepsiechirurgischen Eingriff anfallsfrei (vgl. Fallah, 2015; Jozwiak, Schwartz, Janniger & Bielicka-Cymerman, 2000). Da als ein Merkmal der Erkrankung meist multiple, hirnphysiologische Veränderungen vorliegen kann jedoch nicht ausgeschlossen werden, dass nach der erfolgreichen Resektion eines epileptogenen Tubers, ein anderer in der Zukunft epileptisch aktiv wird.
Die Epilepsiechirurgie kann somit eine effektive Behandlungsmethode bei Tuberöser Sklerose darstellen. Es wird angenommen, dass die Kontrolle der Epilepsie und somit des schädigenden Einflusses der Anfälle auf die neuronalen Funktionen verhindert oder wenigstens gemindert werden kann um günstige Voraussetzung für die kognitive Entwicklung zu schaffen und somit für die Lebensqualität. Auch wenn das langfristige Anfallsoutcome im Vergleich zu anderen Ätiologien gemindert ist lässt sich vermuten, dass Kinder von Anfallsfreiheit in wichtigen Phasen der Hirnentwicklung profitieren können. Diese Zusammenhänge sind bisher jedoch nicht ausreichend an entsprechend großen Kollektiven belegt.

Zusammenfassung und Ausblick:

Dieser Artikel soll einen Einblick in das Thema „Lebensqualität bei Tuberöser Sklerose und Epilepsie" geben. Nicht zuletzt aufgrund der großen Bandbreite der Erkrankung ist die Lebensqualität bei Tuberöser Sklerose beeinflusst von vielen, unterschiedlichen Faktoren und kann aus unterschiedlichen Perspektiven, bzw. hinsichtlich verschiedener Schwerpunkte betrachtet werden. Unabhängig davon stellt der multisystemische Charakter einer Tuberösen Sklerose die Betroffenen und deren Familien vor besondere Herausforderungen. Je nach Ausmaß und Schweregrad der Symptomatik können sich unterschiedliche Auswirkungen auf die Lebenssituation und das subjektive Wohlempfinden ergeben. Die Symptome können mehr oder weniger traumatisch sein und reichen von vergleichsweise harmlosen Flecken auf der Haut bis hin zu

schweren epileptischen Anfällen. Das Vorliegen einer Epilepsie an sich ist bereits mit spezifischen sowie mehr oder weniger schwerwiegenden Beeinträchtigungen der Betroffenen verbunden. Bei einer Tuberösen Sklerose stellt eine Epilepsie ein zusätzliches Erkrankungssymptom dar und mit bis zu 90 % der Betroffenen eine der häufigsten neurologischen Manifestationen der Erkrankung. Das Risiko für kognitive Defizite und Verhaltensstörungen ist beim Auftreten von epileptischen Anfällen erhöht, insbesondere bei frühem Erkrankungsbeginn und schwerem Verlauf der Epilepsie. Die Kontrolle der Anfälle kann somit einen maßgeblichen Einfluss auf die Lebenssituation der Betroffenen und deren Familien haben.
Die Epilepsiechirurgie erzielt bei Tuberöser Sklerose eine gute Erfolgsraten hinsichtlich der Anfallskontrolle, wenn nach einem umfangreichen diagnostischen Prozess eine führende, möglichst umschriebene epileptogene Läsion identifiziert und reseziert werden kann. Vorrangiges Ziel von Epilepsiechirurgie ist Anfallsfreiheit. Die Kontrolle der Epilepsie oder zumindest eine deutliche Reduktion schwerer epileptischer Anfälle kann so einen entscheidenden Einfluss auf die Lebenssituation und somit auf die Lebensqualität der Betroffenen und deren Familien nehmen.

Das Outcome nach Epilepsiechirurgie bei Tuberöser Sklerose wurde vergleichsweise häufig untersucht. Weniger gut erforscht ist jedoch der Verlauf und die Auswirkungen von Epilepsien bei Tuberöser Sklerose, wenn ein operativer Eingriff nicht indiziert ist oder abgelehnt wird. Aus diesem Grund wird im Rahmen eines Forschungsprojektes des Epilepsie-Zentrums Bethel und der Gesellschaft für Epilepsieforschung die Anfallskontrolle, der Entwicklungsstand und die Lebensqualität bei Tuberöser Sklerose untersucht und dies sowohl bei operierten als auch bei konservativ behandelten Kindern und Jugendlichen.

Literaturverzeichnis

Austin, J. K., Dunn, D.W., Johnson, C. S. & Perkins, S.M. (2004). Behavioral issues involving

children and adolescents with epilepsy and the impact of their families: Recent research data. Epilepsy and Behavior, 5, 33–41.

Baker, G. A. (2006). Depression and suicide in adolescents with epilepsy. Neurology, 55, 5- 12.

Baskin, H.J., 2008. The pathogenesis and imaging of the tuberous sclerosis complex. Pediatr Radiol., 38(9):936–952.

Chu-Shore, C. J., Major, P., Camposano, S., Muzykewicz, D. & Thiele, E. A. (2010). The natural history of epilepsy in tuberous sclerosis complex. Epilepsia, 51(7), 1236–41.

Curatolo, P., Bombardieri, R. & Jozwiak, S. (2008). Tuberous sclerosis. Lancet, 372, 657- 668.

Fallah, A. (2015). Resective Epilepsy Surgery for Tuberous Sclerosis in Children: Determining Predictors of Seizure Outcomes in a Multicenter Retrospective Cohort Study. Neurosurgery, 77(4), 517-524.

Freitag, H. (2007): Kognitive Entwicklung bei Kindern mit therapieresistenten symptomatisch- fokalen Epilepsien vor und nach einem epilepsiechirurgischen Eingriff, Diss. Tübingen 2007.

Gaitatzis, A., Carroll, K., Majeed, A. &W. Sander, J. (2004). The epidemiology of the comorbidity of epilepsy in the general population. Epilepsia, 45, 1613–1622.

Hertzberg, C. & Martin, P. (2013). Der Tuberöse Sklerose Komplex (TSC). Bremen: UNI-MED.

Jansen, F. E., Van Huffelen, A. C., Algra, A. & Van Nieuwenhuizen, O. (2007). Epilepsy Surgery in Tuberous Sclerosis: A Systematic Review. Epilepsia, 48(8), 1477–1484.

Jozwiak, S., Schwartz, R.A., Janniger, C.K. & Bielicka-Cymerman, J. (2000). Usefulness of diagnostic criteria of tuberous sclerosis complex in pediatric patients. Journal of Child Neurology, 15(10), 652-659.

Krueger, D.A. et al. (2010). Everolimus for subependymal giant-cell astrocytomas in tuberous sclerosis. New England Journal of Medicine, 363, 1801-1811.

Lavigne, J. K. & Faier-Routman, J. (1993). Correlates of psychological adjustment to pediatric physical disorders: A metaanalysis review and comparison with existing models. Developmental and Behavioral Pediatrics, 14, 117–123.

Leung, J. (2007). Tuberous Sclerosis Complex: A Review. Ped Health Care, 21, 108-114.

Marin, S. (2005). The impact of epilepsy on the adolescent. The American Journal of Maternal Child Nursing, 30, 321–326.

May, T.W., Pfäfflin, M., Thorbecke, R., Specht, U., van Kampen, N. & Coban, I. (2004). PESOS-Fragebogen für Menschen mit Epilepsie - Psychometrische Eigenschaften der Skalen zur Beeinträchtigung durch die Epilepsie und zu emotionalen Aspekten der Lebensqualität. Zeitschrift für Epileptologie, 17(4), 287–300.

O'Callaghan, F.J.K. et al. (2004). The relation of infantile spasms, tubers, and intelligence in tuberous sclerosis complex. Archives of Disease of Childhood, 89, 530-533.

Ravens-Sieberer, U. & Cieza, A. (2000). Lebensqualitätsforschung in Deutschland-Forschungsstand, Methoden, Anwendungsbeispiele und Implikationen. In: U. Ravens-Sieberer & A. Cieza (Hrsg.), Lebensqualität und Gesundheitsökonomie in der Medizin. Konzepte- Methoden-Anwendungen (S. 25-49). Landsberg: Ecomed.

Smalley, S.L. (1998). Autism and tuberous sclerosis. Journal of Autism and Developmental Disorders, 28, 407-414.

Spencer, S. & Huh, L. (2008). Outcomes of epilepsy surgery in adults and children. Lancet Neurology, 7(6), 525-537.

Tröster, H. (2005). Chronische Krankheiten. Kindheit und Entwicklung,14, 63–68.

Turky, A., Beavis, J.M., Thapar, A.K. & Kerr, M.P. (2008). Psy¬chopathology in children and adolescents with epilepsy: an investigation of predictive variables. Epilepsy and Behavior, 12(1),136–144.

Vasconcellos, E., Wyllie, E., Sullivan, S., Standord, L., Bulfacio, J., Kotagal, P. & Bingaman, W. (2001).

Mental Retardation in Pediatric Candidates for Epilepsy Surgery: The Role of Early Seizure Onset. Epilepsia, 42, 268-274.

Warschburger, P. (2000). Chronisch kranke Kinder und Jugendliche. Psychosoziale Belastungen und Bewältigungsanforderungen. Göttingen: Hogrefe.

Winterkorn, E.B., Pulsifer, M.B, & Thiele, E.A. (2007). Cognitive prognosis of patients with tuberous sclerosis complex. Neurology, 68(1), 62-64.

Marion Stomberg
Psychologin (BSc. MSc.)
Epilepsie-Zentrum Bethel

Selbsthilfe bei Tuberöser Sklerose- eine Mutter berichtet

Doris Friedrich

Ich bin Doris Friedrich, verheiratet mit Martin, und wir leben in einem Einfamilienhaus mit unserer, als drittes Mädchen geborenen, Severine. Ihre beiden älteren Geschwister, Fabienne und Nathalie kamen gesund zur Welt und leben mit ihren Lebenspartner in eigenen Haushalten. Severine wurde im März 1993 mit Tuberöser Sklerose geboren und schon sehr schnell stellten die Ärzte fest, dass es sich um einen schweren Verlauf der Grunderkrankung handelt. Viele Probleme im Verhalten sowie der Epilepsie und Klinikaufenthalte begleiteten uns seitdem. Und indessen wissen wir auch wo wir gerne Hilfe gehabt hätten von ausgebildeten Personen im Sozialwesen. Ihr Wissen, Kompetenz und vor allem ihr Loyalität hätte für uns viel bedeutet. Denn oft sind wir an Grenzen gestossen, weil wir ja nur das Beste für unsere Kinder wollen und zu viele Emotionen dabei waren. Und den Ärzten sind diese Eltern oft ein Dorn im Auge. Auch beim schriftlichen Kram betreffend Versicherungen, Anträge schreiben, sind viele Eltern überfordert, unwissend was ihnen zusteht und wie sie bei einer Ablehnung des Gesuches weiter fortfahren sollen. Ich wohne zwar in der Schweiz und schreibe hier über die Problematik von Tuberöse Sklerose Betroffenen dort. Ich bin mir sicher, dass es in andern Ländern und mit anderen Behinderungsdiagnosen genau so ist. Ich wünsche mir für die Zukunft, dass es bald zum Standard in jedem Land wird, dass in den Kliniken und Gemeinden Sozial ausgebildete Personen für uns abrufbar sind. Vor allem immer wieder für Fragen von uns und noch besser, so lange wie es geht immer die gleiche Person. Das ist leider immer wieder ein Stolperstein im Leben mit unseren behinderten Kindern ... der stetige Wechsel des Ansprechpartners. Dieses verursacht bei uns Eltern, aber auch bei den Betroffenen selber, Unsicherheit, Wut weil im schlimmsten Fall nicht vorher informiert wurde, die Informationen deshalb wiederholt gegeben werden müssen und es dabei zum Verlust einer Bezugs/Vertrauensperson kommt. Dieses Problem ist allgemein ein grosses Thema im Bezug auch auf weit verbreitete Krankheiten sowie speziell, wenn es um die Transition vom Kind ins Erwachsenenalter kommt. Sei es Versicherungstechnisch, welches Spital, Koordination von Terminen, wo dürfen die Eltern sich einbringen, und vieles mehr. Diese Thematik wird immer gegenwärtig sein, könnte aber durch die Kompetenz der Sozialarbeiter aufgefangen und abgeschwächt werden. So würde den Eltern der Druck, sich dauernd wehren zu müssen und die Last vom Alleine dastehen etwas gedämmt werden. Denn nur wenn alle zusammen arbeiten, jeder den Andern als kompetentes, wertvolles und gut informiertes Gegenüber wahrnimmt, sind wir gemeinsam stark.

Danke das ich diesen Vortrag an Eurer Tagung halten durfte und die Wünsche und Probleme der Eltern mit behinderten Kindern, in meinem Fall mit Tuberöser Sklerose (TS) Euch etwas näher bringen und erklären konnte.

Alles Gute bei Eurer wertvollen Arbeit und viele schöne Momente (die gibt es auch, und zwar viele) wünschen

Doris und Severine Friedrich,
Tuberöse Sklerose Vertretung
für Deutschland und die Schweiz
www.tsdev.org

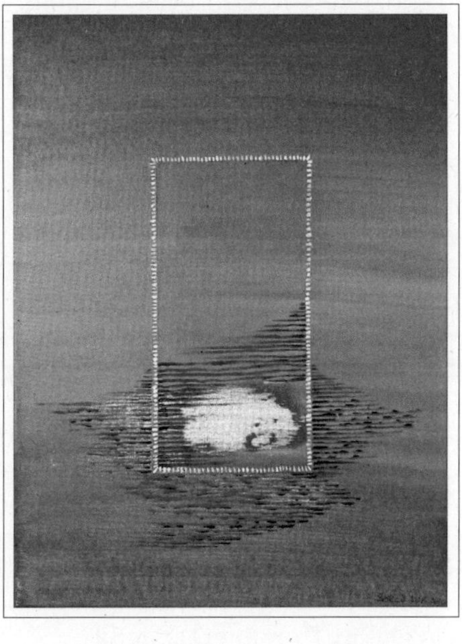

Epilepsie im Erwachsenenalter - Therapieresistenz

Sozialarbeit bei Patienten mit therapieresistenten Epilepsien

Juliane Schulz

Prolog

Soziale Arbeit mit Menschen, die im Zusammenhang mit ihrer Epilepsieerkrankung eine Therapieresistenz aufweisen- was ist denn da anders als in anderen psychosozialen Beratungs- & Begleitungsfunktionen?
An dieser Stelle sei angemerkt, dass ich als Sozialarbeiterin seit 2006 in der Epilepsieberatungsstelle des Epilepsiezentrums Hessen am Universitätsklinikum in Marburg beschäftigt bin. Die damit verbundenen Aufgaben umschließen ein vielfältiges psycho-soziales Beratungsangebot, welches Betroffenen, ihren Angehörigen sowie Organisationen oder anderen Interessierte, die in einer Verbindung mit Epilepsieerkrankten stehen, sowohl ambulant als auch stationär zur Verfügung stehen.
Als mir das Thema eines Vortrages für die Fachtagung zugeteilt wurde, stellten sich mir viele Fragen hinsichtlich der Darstellung dieser Thematik. Was gibt den Anstoß, „dieses" Beschwerdebild in den Fokus des Interesses zu stellen, zumal sich ohnehin durch die Vielfältigkeit der Anfallsarten, Häufigkeiten, Lebensumstände und daraus resultierende Problemstellungen jede Beratung eine individuelle Besonderheit ausmacht.
Ohne eine Ahnung zu haben, inwieweit dieses Thema das Interesse des Auditoriums erreicht, bleibt das vorrangige Interesse der Vortragenden die Darstellung des Gesamtzusammenhangs, welcher nachfolgend zur gemeinsamen Reflexion und Optimierung von Beratungsinhalten beitragen soll.

Was heißt Therapieresistenz?

Eine scheinbar endgültige Begrifflichkeit, die den Behandlungsstand in der Aktualität verdeutlicht: Eine Ausschöpfung aller anwendbaren Behandlungsmethoden konnte bislang keine Optimierung der Anfallskontrolle ermöglichen.
Zumeist wird die Therapieresistenz mit der Pharmakoresistenz in einer Bewertung des Behandlungsstatus genannt.
Dabei handelt es sich um zwei unterschiedliche Einstufungen, die zugleich ebenso unterschiedliche Optionen der weiteren medizinischen Versorgung zur Verfügung stellen.
Man spricht von einer Pharmakoresistenz wenn zwei geeignete, ausreichend hoch dosierte Antiepileptika nacheinander oder aber auch in

Kombinationstherapie nicht zur Anfallskontrolle führen. Die Pharmakoresisenz stellt somit nur die ausgeschöpfte medikamentöse Behandlungsform dar.

Resistenz bedeutet auch immer ein Zustand der Ausweglosigkeit, der gleichzeitig die Inanspruchnahme von erweiterten Maßnahmen zur Unterstützung des/der Betroffenen außerhalb der medizinischen/ärztlichen Behandlung in den Vordergrund rücken lässt.

Wie das Schaubild zeigt, ist der Personenkreis mit einer Therapieresistenz in der Epilepsieberatung am häufigsten zu nennen, gefolgt von den Menschen mit einer Pharmakoresistenz. Aktuell, und maßgeblich dadurch begründet, dass seit Januar 2015 auch Personen nach einem ersten epileptischen Anfallsgeschehen in der Einschätzung zur Arbeitssicherheit in der berufsgenossenschaftlichen Empfehlung berücksichtigt werden (siehe DGUV Information 250-001), steigen die Kontakte dieser Gruppe zur Epilepsieberatung an.

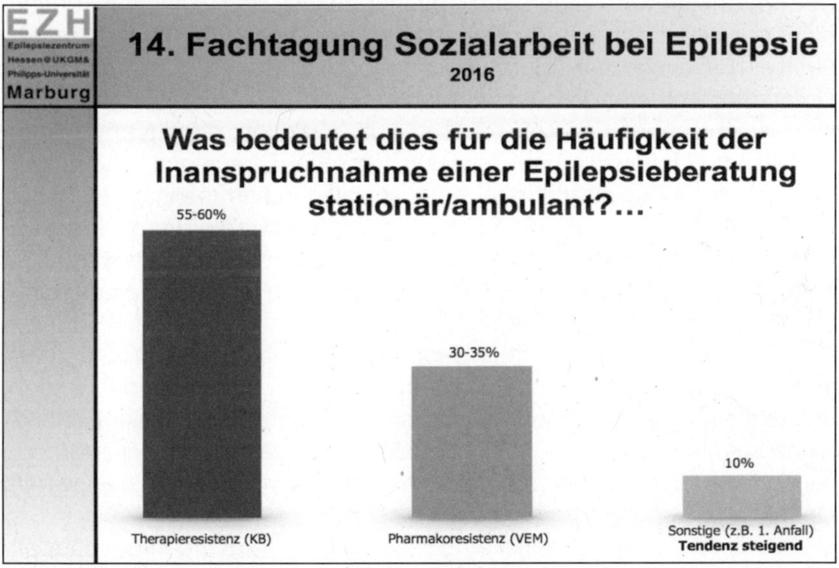

(Patientenerhebung, Epilepsieberatung EZH Stand 2015)

Die nachfolgende Tabelle (Patientenanteile in ambulanten/stationären Behandlungseinrichtungen) zeigt, dass die Anteile therapieresistenter bzw. nicht anfallsfreier Patienten sich in den unterschiedlichen Behandlungseinrichtungen voneinander unterscheiden.

Starting Points II
Costs of Employment Losses in PWE
Sickness Absences, Early Disability Pension, Unemployment

	Epilepsy Center *	Neurological Practice **	Region ***
Year	2013	2010	2012
Seizure free < 1 Year	100 %	69,8 %	64,5 %
Direct Cost	6784 €	2278 €	2406 €
Indirect Cost	7388 €	3042 €	5322 €
Indirect/ Direct Cost	1,09	1,33	2,22

* Strzelczyk et. al. Epilepsy Behav 2013
** Rychlik et al. ZEpieptol 2010
*** Strzelczyk et. al. Epilepsy Behav 2016 Hamer ZEpileptol 2015

(vgl. Folienpräsentation, R. Thorbecke; Klinik Mara, Bethel)

Die Frequentierung der Epilepsieberatung durch Patienten mit hoher Beratungsintensität zeigt deutlich, dass abhängig von der Ausprägung der Erkrankung und damit verbundener zusätzlicher Einschränkungen, nicht nur eine medizinische Behandlung benötigt wird, sondern zudem auch ein psychosoziales Beratungsangebot/Hilfsangebot als ergänzende Unterstützung bereitgehalten werden muss.
Die vielschichtigen und individuellen Auswirkungen, die die Erkrankung (Anfallsart, Häufigkeit...) auf Alltagszusammenhänge nimmt und zudem weitreichende Beeinträchtigungen in sozialen Zusammenhängen haben kann, betrifft nicht nur den Patienten, sondern auch sein Umfeld in erheblicher Weise. Dies hat zur Folge, dass in der Gesamtheit die Lebensqualität langfristig beeinträchtigt werden kann (z. B. durch fehlende Fahreignung, Probleme am Arbeitsplatz etc. ...).
Unabhängig von medizinischer Behandlungsoption bzw. ärztlicher Intervention und doch in enger Kooperation mit den behandelnden Ärzten, versteht sich die spezifizierte Beratung als weitere Säule in der Behandlungsoptimierung, um die „Vielfältigkeit" der Fragestellung, der zugrunde liegenden Krankheitsfaktoren, gemeinsam mit dem Patienten und seinem Umfeld anzugehen.
Nicht zuletzt durch die Einbettung der Epilepsieberatung in ein spezialisiertes Zentrum ergibt sich eine hohe Konzentration von komplexen Fallstrukturen.
Die Vielfältigkeit der Beratungsinhalte, die Dimension der psychosozialen Begleitung wird nachfolgend an zwei Fallbeispielen aufgezeigt:
Diese zwei Beispiele zeigen auf, in welchem erweiterten Umfang und über das übliche Maß einer psychosozialen Beratung hinaus, sich die Soziale

Arbeit hinsichtlich ihrer individuellen, situativ zugeordneten und unter Berücksichtigung der Entscheidungsautonomie des Patienten (z. B. derzeitiges Ablehnen von epilepsiechirurgischen Maßnahmen > somit eine „indirekte“ Therapieresistenz) sehr komplex darstellt und demzufolge ein umfangreiches Beratungsvolumen (zeitlich/inhaltlich) erfordert.
Im Vergleich zu einem als Norm definierten Beratungsumfang, von durchschnittlich 4 Kontakten- wobei der Erstkontakt im Durchschnitt ein Zeitfenster von 90 Minuten vorsieht, zeigen obige Beispiele eine Langfristigkeit mit vielen Einzelkontakten, sowohl mit Patient/Klient als auch mit den Netzwerkpartnern.
Hierbei bilden u.a. der Bezug zur Realität bzw. Konfrontation („nicht alles ist der Erkrankung geschuldet!!“) inhaltliche Schwerpunkte; wobei neben dem Erkennen von Schwächen, die Wahrnehmung und Umsetzung von Stärken (Ressourcenorientierung) erarbeitet werden.
Epilepsieberatung versteht sich zudem als Netzwerkarbeit, die insofern ein Schwerpunkt in der psycho-sozialen Begleitung bildet. Engmaschige, bedarfsorientierte Kooperationen sind somit eine Voraussetzung. Individuell beeinflussende Faktoren können jedoch die bereits erarbeiteten Beratungsziele erschweren.
Soziale Gegebenheiten wie Familiensituation, Wohnen, Arbeiten etc. aber auch die Eigenmotivation und psychische Balance, Komorbidität komplizieren zeitweilig oder aber auch dauerhaft die soziale Arbeit in ihrer Gesamtheit. Dadurch erhöht sich die Frequentierung der Beratungsstelle und/oder die Ablösung aus der begleitenden Beratung wird schwierig.

2 Fallbeispiele

EZH Epilepsiezentrum Hessen @ UKGM & Philipps-Universität Marburg

14. Fachtagung Sozialarbeit bei Epilepsie 2016

	männlicher Patient (56 Jahre)	weiblicher Patient (42 Jahre)
Anfallsbeginn	Jugendalter, (Ätiologie: Z.n. Fieberkrämpfe im Kindesalter, Hippocampussklerose links)	frühes Kindesalter (Ätiologie unklar)
Diagnosestellung	TLE links	Occipitallappenepilepsie links, sowie Pinealiszyste (06/2015)
Aktuelle Anfallsfrequenz	anhaltende Anfälle (ca. alle 3 Wochen), derzeit tageszeitlich ungebunden, automotorische Anfälle, GTKA, 2-fach Kombinationsmed.	anhaltend (12 Anfälle/Monat), visuelle Aura (re. Gesichtsfeld) ->> automotorischer Anfall, vorwiegend in der Aufwachphase, 3-fach Kombinationsmed., VNS seit 02/2016
Erstkontakt mit Beratungsstelle	vor 10 Jahren	vor 4 Jahren
Sozialer Hintergrund	verheiratet, drei Kinder, stadtnahes Wohnen	verheiratet, drei kleine Kinder, ländliches Wohnen
Beruflicher Hintergrund	war selbstständiger Architekt, lange Arbeitslosigkeit, seit 6 Jahren in Vollzeit in der Bauplanung im öffentlichen Dienst	seit 15 Jahren Integrationskraft im Kindergarten
Beratungsinhalte im Verlauf Schwerpunkt: Teilhabe am Arbeitsleben (DGUV-I 250-001)	Zu Beginn sozialrechtliche Beratung/Klärung wg. Aufhebung der Selbstständigkeit (u.a. Antrag GdB, Versorgungsanspruch bei BU über Versorgungskasse f. Architekten) - medizinische Rehabilitation; nachfolgend (begleitend) Krankheitsverarbeitung, Stärkung des Selbstmanagements, sowie Anregungen von psychotherapeutischen Hilfen - Coaching zur beruflichen Neuorientierung, sowie Fortbestand der beruflichen Tätigkeit (Bewerbungstraining, Motivationsgespräche...) **Aktuell:** stabil, Offenheit am Arbeitsplatz	Sozialrechtliche Beratung aufgrund veränderter Anfallsfrequenz (u.a. Interventionen zu Hilfe am Arbeitsplatz, Arbeitsplatzanpassung, Antrag GdB) Erhebliche Belastungen im Alltag durch ein chronisch erkranktes Kind, subjektiv -> zunehmende kognitive Einschränkung (Auswirkung -> Arbeitsplatz) **Aktuell:** Optimierung der familiären Bedingungen -> Mutter-Kind-Kur, Alltagshilfen Krankheitsselbstmanagement & Krankheitsverarbeitung, Motivationsgespräche u.a. zur nochmaligen erweiterten Diagnostik (VEM)

Zusammengefasst

Die anfängliche Fragestellung zur Sozialen Arbeit bei Therapieresistenz unterscheidet sich inhaltlich nicht von der zur fachspezifischen Sozialarbeit im üblichen Beratungskontext, vielmehr ist die eine Potenzierung der sozialarbeiterischen Intervention. Es stellt sich die Frage, ob sie dabei nicht zu einer Art Psychotherapeutische Sozialarbeit wird - was (ggf.) ein neues (ich glaube sehr lohnendes) Vortragsthema wäre.

Literatur

1 Verein für Sozialarbeit bei Epilepsie e.V. (13.04.2013); Standards psychosozialer Epilepsieberatungsstellen

2 Deutsche Gesetzliche Unfallversicherung e.V. (DGUV), Jan. 2015; Berufliche Beurteilung bei Epilepsie und nach erstem epileptischem Anfall

3 PowerPoint-Follie: „Startingpoints II Costs of Employment Losses in PWE" - R. Thorbecke, Klinik Mara, Bethel)

Juliane Schulz
Dipl. Sozialarbeiterin
Epilepsie-Beratung, Interdisziplinäres
Zentrum für Epilepsie Marburg

Umgang mit Therapieresistenz in der klinischen Praxis

M.Bacher

Nach Brodie (2010) haben 5-10 % aller Menschen irgendwann im Leben einen Anfall. Davon entwickeln 30 % eine Epilepsie. 30-40 % aller Personen mit Epilepsie haben trotz Behandlung Anfälle.

Nach Thomas, Arzimanoglu (2003) sind 20 Jahre nach Diagnosestellung 50 % ohne Therapie in Remission, 20 % sind unter Therapie in Remission und 30 % haben trotz Therapie weiterhin Anfälle. Die Remission tritt bei den meisten weniger als ein Jahr nach Diagnosestellung ein, d. h., man kann in der Mehrzahl der Fälle schon früh erkennen, ob eine Epilepsie einfach oder schwierig behandelbar sein wird.

Unterscheiden kann man folgende Verlaufsformen von Epilepsien: spontan gutartige Epilepsien, pharmakosensible Epilepsien, pharmakodependente Epilepsien und pharmakoresistente Epilepsien.

Bei **spontan gutartigen Epilepsien** ist die Remission auch ohne Therapie garantiert, sie sind medikamentös leicht zu kontrollieren, nach Absetzen tritt kein Rezidiv auf, eine zugrundeliegende Hirnpathologie ist nicht feststellbar und sie ziehen keine sozioprofessionellen Komplikationen nach sich. Beispiele: quasi alle Fälle von Rolando-Epilepsie, viele Fälle von kindlicher Absencen-Epilepsie.

Pharmakosensible Epilepsien sprechen gut und prompt auf Behandlung in Monotherapie in eher niedriger Dosis an, nach einiger Zeit (i. a. einige Jahre) ist ein definitives Absetzen ohne Rezidiv möglich. Beispiele: Einige Fälle von kryptogenen fokalen Epilepsien

Pharmakodependente Epilepsien sprechen auf Behandlung dauerhaft an, eventuell aber erst nach einigen Therapieumstellungen, es kommt jedoch zu Rezidiven nach Absetzen der Behandlung, auch wenn vorher jahrelange Anfallsfreiheit unter AE bestanden hat. Es ist also lebenslange Therapie erforderlich. Beispiele: Juvenile Myoklonus-Epilepsie, ein Teil der Fälle von strukturellen oder kryptogenen Epilepsien des Erwachsenen.

Bei **pharmakoresistenten** Epilepsien ist mit Antiepileptica keine Anfallsfreiheit erreichbar. Beispiele: Lennox-Gastaut-Syndrom, ein Teil der Fälle struktureller und kryptogener Epilepsien.

Man kann noch eine im Erwachsenenalter seltene 5.Verlaufsform hinzufügen: **Sekundär sich verschlechternde oder encephalopathisch werdende Epilepsien**, bei denen eine bisher stabil verlaufene, gut oder mehr oder weniger passabel kontrollierte Epilepsie sich unmotiviert und unaufhaltsam verschlechtert unter Zunahme der Anfallshäufigkeit, Auftreten neuer Anfallsformen und Staten und kognitivem Abbau.

Diese Verlaufsformen sind nicht deckungsgleich mit bestimmten Epilepsiesyndromen. Bei den meisten Epilepsiesyndromen kommen verschiedene Verlaufsformen vor. So ist zum Beispiel die idiopathische generalisierte Epilepsie mit Aufwach-Grand mal meist pharmakodependent, seltener pharmakosensibel und selten pharmakoresistent. Die Temporallappenepilepsie ist pharmakodependent oder pharmakoresistent und wird durch eine epilepsiechirurgische Operation von pharmakoresistent in (meistens) pharmakodependent umgewandelt.

Wovon hängt die Verlaufsform im Einzelfall ab? In entsprechenden Untersuchung zeigt sich, dass das Risiko von Therapieresistenz zunimmt mit der Gesamtzahl der Anfälle vor Therapiebeginn und mit der Zahl der Anfälle in den drei Monaten vor Therapiebeginn. Hingegen hängt Therapieresistenz nur wenig ab von der Dauer der Epilepsie vor Therapiebeginn. Mit aller Vorsicht kann man daraus die Vermutung ableiten, dass Verlaufsform und Schweregrad der Epilepsie im Einzelfall biologisch prädestiniert sind.

Wie ist Pharmakotherapieresistenz eigentlich überhaupt definiert?
Eine einheitliche Definition für alle Situationen gibt es nicht.

Am bekanntesten und am ausführlichsten in einer Leitlinie ausgefeilt ist die Definition der Pharmakotherapieresistenz im Rahmen der Indikationsstellung zur Epilepsiechirurgie: Sie lautet: Pharmakoresistenz liegt vor beim Versagen angemessener Behandlungsversuche (mit dem Ziel anhaltender Anfallsfreiheit) mit zwei vertragenen, richtig ausgewählten und angewendeten Antiepileptica in Mono- oder Kombinationstherapie (Failure of adequate trial of two tolerated, appropriately chosen and used antiepileptic drug schedules, whether as monotherapies or in combination, to achieve sustained seizure freedom).

Geprägt ist diese Definition von der bekannten und seitdem auf jedem Kongreß und bei jeder Fortbildung zitierten Arbeit von Brodie aus dem Jahr 2000: Von vorher unbehandelten Epilepsiepatienten werden 47 %

anfallsfrei mit dem ersten Medikament, 13 % mit einem zweiten Medikament und nur noch 4 % mit einem dritten. Der Versuch mit einem dritten Medikament erscheint somit verglichen mit einer Chance auf Anfallsfreiheit von 60 bis 70 % durch einen epilepsiechirurgischen Eingriff so gering, dass es unvertretbar erscheint, die Prüfung der operativen Option länger hinauszuschieben. In diesem Kontext ist die genannte Definition sinnvoll und entspricht der Interessenlage der Patienten, die aussichtsreichste Therapie möglichst früh zu bekommen.

Operabilität ist im Kontext aller Epilepsien letztlich aber doch die Ausnahme, und für die nicht operierbaren Epilepsiepatienten ist eine weiter gefasst Definition von Therapieresistenz sinnvoller und konstruktiver. Denn bis zu 16,6 % der bis dahin therapieresistenten Patienten werden anfallsfrei durch Verwendung eines bisher noch nicht gegebenen AE, selbst wenn vorher schon 2 bis 5 andere erfolglos gegeben wurden. Für die Situation, dass 6 oder mehr Antiepileptica erfolglos angewendet wurden, ist der Begriff der absoluten Pharmakotherapieresistenz vorgeschlagen worden.

Auch wenn das die Rate der Therapieresistenz in der genannten Arbeit von Brodie nur unwesentlich von 36 auf 33 % verringern würde, ist es doch für den einzelnen Patienten, der durch ein drittes, viertes oder weiteres Medikament doch anfallsfrei wird (und diese Patienten gibt es sehr wohl, wie die Erfahrung mit allen neuen Antiepileptica gezeigt hat) von enormer Bedeutung.

Der Rest meiner Ausführungen orientiert sich aber an einer völlig konzeptfreien und rein pragmatischen Verwendung des Begriffs: Im pragmatischen Sinne liegt Therapieresistenz liegt dann vor, wenn jemand trotz einer antiepileptische Behandlung nicht anfallsfrei ist.

Es können in einer solchen Situation verschieden Gründe beteiligt sein.

A) Fehldiagnose Epilepsie anstelle der richtigen Diagnose Synkope oder psychogener Anfall oder psychogener Stupor oder psychogene anfallsartige Verhaltenssequenz oder nichtepileptische Bewegungsstörung.

B) Richtige Diagnose einer Epilepsie, aber Irrtum bzgl. des Epilepsiesyndroms, mit der Folge der Wahl des falschen Antiepilepticums. Häufiges Beispiel: Diagnose einer strukturellen/symptomatischen Epilepsie anstelle einer idiopathischen / genetischen Epilepsie.

C) Ärztliche Inkonsequenz bei der Behandlung durch Wahl des falschen Medikaments, nicht ausreichende Aufdosierung, zu frühe Kombination mit einem anderen ebenfalls unterdosierten Antiepilepticum, Beharren auf einem nicht ausreichend wirksamen Medikament trotz vorhandener Alternativen.

D) Mangelndes Verständnis, Informationslücken, Skepsis und mangelnde Motivation des Patienten, allzu oft bedingt durch suboptimales ärztliches Verhalten:

- Ärztliche Unfähigkeit, den Patienten zu überzeugen, dass er beim Richtigen gelandet ist (fehlendes Vertrauensverhältnis)
- Zu wenig Zeit bei der Konsultation
- Nicht ausreichendes Ernstnehmen der Fragen, Vorinformationen, Vorurteile, Ängste und Widerstände der Patienten
- Die Patienten nicht „da abholen wo sie stehen“
- Ihre Widerstände gegen die Diagnose und die Behandlung als feindlichen Akt und nicht als etwas Normales verstehen
- Über den Kopf der Patienten hinweg reden wegen Überschätzung der medizinischen Vorbildung, des Verständnisvermögens, der Aufnahmefähigkeit und des Gedächtnisses der Patienten
- Ärztliche Unfähigkeit, sich in die Patientenrolle einzufühlen (nicht ganz ernst gemeinter Lösungsvorschlag: obligates passives Patientenpraktikum für jeden angehenden Arzt)

E) Beratungsresistenz des Patienten wegen Sturheit oder Vorurteilen (selten) oder, häufiger, wegen Inkongruenz des Weltbildes des Patienten und des schulmedizinisch-ärztlichen Konzepts, Loyalitätskonflikt zwischen dem ärztlich als nötig und sinnvoll Erachteten und den Denk- und Verhaltenszwängen der Umgebung (Familie, soziales Umfeld) oder einfach nur, weil die Epilepsie, ihre Folgen und die mit ihr verbundenen Einschränkungen einfach nicht zum Lebensalter und dem entsprechenden Lifestyle passen.

F) In den wenigen Fällen, wo sie erfolgreich sein kann, die epilepsiechirurgische Option nicht ergreifen. Grundregel: Bei jeder therapieresistenten strukturellen/symptomatischen Epilepsie muss nach 2 Jahren des erfolglosen Behandlungsverlaufs die chirurgische Option geprüft werden. Die Erfolgsrate bei den therapieresistenten Schläfenlappenepilepsien, die nach der prächirurgischen Diagnostik für die Operation in Frage kommen, ist gut 60 %, bei Dysplasien oder Cavernomen noch besser.

G) Bei der Antiepileptica-Therapie die Flinte zu früh ins Korn werfen. Auch wenn prozentual gesehen die Erfolgsrate beim dritten, vierten oder weiteren Medikament immer geringer wird, sollte man dennoch die gängigen und gut verträglichen Antiepileptica ausprobiert haben. Dabei muss man aber einige Fehler vermeiden: Nicht ein Medikament aufs andere häufen. Wenn man eines dazu gibt, sollte man bereits wissen, welches andere man dafür herausnehmen wird. Wieder abdosieren, wenn das neu hinzugegebene Medikament keinen Erfolg hatte. Die Verträglichkeit immer im Blick haben, keinen zu hohen Preis an Nebenwirkungen zahlen für zu geringen Gewinn an Wirksamkeit. Kombinationseffekte beachten, zum Beispiel das additive Überdosierungspotential von Carbamazepin, Oxcarbazepin, Eslicarbazepin, Lamotrigin und Lacosamid. Vom Patienten berichtete Nebenwirkungen glauben und ernstnehmen, auch wenn der Arzt meint, dass der Patient sich nicht so anstellen soll, oder wenn sie selten sind oder angeblich nicht vorkommen, auch Ärzte können Informationslücken und Vorurteile haben, und der Patient hat nicht immer automatisch unrecht (kognitive Beeinträchtigung und Depression unter Valproat oder Topiramat, Müdigkeit unter Lamotrigin, Depression unter Carbamazepin......)

H) Ein grundlegender Fehler, den man in der Epilepsiebehandlung vermeiden muss, ist, nichts zu tun oder unnötig lange abzuwarten, obwohl man mit der Anfallsituation oder der Verträglichkeit unzufrieden ist und noch Handlungsoptionen vorhanden sind.

I) Und wenn man alle diese Fehler vermieden hat und der Patient trotzdem noch Anfälle hat: Irgendwo müssen die gut 30 % pharmakotherapieresistenten Epilepsiekranken ja herkommen. Therapieresistenz ist nun mal kein seltener und vermeidbarer Betriebsunfall, sondern leider eine mögliche Verlaufsform der Epilepsien.

Was tut die Wissenschaft, um daran etwas zu ändern?

Weiterhin werden neue Antiepileptica entwickelt. Fortschritte brachten Sie bislang, wenn dann bei der Verträglichkeit, aber kaum bei der Wirksamkeit.
Die Epilepsiechirurgie wird immer aufwändiger und technologischer im einzelnen Fall, sie lässt aber keinen Zugewinn an Breitenwirkung erwarten.
Von den anderen Methoden ist die ketogene Diät bei schwierigen Epilepsien im Kindesalter eine klare Erfolgsgeschichte.

Den ganzen Rest (Vagusstimulation, Tiefenhirnstimulation, Magnetstimulation, Biofeedback) können Sie vergessen (bitte verzeihen Sie mir nach 25 Dienstjahren diese launische Formulierung).

Schlussfolgerung und (real)pessimistischer Ausblick: Man muss davon ausgehen, dass sich am Faktum der Therapieresistenz in den nächsten 10 Jahren zumindest nichts Wesentliches ändern wird.

Literatur:

Kwan P, Brodie MJ,
Definition of refractory epilepsy: defining the indefinable?
Lancet Neurol. 2010 Jan; 9(1):27-9.

Matthias Bacher
Facharzt für Neurologie
Epilepsiezentrum Kork

Pharmako- und Therapieresistenz und Folgen für Lebensqualität und Selbstmanagement

Ingrid Coban

Dieses Thema hat 3 verschiedene Komponenten: Therapieresistenz, Lebensqualität und Selbstmanagement, die zusammen betrachtet werden müssen, aber zunächst einmal getrennt behandelt werden sollen.

1. Pharmakoresistenz und Therapieresistenz

Hier soll zunächst beschreiben werden, wann man von einer Pharmako- und wann von einer Therapieresistenz spricht, welche Faktoren man überprüfen muss, ob es ggf. bereits zu Beginn der Epilepsie Hinweise auf einen pharmakoresistenten Verlauf geben kann.

1.1. Pharmakoresistenz

Pharmakoresistenz ist in der Behandlung ein weiterhin relevantes Thema, Epilepsieformen des Kindes- und Erwachsenenalters zusammengefasst geht man von ca. 1/3 (20-40 %) betroffenen Personen aus. Diese Zahl hat trotz neuer AED in den letzten Jahrzehnten nicht wesentlich abgenommen (vgl. Meyding-Lamadé, Steinmann 2015).
In der deutsch- und auch englischsprachigen Literatur werden verschiedene Begriffe verwendet, z. B.: Arzneimittel-, pharmako-, medikamenten-, therapieresistent, pharmako-, medikamenten-, therapierefrakär, therapieschwierig, schwer behandelbar, schwer einstellbar, unkontrolliert, nicht immer wird allerdings deutlich, welche und ob überhaupt eine Definition zugrunde liegt.
Die inzwischen entwickelte Definition der internationalen Liga gegen Epilepsie (ILAE) versucht Klarheit zu schaffen. Neben dem Level 1, das standardisierte Behandlungskriterien benennt, wird in Level 2 beschrieben, wann tatsächlich von einer Pharmakoresistenz auszugehen ist: Wenn durch adäquate Behandlungsversuche mit 2 vertragenen, geeigneten und angemessen angewendeten Antiepileptika (AED) in Mono- oder Kombination keine anhaltenden Anfallsfreiheit erreicht werden konnte. D. h. die AED sind für das Epilepsiesyndrom und die Anfallsart/en geeignet, es wurde eine ausreichende Dosierung gewählt und die Behandlungsdauer ist für die Beurteilung ausreichend lang, weiterhin treten keine oder zumindest tolerierbare Nebenwirkungen auf.

Als Anfallsfreiheit wird die 3-fache Zeit des längsten anfallsfreien Intervalls 12 Monate vor der Intervention bezeichnet oder 12 Monate ohne Anfälle, je nachdem, welcher Zeitraum länger ist.
Zu beachten ist, dass die Klassifizierung als „pharmakoresistent“ nur zu einem bestimmten Zeitpunkt gilt! Es bedeutet NICHT, dass Anfallsfreiheit nicht bei weiterer medikamentöser Anpassung erreicht werden könnte (vgl. Kwan et al 2010).

1.2. Welche Faktoren müssen zunächst überlegt werden?

Vor der Einstufung der Epilepsie als pharmakoresistent müssen u.a. folgende Faktoren objektiviert werden:

<u>Ist die Diagnose richtig?</u>

- Wurde das Epilepsiesyndrom und/oder Anfallsformen richtig beurteilt?
- Handelt es sich ggf. um andere anfallartige Ereignisse, wie Synkopen, metabolitische Störungen, Migräne, dissoziative Anfälle
  - *<u>Anmerkung:</u> Man geht davon aus, dass bis zu 25 % der als pharmakoresistent beurteilten Personen eigentlich dissoziative Anfälle haben.*

<u>Ist die medikamentöse Behandlung richtig?</u>

- Ist das/sind die AED und die Dosierung geeignet, gibt es ggf. Interaktionen mit anderen AED oder Medikamenten?
- Sind die AED unwirksam (geworden)?
  - *<u>Anmerkung:</u> Es gibt verschiedene Hypothesen, warum dies der Fall sein kann, z. B. Transporter-Hypothese, Target-Hypothese, genetische Varianz von Proteinen in Pharmakokinetik und Pharmakodynamik, gestörte Energieproduktion in Mitochondrien der epileptogenen Zone, Auto-Antikörper-Bildung gegen* Enzyme u.a. (vgl. Kwan et al 2011)

<u>Kann die nicht ausreichende Wirksamkeit mit der Lebensführung zusammenhängen?</u>

- Z. B. Häufiger Schlafentzug, Konsum von Alkohol, Drogen

<u>Wie ist die Adhärenz bzw. Compliance der betreffenden Person?</u>

Non-Adherence bzw. Non-Compliance kann ganz unterschiedliche Gründe haben:

- Die Einnahme wird vergessen, weil sie zu kompliziert ist und/oder kognitive Schwierigkeiten bestehen
- Die AED werden aus Angst vor z. B. Teratogenität, Nebenwirkungen und Langzeiteffekten nicht oder nicht zuverlässig eingenommen
- Die Behandlungsnotwendigkeit wird nicht erkannt, nicht akzeptiert oder verleugnet
  - *Beispiel aus der eigenen Praxis:* *Eine Klientin verschweigt dem behandelnden Arzt die Nebenwirkungen und dass sie die erhöhte Dosis deshalb gar nicht einnimmt, weil: „Er gibt sich doch so viel Mühe!"*

1.3. Gibt es Hinweise, die schon bei Krankheitsbeginn auf eine Pharmakoresistenz schließen lassen?

Diese Frage wird in der verwendeten Literatur (s. Anhang) diskutiert, es gibt jedoch keine ganz eindeutigen Kriterien. Zusammenfassend wird davon ausgegangen, dass man bei verschiedenen Erkrankungskomponenten an eine Pharmakoresistenz denken kann, z. B.:

Anfälle

- Neugeborenen- oder Fieberkrämpfe
- Fokale Anfälle, unterschiedliche Anfallstypen
- Hohe Frequenz zu Beginn
- Cluster, Status in Vorgeschichte

Ursache und Epilepsiesyndrom

- Bestimmte pädiatrische Syndrome (Lennox Gastaut, Rasmussen...)
- Symptomatische bzw. strukturelle/metabolische Ätiologie

Ansprechen auf Behandlung

- Risiko steigt mit jedem weiteren nicht erfolgreich eingesetzten AED (Pharmakoresistenz kann aber auch nach zunächst mehrjähriger Anfallsfreiheit auftreten)

Komorbiditäten

- Psychiatrische Erkrankungen
- Entwicklungsverzögerung, kognitive Einschränkungen

1.4. Therapieresistenz

Ausgehend von oben genannten Ausführungen ergibt sich bei einer Pharmakoresistenz zunächst die Frage, ob außer der medikamentösen

Behandlung nicht noch weitere Behandlungsoptionen genutzt werden können, z. B. ein epilepsiechirurgischer Eingriff. Erst wenn alle Behandlungsmethoden nicht wirken, nicht ausreichen oder nicht möglich sind, spricht man von einer Therapieresistenz.
Auch eine Therapieresistenz sollte nicht nur als Begriff in den Raum gestellt, sondern immer reflektiert werden, auch hier ist die Beurteilung nur auf den Zeitpunkt bezogen und heißt nicht, dass auch in der Zukunft keine Behandlung erfolgreich sein wird.

Zusammenfassung Pharma- und Therapieresistenz

Von Pharmakoresistenz sollte nicht leichtfertig gesprochen werden, zunächst muss Diagnose, Behandlung und Mitwirkung an der Behandlung im Detail überprüft werden. Die sich daraus ergebende Fragestellung ist die, ob und welche anderen Behandlungsmethoden zur Verfügung stehen. Erst wenn keine Behandlungsmethoden zur Verfügung stehen, die eine erfolgreiche Behandlung gewährleisten können, spricht man von Therapieresistenz.
Die Beurteilung sowohl von Pharmako-, also auch von Therapieresistenz gilt nur für den jeweiligen Zeitpunkt der Beurteilung und nicht für die Zukunft.

2. Folgen von Pharmako- und Therapieresistenz

Im Folgenden sollen diese beiden Gruppen zusammengefasst werden, da sich in der Literatur dazu keine so explizite Trennung ergibt, dass dies verständlich und im Überblick dargestellt werden kann. Folgen und Auswirkungen sind zudem – gerade im Bereich der sozialen Beratung – für bei Gruppen vergleichbar.
Bei Menschen mit einer Epilepsie (MmE) ist die Gruppe der Betroffenen mit einer pharmako- oder therapieresistenten Epilepsie eher klein, steht aber mehr im Fokus von BehandlerInnen und BeraterInnen. In der Regel sind die psychosozialen Auswirkungen komplexer, umfangreicher und erfordern mehr Zeit.

Aus der verwendeten Literatur ergeben sich zusammenfassend folgende Risikofaktoren:

- <u>Die Rate der Komorbiditäten ist höher</u>, insbesondere Depression, Angst- und psychotische Erkrankungen, aber auch in Bezug auf Osteoporose, Verletzungen, kognitive Störungen
  - Z. B. Depression: Die Lebenszeitprävalenz in der Normalbevölkerung liegt bei 10,7 %, bei MmE bei bis zu 35 %, wobei therapieresistente MmE mit einer fokalen Epilepsie bei über 30 % liegen.

Ca. 50 % sind nicht antidepressiv behandelt, was erhebliche psychosoziale Folgen hat, aber auch die Anfallsfrequenz negativ beeinflussen kann

- Das Risiko vorzeitig zu versterben ist 2 – 10mal so hoch
  - SUDEP: MmE 1 pro 1000/Jahr (bei Pharmakoresistenz 6 pro 1000/Jahr)
    - Anmerkung: *"... sudden, unexpected, witnessed or unwitnessed, nontraumatic, and nondrowning death, occurring in benign circumstances, in an individual with epilepsy, with or without evidence of a preceding seizure and excluding documented status epilepticus. Definite requires a postmortemexamination that does not reveal an alternative cause of death. Otherwise "probable SUDEP" (vgl. Laxer et al 2014).*
  - Unfälle und Ertrinken
  - Suizid: MmE 2,4-fach erhöht, bei Komorbidität Angsterkrankung 11,4-fach, bei Komorbidität affektive Störung: 32-fach
- Die psycho-sozialen Folgen sind langfristiger und nachhaltiger als bei einer gut behandelbaren Epilepsie, z. B. hinsichtlich
  - Negative, depressive Krankheitsverarbeitung, niedriger Selbstwert, eingeschränktes Selbstbild, Entwicklung ungünstiger Coping-Strategien
  - (Selbst)Stigma, soziale Angst, Scham, Passivität, sozialer Rückzug, Ausgrenzung
  - Familien-, Partnerschaftsprobleme
  - Berufliche Konsequenzen wie Berufswahl, Mobilität, (Langzeit) Arbeitslosigkeit, Schwierigkeiten am Arbeitsplatz

Zusammenfassung Folgen von Pharmako- und Therapieresistenz

Die psycho-sozialen Folgen können gravierend sein, wie alle in der Sozialen Arbeit tätigen Personen täglich erfahren. Sie sind langandauernd und erfordern von den Betroffenen und den Angehörigen eine hohen Anpassungsleistung, die nicht immer oder nicht stabil gelingt.
Frühzeitige Beratung, Information, Schulung und Interventionen sind notwendig.

3. Lebensqualität

Lebensqualität ist seit vielen Jahren ein Thema in unterschiedlichen Bereichen, nicht nur im Bereich von Gesundheit und Krankheit.
Inzwischen ist es allgemein anerkannt, dass es sich bei Lebensqualität um ein multidimensionales Konstrukt handelt, das sich nicht nur über

eindeutig messbare materielle Dinge und Ressourcen (z. B. Lebensstandard, Bildung, sozialer Status, Chancen) definieren lässt, sondern auch subjektive Faktoren einbeziehen muss, z. B. den Grad des Wohlbefindens, die Lebenszufriedenheit. Die Weltgesundheitsorganisation (WHO) stellt die subjektive Komponente sogar in den Vordergrund:

> *„Lebensqualität ist die subjektive Wahrnehmung einer Person über ihre Stellung im Leben in Relation zur Kultur und den Wertsystemen in denen sie lebt und in Bezug auf ihre Ziele, Erwartungen, Standards und Anliegen." (WHO 1993)*

Lebensqualität kann individuell und kollektiv beurteilt werden, man unterschiedet:

- Allgemeine, globale Lebensqualität – Quality of Life (QoL)
- Gesundheitsbezogene Lebensqualität (Health-Related Quality of Life, HRQoL) mit physischen, psychischen und sozialen Dimensionen (vgl. Internationale Klassifikation der Funktionsfähigkeit, Behinderung und Gesundheit - ICF)
- Erkrankungsbezogene Lebensqualität – Diagnosis-Related Quality of Life, DRQoL, ebenfalls mit o.g. Dimensionen, ergänzt durch erkrankungsspezifische Komponenten.

3.1. Epilepsie und Lebensqualität

Studien zur Lebensqualität von MmE gibt es seit einigen Jahrzehnten. Stand zunächst eher der Zusammenhang von Lebensqualität und konkret messbaren erkrankungsbezogenen Daten, insbesondere Anfallshäufigkeit, im Fokus, fand im Verlauf eine Erweiterung auf psychosoziale Komponenten statt.
Im Folgenden möchte ich auf ausgewählte Publikationen eingehen, die das Spannungsfeld Epilepsie und Lebensqualität im Überblick verdeutlichen sollen, es geht dabei ausschließlich um die erkrankungsbezogene Lebensqualität (DRQoL).

Jacoby und Baker verglichen in einem Review zahlreiche Studien und deren Ergebnisse und stellten den Zusammenhang von Lebensqualität und Anfallshäufigkeit dar (Jacoby et al 2008, englischsprachige Artikel zwischen 1985-2007 über Erwachsene ab 19 Jahre).
Ausgehend von einer Baseline erreichte die Lebensqualität bei Anfallsfreiheit nach einiger Zeit, je nach Erkrankungsverlauf, wieder das ursprüngliche Niveau, am schnellsten, wenn schon nach wenigen Anfällen

Anfallsfreiheit erreicht werden konnte. Länger dauerte es, wenn die Anfälle zunächst nicht kontrollierbar waren, dann aber eine epilepsiechirurgische Behandlung erfolgreich war. Bei weiter bestehenden Anfällen war dies jedoch nicht der Fall und die Lebensqualität blieb auf einem niedrigeren Niveau.

Auch bei Elsharkawy und Thorbecke, die die Lebensqualität von MmE mit Pharmakoresistenz ohne Möglichkeiten eines epilepsiechirurgischen Eingriffes mit denen nach einer Operation verglichen, hatten die MmE ohne Epilepsiechirurgie eine niedrigere Lebensqualität. Prädiktoren waren (1) Depression und Angst und (2) die Wirksamkeit und Verträglichkeit der AED. Ohne die Depression zu berücksichtigen standen die Verträglichkeit der AED und der Faktor Arbeit im Vordergrund (Elsharkawy, Thorbecke 2012).

Harden et al (2007) untersuchten den Effekt der Anfallsschwere auf die Lebensqualität bei Frauen (N=118). Ergebnis war eine hochsignifikante Korrelation von Anfallsschwere mit „Seizure Worry and Social Functioning", d. h. die Verbindung der Anfallsschwere mit anfallsbezogenen Auswirkungen wie Angst vor dem Auftreten von Anfälle und den ggf. damit Verletzungen, aber auch Nebenwirkungen der AED und vor allem die Auswirkungen in sozialen Bezügen, verbunden mit Peinlichkeit und Scham. Eine immerhin signifikante Korrelation gab es von Anfallsschwere mit der allgemeinen Lebensqualität und kognitiven Fähigkeiten (Gedächtnis, Konzentration, Verlust von Unabhängigkeit).
Der Zusammenhang von Anfallsschwere und Lebensqualität war hier unabhängig von einer Depression und bestand auch dann, wenn eine vorhandene Depression behandelt war.
Deutlich wurde, dass die Anfallsschwere unabhängig von der Anfallshäufigkeit die Entwicklung von Angst und sozialer Vermeidung fördern kann und entsprechende Auswirkungen auf alle Aktivitäten des täglichen Lebens, auf Beziehungen und Selbstwirksamkeit hat.
Dies ist leicht nachzuvollziehen, ist doch i.d.R. die Schwere verbunden mit einer schwereren und längeren Beeinträchtigung im Anfall, einer längeren postiktalen Erholungszeit und ggf. auch mit weiteren Folgen wie Verletzungen verbunden.

Eine Verbesserung der Lebensqualität kann in diesen Fällen bereits sichtbar werden, wenn die Schwere der Anfälle abnimmt, z. B. es nicht mehr zum Sturz oder zu einer umfassenden Bewusstseinsstörung kommt (vgl. Harden et al 2007, Jacoby et al 2008).

3.2. Epilepsie und Lebensqualität aus Sicht von Betroffenen

Etwas ausführlicher möchte ich die 2016 von einer ForscherInnengruppe um Ring veröffentlichte Studie mit der Fragestellung *„Does the concept of resilience contribute to understanding good quality of life in the context of epilepsy“* vorstellen. Darin geht es darum, ob Lebensqualität auch unabhängig von Anfallskontrolle gut oder schlecht sein kann, warum manche Menschen gut mit ihrer Epilepsie zurechtkommen und welche Rolle informelle und formelle soziale Netzwerke spielen.

Der Begriff der Resilienz (lat. Resilire = zurückspringen, abprallen) ist in der sozialen Arbeit nicht unbekannt. Zunächst ein eher physikalischer Begriff, der einen Zustand relativer Stabilität bezeichnet (z. B. elastische Materialien, die nach Verformungen wieder ihre Ausgangsform annehmen), fand dieser in der Psychologie und den Gesellschaftswissenschaften Eingang. Bei Resilienz denken wir heute an die Widerstandsfähigkeit eines (sozialen) Systems, an eine psychische Widerstandskraft und die Fähigkeit, schwierige Lebenssituationen zu überstehen, ohne anhaltende Beeinträchtigungen davonzutragen (vgl. auch Duden 2016).

Ring nutze bereits vorhandenes Datenmaterial der zuvor erfolgten SANAD-Studie (multizentrische Studie zur Effektivität und Kosten verschiedenere alter und neuer Medikamenten) und rekrutierte daraus ihre Teilnehmenden (TN) für eine qualitative Studie zu o. g. Fragestellung.
Zunächst wurden die TN nach ihrer persönlichen Definition von Schlüsselbereichen der Lebensqualität gefragt, dies war zusammenfassend:

- Wichtige soziale Beziehungen, besonders familiäre Beziehungen
- Arbeit
- Soziales Leben und Freizeitaktivitäten
- Physische und psychische Gesundheit (die eigene und die der Familie)
- Finanzen
- Lebensstil

Danach wurden von der Arbeitsgruppe um Ring folgende Thesen formuliert:

- Die anfallsfreien Personen (N=32) haben eine gute (good) Lebensqualität,
- Die nicht-anfallsfreien Personen (N=35) haben eine schlechte (poor) Lebensqualität

Das Ergebnis überraschte (Abb. 1):

Self-reported seizure control	Self-reported quality of life		Total
	Good	Poor	
Good	Expected good QOL = 238 SANAD (15 interviewed)	Unexpected poor QOL = 64 SANAD (17 interviewed)	Good seizure control = 302 SANAD (32 interviewed)
Poor	Unexpected good QOL = 52 SANAD (19 interviewed)	Expected poor QOL = 80 SANAD (16 interviewed)	Poor seizure control = 132 SANAD (35 interviewed)
Total	Good QOL = 290 identified (34 interviewed)	Poor QOL = 144 identified (33 interviewed)	434 SANAD (67 interviewed)

Abb. 1 Teilnehmer der SANAD-Studie gruppiert nach Outcome-Gruppen nach Ring et al. 2016, S. 157

Von 16 TN, die die erwartete niedrige Lebensqualität zwar bestätigten, berichteten 14 TN von Gründen unabhängig von der Anfallssituation und zwar von: Arbeitsplatzproblemen und -verlust, finanziellen, gesundheitlichen Problemen, Beziehungsschwierigkeiten, anderen Krankheiten (eigene und innerhalb der Familie), Trauerfall, schlechter Stimmung, Depression. Und auch davon, dass ggf. andere Dinge die eingeschränkte Lebensqualität verursachen, aber die Epilepsie als Grund in den Vordergrund gestellt wird.

> *Expected poor QOL — multiple influences and cumulative effects.*
> *"... there were other things going on in our lives...So, that is where it gets all, you can't say yes, this was the epilepsy — or was it the fact that the husband and the children had [condition] as well? We put everything down to mum having epilepsy, but the point was there was too much going on." (Ring et al 2016, S.158)*

Von den anfallsfreien TN gaben 17 TN (= ca. 50 %) an, trotzdem eine niedrige Lebensqualität zu haben, 14 davon ohne Zusammenhang mit anfallsbezogenen Faktoren, z. B. wegen einer höheren Vulnerabilität gegenüber Stress, insbesondere auch psychischem Stress, Gedächtnisverschlechterung und beruflicher Probleme.

> *Poor QOL in the absence of seizures.*
> *"... the things that were going on in my life at the time, I can think, that it wasn't necessarily to do with the epilepsy at all, no ... I had just finished in a call centre in [place] and I hated that job, I really did ... absolutely the worst job I have ever had in my life." (A7, M, V) (Ring et al 2016, S.159)*

Interessant war die Gruppe mit einer erwarteten schlechten Lebensqualität, denn von den 35 TN gaben 19 eine gute Lebensqualität an, trotz weiter bestehender Anfälle.

Als Ressourcen wurde benannt

- Akzeptanz der Erkrankung, die oft hart erkämpft wurde und ggf. auch immer wieder erkämpft werden muss
- Ein „fighting spirit“
- Praktische Strategien für den Alltag entwickeln
- Wenn man bestimmte Dinge nicht mehr tun kann: Andere Dinge finden, die man auch gerne macht
- Optimismus, eine andere Wahrnehmung und Auffassung von Einschränkungen, auch von Ressourcen und von schönen Dingen
- Selbstwirksamkeit
- Soziale Kontakte und soziale Unterstützung
- Arbeit für eine Stärkung des Selbstbewusstseins und für soziale Kontakte
- An Schulungen und Informationen teilnehmen, durch die man Vertrauen darin entwickeln kann, mit der Krankheit leben zu können (hier erfolgt ein Verweis auf SMILE, der englischen Version von MOSES).

  The role of psychologically enhancing activity.
  “So, they say don't do this, don't do that, don't ride bikes, but I do, because if you listen to everybody who says don't do this, don't do that, you would stay in the house and call it a day. And, I am not willing to go out like that, so I do weights, walk every day with my dog, walk most places and I go out a lot.” (Ring et al 2016, S.159)

Deutlich wurde auch, dass Lebensqualität ein Prozess ist, der von unterschiedlichen Lebenslagen, -situationen und Umgebungsfaktoren wie psychischer Status, Hilfebedarf und Hilfeangebote, andere gelöste oder ungelöste psychosoziale Schwierigkeiten
abhängt – und damit auch ein sich immer wieder verändernder Prozess ist.

Zusammenfassung:

Lebensqualität ist ein komplexer sich verändernder und kein stabiler Prozess, der von vielen Faktoren abhängt. Bei einer Pharmako- oder Therapieresistenz wirken zusätzliche Komponenten darauf ein. Risikofaktoren für eine niedrige Lebensqualität sind insbesondere:

- Hohe Anfallsfrequenz, Kombination von Anfallsformen, Anfallsschwere, Nebenwirkungen
- Angst allgemein und vor Anfällen, kognitive Beeinträchtigungen, psychische Probleme
- Verlust von Selbstvertrauen und Selbstwert

- Negative Selbstwahrnehmung und Selbstimage, wie man denkt von anderen Personen erlebt zu werden, Furcht vor den Reaktionen anderer, vor Missverstehen und Ignoranz, (erwartetes) Stigma, individuelles Stigmagefühl und Stigmalevel
- Einschränkungen in Mobilität, in (Freizeit)Aktivitäten und im Lebensalltag
- Verlust von Freundschaft, Einsamkeit
- Angst vor beruflichen Schwierigkeiten und Arbeitslosigkeit

Einen sehr hohen Stellenwert für eine gute Lebensqualität hat die Quantität und Qualität sozialer Beziehungen!

Resilient reintegration — the role of personal and socioenvironmental influences.
"I suppose their [parents/partner] positive attitude towards it has been a reflection on me being positive about it and not letting it affect me and I suppose if they were showing me that they were worried and that they didn't understand it, I suppose that would have really put a downer on it and I suppose maybe I wouldn't have been as outgoing and as positive about it." (Ring et al 2016, S.159)

4. Selbstmanagement

In medizinischen Belangen wird Selbstmanagement auch mit Compliance verbunden, dem kooperativen Verhalten im Rahmen der Therapie, oder Adhärenz, dem Befolgen des vereinbarten Behandlungsplanes mit Medikamenten-Einnahme, Diät, Lebensstiländerung etc. Selbstmanagement geht aber weit darüber hinaus, es ist ein vielseitiger Begriff und bedeutet auch, sich motivieren zu können, Ziele zu setzen, zu planen, zu organisieren und lernen zu können, die eigene persönliche und berufliche Entwicklung gestalten zu können.
Menschen mit einer Pharmako- oder Therapieresistenz stehen hier vor einer besonderen Herausforderung. Überlegt werden soll nun welche Methoden, Hilfen und Programme unterstützend wirken können.

Johnson et al veröffentlichen 2012 eine Untersuchung in der unter anderem erhoben wurde, in welcher Form sich MmE und „Profis" Selbstmanagementprogramme wünschen. Bei der Befragung wurde die Gruppe der MmE (ab Alter von 19 Jahren) unterschieden in „epilepsy-only" „und epilepsy-plus" (nur Epilepsie und Epilepsie mit Comorbidiäten, MmE: insgesamt N=165, Gruppe „epilepsy-plus" N=92; Profis N=20).
Alle 3 Gruppen favorisierten face-to-face-Methoden, am liebsten einzeln, aber auch in der Gruppe. Negativ beurteilte die „epilepsy-only"-Gruppe Gruppen-Telefon-Sitzungen, ebenso die „epilepsy-plus"-Gruppe, diese aber auch Web-basierte Gruppenangebote. Für die Behandler_innen wiederum sind alle Web-basierten Angebote, aber auch individualisierte Angebote per Mail nicht gewünscht (Abb. 2).

Delivery	Epilepsy-only	Epilepsy-plus	Clinician
	Patient mean	Patient mean	Mean
Face-to-face individual sessions	2.72	2.54	1.95
Face-to-face group sessions	3.61	3.40	2.20
Individual telephone sessions	4.52	4.26	3.43
Group telephone sessions	5.66	5.54	4.75
Individual web-based sessions	4.44	4.52	5.50
Group web-based sessions	4.34	5.18	5.55
Mailed educational materials (individualized)	4.19	4.17	5.33

Abbildung 2: Gewünschte Informationsangebote – Vergleich von Patienten mit Professionellen
Signifikanz nach Bonferronikorrektur $\alpha = 0{,}007$
niedrige Zahlen bedeuten einen hohen Stellenwert; nach Johnson et al. 2012, S. 153

Dem direkten persönlichen Austausch wird also Vorrang eingeräumt.

Wie sieht das bei bestehenden Angeboten in Bezug auf erkrankungsbezogenes Selbstmanagement aus?

Mittan veröffentlichte 2009 ein Review zu Programmen für psychosoziale Behandlung (psychosocial treatment) und beschrieb eine hohe Bandbreite zwischen großen Informationsveranstaltungen mit 200-300 TN bis zu kleinen verhaltens- und psychotherapeutischen Gruppenprogrammen. Er stellte aber auch fest, dass die Outcome-Studien schlecht vergleichbar sind, da es sich teils um nur wenige TN handelte (ggf. aus nur einem Behandlungszentrum), verschiedene Instrumente zur Messung und Evaluation von Outcome benutzt wurden oder diese sogar unklar blieben und somit auch die Interpretation der Ergebnisse hinsichtlich Lebensqualität, Stigma, Depression etc. nicht möglich ist. Oft wurden auch Programme entwickelt und evaluiert, dann aber nicht weiter durchgeführt.

Famoses und MOSES gehören zu den evaluierten und regelmäßig durchgeführten Programmen, warum dies bei Pepe oder Flip Flap nicht der Fall sein sollte bleibt in dem Artikel unklar (Abb. 3).

Intervention							
Program name [a]	MOSE	FAMO	Pengu	**SEE1** [m]	**SEE2**	FLIP	PEPE
Theoretical model [b]	Educ	Educ	Educ	**IM**	**IM**	Bipsyso	Educ
Intervention method [c]	PE	PE	PE	**PE**	**PE**	Educ	PE
Intervention group size [d]	10	7-12	6	**200**	**200**	8	10
Target audience [e]	Adult	C & P	Child	**Adult**	**C & P**	C & P	Adult
In general use [f]	Yes	Yes	Yes	**Yes**	**Yes**	No	No
Outcome study							
Research author	May and Pfafflin, 2002 [2]	Wohlrab et al., 2007 [3]	Adam, 2001 [4]	**Helgeson et al., 1990** [5]	**Shore et al., 2008** [6]	Jantzen et al., 2009 [7]	Huber and Seidel, 2001 [8]

Abb. 3 Epilepsieschulungsprogramme - Strukturmerkmale; nach Mittan 2009 S. 372

Die von Mittan in dem Review beschriebenen Programme erfüllen das Wunschkriterien der direkten und persönlichen „face-to-face“ Interaktion.
Allerdings ist durchaus vorstellbar, dass diese Form nicht immer möglich ist, z. B. wenn das Angebot nicht in räumlicher Nähe stattfindet und damit die Frage der Mobilität im Raum steht: Erreiche ich den Veranstaltungsort auch ohne bestehende Fahreignung? Habe ich ausreichend soziale Unterstützung, um mich fahren zu lassen? Was tun in Gegenden/Ländern/Kontinenten, in denen die Teilnahme nicht nur wegen fehlender Fahreignung, sondern auch wegen der vorhandenen Entfernung nicht in der Form möglich ist?
Ggf. können auch andere oder kombinierte Formate sinnvoll werden, in den USA werden z. B. Folgende angeboten:

Name	Fokus	Inhalt	Methode	Form	Dauer
WebEase *Epilepsy Awareness Support Education*	Selbstmanagement	Medikamente Stress Schlaf	Internet 3 Module	Videos, Lesen Fragen, Antworten Tagebuch	Eigenes Tempo Wöchentliche Ziele
PACES in Epilepsy *Active Consumer Engagement in Self-management*	Selbstmanagement	Medikamente Stress Depression Gedächtnis Teilhabe Pflege Kommunikation Wohlergehen	Persönlich und Telefon	Epi-Profi und Peer	8 X 75 Min/ Wo.
HOBSCOTCH *Home Based Self-management and Cognitive Training*	Gedächtnis und LQ verbessern	Gedächtnis Anfälle und Kognition Selbstwahrnehmung, Kompensation	Persönlich und Telefon	Strategien und Techniken lernen und anwenden	2 pers. Visiten, 6 wö. Telefonate; 45-60 Min Übungen
UPLIFT for Epilepsy *Increase Favorable Thought*	Depression besser verstehen und damit umgehen	Wie Gedanken Stimmungen beeinflussen Gedanken loslassen	Internet und Telefon	VT Peer + Trainer_in:	8 X 1 Std. Gruppe Übungen
PEARLS *Encourage Active Rewarding Lives*	Depression und LQ verbessern	Lösungen finden Aktiv werden Schöne Dinge tun	Zu Hause	VT geschulter Profi Supervision durch Psychiater_in	6-8 Sitzungen

Mehr dazu auf der Webseite des *Managing Epilepsy Well network* (https://managingepilepsywell.org/programs/index.html, Tag des Zugriffs 15.03.2017).

Zusammenfassung

Selbstmanagement ist ein komplexes und vielschichtiges Geschehen und mehr als Anfallsbeobachtung, -dokumentation, mehr als Medikation und Nebenwirkungen zu managen, einen förderlichen Lebensstil einzuhalten, ausreichend zu schlafen und Streßmanagement zu betreiben.

Selbstmanagement erfordert den Zugang zu Information, Ressourcen und Unterstützung, aber auch die persönliche Fähigkeiten, diesen Zugang zu finden und für sich und mit anderen zu gestalten

Abschließend wäre festzuhalten, dass Lebensqualität für pharmako- und therapieresistente MmE besondere Facetten hat. Die Vorstellung, dass aus Anfallshäufigkeit und –schwere alleine eine negative Lebensqualität resultiert ist in dieser Ausschließlichkeit nicht zu halten. Notwendig sind jedoch vielfältige Kompetenzen und Ressourcen, diese gilt es herauszufinden, zu unterstützen oder erst zu initiieren und zur Anwendung zu bringen.

> *“If you always think about being epileptic, you think poorly of yourself, your quality of life will be poor, no matter how much money you have got. If you, as with in my case, accept you are epileptic and nothing can be done about it, accept it and get on with life is what I done ... I decided, well, I am epileptic, so what. That doesn't mean I am different from anybody else. Just means I have got epilepsy.” (Ring et al 2016, S.159)*

Literatur

Bautista RED et al (2009): Seizure severity is associated with quality of life independent of seizure frequency. Epilepsy & Behavior, Volume 16, Issue 2, Pages 325-329

Benson A et al (2015): I don't want them to look at me and think of my illness, I just want them to look at me and see me. Epilepsy & Behavior, Volume 53, December 2015, Pages 83-91

Brodie M J 2013: Road to refractory epilepsy: The Glasgow story. Epilepsia, 54(Suppl. S2):5–8

Carreno M 2011: Seizure frequency and social outcome in drug resistant epilepsy patients who do not undergo epilepsy surgery. Seizure 20, 580–582

Choi H et al 2016: Drug-resistant epilepsy in adults: Outcome trajectories after failure of two medications. Epilepsia: 1–9,

Devinsky O 1999: Patients with refractory seizures. The New England Journal of MedicineVolume 340 Number 20, S. 1565-1570

Devinsky O (2000): Quality of Life in Epilepsy: Time to Practice What We Preach. Epilepsy & Behavior, Volume 1, Issue 2, Pages 89-90

Devinsky O (2000): The Meaning of Quality of Life to Patients with Epilepsy. Epilepsy & Behavior, Volume 1, Issue 1, Pages S18-S20

Dihné M et al 2012: Neues aus der Epileptologie. Neurol 39: 412–419

Elliott J O et al (2014): The biopsychosocial model and quality of life in persons with active epilepsy Epilepsy & Behavior, Volume 41, December 2014, Pages 55-65

Elsharkawy AE, Thorbecke R 2012: Determinants of quality of life in patients with refractory focal epilepsy who were not eligible for surgery or who rejected surgery. Epilepsy Behav. 2012 Jun; 24(2):249-55

Harden,CL et al (2007): The effect of seizure severity on quality of life in epilepsy. Epilepsy & Behavior, Volume 11, Issue 2, Pages 208-211

Jacoby A, Baker GA (2008): Quality-of-life trajectories in epilepsy: A review of the literature Epilepsy & Behavior, Volume 12, Issue 4,Pages 557-571

Jehi L et al (2011): Quality of life in 1931 adult patients with epilepsy: Seizures do not tell the whole story. Epilepsy & Behavior, Volume 22, Issue 4, Pages 723-727

Johnson EK., Fraser RT et al (2012): A comparison of epilepsy self-management needs: Provider and patient perspectives. Epilepsy & Behavior, Volume 25, Issue 2, Pages 150-155

Kobau R (2012): Satisfaction with life domains in people with epilepsy. Epilepsy & Behavior, Volume 25, Issue 4, Pages 546-551

Kobau R, Dilorio C (2003): Epilepsy self-management: a comparison of self-efficacy and outcome expectancy for medication adherence and lifestyle behaviors among people with epilepsy. Epilepsy & Behavior, Volume 4, Issue 3, Pages 217-225

Kwan P, Brodie MJ (2000): Early identification of refractory epilepsy. February 3, 2000 The New England Journal of Medicine. Downloaded from nejm.org on July 11, 2016. For personal use only. No other uses without permission. Copyright © 2000 Massachusetts Medical Society. All rights reserved.

Kwan P et al 2010: Definition of drug resistant epilepsy: Consensus proposal by the ad hoc Task Force of the ILAE Commission on Therapeutic Strategies. Epilepsia, 51(6):1069–1077, 2010

Kwan P et al 2011: Drug-Resistant Epilepsy. New England Journal of Medicine 365;10, 919-926

Laxer K D et al 2014: The consequences of refractory epilepsy and its treatment. Epilepsy & Behavior 37, 59–70

McAuley JW (2008): An evaluation of self-management behaviors and medication adherence in patients with epilepsy. Epilepsy & Behavior, Volume 13, Issue 4, Pages 637-641

Meyding-Lamadé U et al 2015: Arzneiverordnung in der Praxis. Band 42, Heft 2, 52-56

Mittan RJ (2009): Psychosocial treatment programs in epilepsy: A review. Epilepsy & Behavior, Volume 16, Issue 3, Pages 371-380

Mohanray R (2015): Managing refractory epilepsy. Chapter 27. https://www.epilepsysociety.org.uk/sites/default/files/attachments/Chapter27Mohanraj2015.pdf (20.07.2016)

Piazzini A et al (2007): Coping strategies in epilepsy: 50 drug-resistant and 50 seizure-free patients. Seizure, Volume 16, Issue 3, Pages 211-217

Quintas R et al (2012): Psychosocial difficulties in people with epilepsy: A systematic review of literature from 2005 until 2010. Epilepsy & Behavior, Volume 25, Issue 1, Pages 60-67

Ring A et al (2016): Does the concept of resilience contribute to understanding good quality of life in the context of epilepsy? Epilepsy & Behavior 56 (2016) 153–164

Robinson E, Dilorio C et al (2008): Psychosocial predictors of lifestyle management in adults with epilepsy. Epilepsy & Behavior, Volume 13, Issue 3, Pages 523-528

Saada F (2015): The everyday lives of families of adult individuals with epilepsy. Epilepsy & Behavior 50,10–13

Sirven J I et all (2016): Evaluation and management of drug-resistant epilepsy. This topic last updated: Aug 11, 2016 http://www.uptodate.com/contents/evaluation-and-management-of-drug-resistant-epilepsy

Szaflarski M (2006): Quality of life in medication-resistant epilepsy: The effects of patient's age, age at seizure onset, and disease duration. Epilepsy & Behavior, Volume 8, Issue 3, Pages 547-551

Wheless JW 2006: Intractable epilepsy: A surey of patients and caregivers. Epilepsy & Behavior 8, 756–764

Ingrid Coban
Dipl. Sozialarbeiterin/Sozialpädagogin
Klinische Sozialarbeiterin M.A.
Epilepsie-Zentrum Bethel

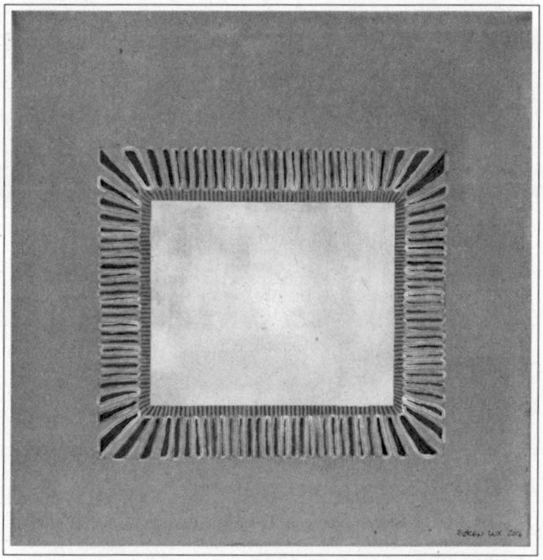

Transition

Transition bei Kindern mit Epilepsie

Ulrich Bettendorf

Gliederung

- Die ambulante Versorgungsstruktur
- Besonderheiten kindlicher Epilepsien / Chance auf Anfallsfreiheit / Absetzen
- Arzt-Patienten-Bindung
- Soziale, kassenarztrechtliche und finanzielle Aspekte
- Praktikable Vorstellungen und Hilfen zur Transition
- Zusammenfassung

Die ambulante Versorgungsstruktur:

Kinder- und Jugendliche mit Epilepsie werden ambulant in Klinikambulanzen, sozial-pädiatrischen Zentren (SPZ) und Praxen versorgt. Die deutsche Gesellschaft für Epileptologie (DGfE) zertifiziert Schwerpunktpraxen. Die Voraussetzungen hierfür sind: Arzt mit Schwerpunktbezeichnung Neuropädiatrie, Zertifikat Epileptologie der DGfE, Betreuung von über 50 Patienten mit Epilepsie pro Quartal, rollstuhlgerechte Räume, die Möglichkeit EEGs abzuleiten und Zugang zu folgenden zusätzlichen Untersuchungs- und Beratungsmöglichkeiten (Kooperationen genügen):

- Ableitung von Langzeit-EEGs und ambulanten Schlaf-EEGs
- Bestimmung des Medikamentenserumspiegels von Antikonvulsiva
- Zugang zu radiologischen Untersuchungen (MRT und CT)
- Kooperation mit Psychologen
- Psychotherapeuten
- Schul- und Erziehungsberatung
- Örtlichen Selbsthilfegruppen.

Zusätzlich ist notwendig, dass neben dem Neuropädiater qualifiziertes Personal das EEG ableitet und hier auch in Anfallsbeobachtung und Anfallsbeschreibung geschult ist.
Die meisten Jugendlichen mit Epilepsie werden sicher ambulant in einer der genannten Einrichtungen und Praxen betreut.
Aus diesen Möglichkeiten der kinderärztlichen Betreuung sollte die Transition in ähnliche oder parallele Versorgungsstrukturen im Bereich der

Erwachsenenepileptologie erfolgen können. Dies wären ebenfalls Klinikambulanzen, neurologische Praxen (möglichst Schwerpunktpraxis Epileptologie) oder MZEB (Medizinische Zentren für Erwachsene mit Behinderung). Bei letzteren handelt es sich um den SPZ ähnliche neue Einrichtungen der Erwachsenenversorgung, die gerade erst eingeführt werden. Komplexer wird die Transition bei besonders stark eingeschränkten, evtl. mehrfachbehinderten Patienten: Spezielle Einrichtungen mit ambulanter und stationärer Versorgung und vor allem auch betreuten Wohnbereichen und Arbeitsmöglichkeiten in Werkstätten stellen eine mögliche Alternative dar. Eventuell ist der Zeitpunkt des Wechsels aus der neuropädiatrischen in die neurologische Behandlung auch günstig, um über langfristige Lebens- und Betreuungsmöglichkeiten der jungen Erwachsenen mit starker Einschränkung nachzudenken.

Die Transition ist aber nicht nur von den genannten Behandlungsmöglichkeiten abhängig, sondern sehr viel mehr von regional sehr unterschiedlichen Angeboten. Teilweise sind weder neuropädiatrische, noch neurologische Schwerpunktpraxen in der Region vorhanden.

Besonderheiten kindlicher Epilepsien / Chance auf Anfallsfreiheit / Absetzen

Ca. 5 % der Bevölkerung erleiden einmal in ihrem Leben einen epileptischen Anfall und 0,5 - 1 % der Bevölkerung leiden an einer Epilepsie. Diese Zahlen verteilen sich gleichermaßen auf die Erstmanifestation im Kindesalter wie im höheren Erwachsenenalter. Ca. 50 % aller Neuerkrankungen fallen daher in die Betreuungszeit durch den Kinderarzt bzw. Neuropädiater und müssen dann im Sinne der Transition mit dem Erwachsenwerden adäquat an weiterbetreuende Neurologen übergeben werden.

Teilweise enden im Kindesalter beginnende Epilepsien noch während der Pubertät oder vor dem Erwachsenwerden, sodass hier die Behandlung auch durch den Neuropädiater abgeschlossen werden kann. Ein Absetzen der Medikation im jugendlichen Alter gelingt aber nicht immer. Günstige Voraussetzungen für das Absetzen wären,

- eine rasch erreichte Anfallsfreiheit
- eine lange Anfallsfreiheit (je nach Epilepsiesyndrom 1 - 3 Jahre)
- eine Anfallsfreiheit unter Monotherapie
- das Fehlen von zusätzlichen neurologischen oder psychischen Erkrankungen.

Ungünstiger sind die Voraussetzungen für das Absetzen noch im jugendlichen Alter,

- wenn sehr viele Anfälle vor Erreichen der Anfallsfreiheit aufgetreten sind
- wenn mehrere vergebliche Behandlungsversuche erfolgt sind
- wenn die Anfallsfreiheit erst unter Kombinationstherapie erreicht ist
- wenn symptomatisch fokale Anfälle bestehen.

Wann soll nun der günstigste Zeitpunkt zum Absetzen sein, wenn die o. g. günstigen Voraussetzungen erfüllt sind?
Im jugendlichen Alter versucht man das Absetzen in einer stabilen Entwicklungsphase durchzuführen. Leider sind diese bei den jungen Erwachsenen selten. Das Risiko von wieder auftretenden Anfällen bei Versuchen die Medikation zu beenden birgt Gefahren für sämtliche in diesem Alter wichtigen Lebensschritte, sei es die Suche nach einer Ausbildungsstelle, sei es die Frage nach der Fahrtauglichkeit, sei es Beginn des abendlichen Ausgehens oder die erste Beziehung.

Neuropädiater werden gerne noch vor der altersbedingten Transition das Absetzen selbst begleiten und ein gutes Gefühl für die längerfristige Chance des Patienten auf Anfallsfreiheit haben. Problematisch ist es immer dann, wenn der Neuropädiater kurz vor dem 18. Geburtstag absetzt und dann im jungen Erwachsenenalter neue Anfälle auftreten, die nun von einem, dem Patienten völlig fremden Arzt neu eingestellt werden soll.

Arzt-Patienten-Bindung

Jugendlichen und jungen Erwachsenen kennen in der Regel ihren behandelnden Neuropädiater über viele Jahre. Hier hat sich eine zunehmende Selbstständigkeitsentwicklung hoffentlich erarbeiten lassen. Die ersten Jahre der Therapie und Beratung finden natürlich in engen Dreierverhältnissen zwischen Patient, Arzt und Eltern statt und im jugendlichen Alter wird die Ablösung forciert. Idealerweise finden dann, die Konsultationen beim Arzt im Zweiergespräch zwischen und Arzt und Patient statt, bei dem die Eltern höchstens noch kurzzeitig hinzugezogen werden. Wir Neuropädiater kennen diese 3er-Konstellation am Besten und versäumen evtl. frühzeitig das nötige Selbständigkeitsstreben zu unterstützen. Der Neurologe ist dies genau umgekehrt gewohnt. Er hat im Prinzip nur Kontakt zum Patienten. In der Übergangsphase stellt sich dann die Frage, wie der Patient seine Familie noch braucht. Nicht nur das trianguläre bzw. bianguläre Gespräch, sondern auch die Inhalte sind sicher unterschied-

lich gewichtet. Gerne neigt der Neuropädiater dazu, Erwachsenenthemen zu vertagen. Andererseits mag der Erwachsenenneurologe durchaus Kompetenz und Autonomie des Jugendlichen überschätzen.
Bei schwierigeren Epilepsieverläufen oder bei stärker eingeschränkten Patienten bleibt den Eltern wesentlich länger eine wichtige Rolle in diesem Dreiecksverhältnis erhalten. Der Transition von Patienten mit schweren, auch Mehrfach-Behinderung kommt hier eine besondere Bedeutung zu.
Diese Jugendlichen werden vielschichtig vom Neuropädiater eng begleitet, Neben Therapieaspekten der CP-Behandlung (Hilfsmittelversorgung, Heilmittelverordnung, Botulinumtoxin-Injektionen, intrathekale Baclofenpumpen etc), Begleitung bei Begutachtung für die Pflegestufe, Beantragung des Behindertenausweises und anderen alltäglichen zu bewältigenden besonderen Aufgaben für die älter und weniger belastbar werden den Eltern rückt die Epilepsie hier oft in den Hintergrund. Das über Jahre gewonnene Vertrauensverhältnis zum Neuropädiater macht den Eltern und den Patienten einen Wechsel manchmal besonders schwer.

Soziale, kassenarztrechtliche und finanzielle Aspekte

§11 Abs. 4 SGB V

„Versicherte haben Anspruch auf ein Versorgungsmanagement insbesondere zur Lösung von Problemen beim Übergang in die verschiedenen Versorgungsbereiche.
Die betroffenen Leistungserbringer sorgen für eine sachgerechte Anschlussversorgung des Versicherten und übermitteln sich die gegenseitigen die erforderlichen Informationen.
Sie sind zur Erfüllung dieser Aufgabe von der Krankenkasse zu unterstützen."
Bei dieser Aufgabe der Krankenkasse kann leider nur der Übergang von stationär zu ambulant gemeint sein, denn eine Unterstützung der Transition durch die Krankenkasse findet derzeit nicht statt!

Im Jahre 2009 hat das Bundesministerium für Gesundheit ein Sondergutachten zu Koordination und Integration – „Gesundheitsversorgung in einer Gesellschaft des längeren Lebens" – in Auftrag gegeben. Hier werden verschiedene Probleme benannt:

- Aus Patientensicht ist der Übergang oft zu abrupt und wenig individuell
- Es gebe zu wenig konkrete Arztempfehlungen für die Weiterbehandlung

- Es würden bei den Patienten Zweifel an Kenntnissen zu speziellen kindlichen Krankheitsbildern bei den Neurologen bestehen.

Auf ärztlicher Ebene wird die unangemessene Vergütung beklagt. Es bestehe ein Mangel an qualifiziertem Personal und Fortbildungsmöglichkeiten. Bei den Medizinern bestehe Unsicherheit über den richtigen Zeitpunkt des Übergangs und ein mangelhafter interdisziplinärer Austausch.

Hier wird die Frage nach Case-Managern und gemeinsamen Übergangssprechstunden gestellt.

Dies findet teilweise in verschiedenen Transitionsmodellen statt:

Beim DGN-Kongress im September 2010 in Mannheim stellte Prof. Pohlmann-Eden ein Modell aus Halifax vor, bei dem 50 Patienten nach fast festem Algorhythmus an Neurologen übergeben wurden. Es handelt sich um ein klinisches setting mit vielen gemeinsamen Terminen und Begleitung nichtärztliche Berufsgruppen. Das ist in unserem Alltag leider nicht praktikabel.

Kassenarztrechtlich haben die Kinderärzte die Zulassung, Patienten bis 18 Jahre zu behandeln. Neurologen haben keine Alterseinschränkung für die Patientenbetreuung und dürfen somit Kinder- und Jugendliche behandeln. In Ausnahmefällen erlaubt die KV die Weiterbetreuung von jungen Erwachsenen beim Kinderarzt. Hierzu müssen teilweise Einzelanträge gestellt werden, die dann meist befristet bewilligt werden. Teilweise liegen aber auch schriftliche Stellungnahmen der KV vor, die es dem Kinderarzt und Neuropädiater erlauben, Patienten mit schweren chronischen Erkrankungen z. B. Epilepsie oder Zerebralparese über den 18. Geburtstag hinaus zu behandeln.

Die Vergütung von Kinderärzten und Neurologen richtet sich nach unterschiedlichen Abrechnungsziffern und Fallpauschalen. Neben der Quartalspauschale können Gesprächsziffern, neurologische Untersuchungen, EEG und Chronikerzuschläge abgerechnet werden. Insgesamt unterscheiden sich in der Gesamtheit, die je Patient und Quartal zu rechnenden Kosten kaum.

Praktikable Vorstellungen und Hilfen zur Transition

Der Wunsch aller Beteiligten (Patienten, Eltern, Neuropädiater und Neurologen) nach einer guten Übergabe, benötigt eine entsprechende

Vorplanung. Wir versuchen dieses Thema ab dem 16. Geburtstag anzusprechen und zusammen mit der Familie einen passenden Neurologen zu finden. Die bisherigen Unterlagen müssen überschaubar bereitgestellt werden, was auch bedeutet, dass eine kurze aber übersichtliche Epikrise geschrieben werden muss.

Aus der Praxis heraus, halte ich gemeinsame Sprechstunden mit dem Neurologen für nicht praktikabel, auch wenn dies in manchen Transitionsmodellen als großer Vorteil gesehen wird. Am 1. Termin beim Neurologen wünscht man sich einen entsprechend ausreichenden Zeitrahmen. Das gegenseitige Kennenlernen, aber auch die Re-Evaluation von Diagnose und Therapie rechtfertigt wohl diesen zeitlichen Aufwand. Teilweise werden Neurologen durch Epilepsiefachassistenten (EFA) unterstützt. Nicht selten sehen wir Neuropädiater die jungen Erwachsenen nochmals nach der Erstvorstellung beim Neurologen zu einer letzten Übergabebesprechung.

Individuelle Konzepte sind hier unerlässlich. Die Probleme sind vielfältig. Der Patient muss erst Vertrauen aufbauen. Teilweise hilft es ihm sehr, wenn der früher behandelnde Kinderarzt noch für den Patienten erreichbar und ansprechbar ist. Diese Kontakte nehmen dann aber sehr rasch ab. Eine Gratwanderung ist die Menge der zu übermittelnden Informationen. Eine Informationsflut mit übervollen Ordnern kann der Neurologe nicht sinnvoll durcharbeiten. Eine zu knappe Zusammenfassung und Epikrise kann aber auch zum Informationsverlust führen.

Entsprechend dem Motto „Neue Besen kehren gut“ sollte den Eltern von kinderärztlicher Seite vermittelt werden, dass ein Arztwechsel nicht nur Probleme, sondern auch Vorteile mit sich bringen kann. Auf die Erkrankung und den bisherigen Verlauf des Patienten mit anderen Augen zu blicken, kann durchaus nochmals neue Aspekte in den Vordergrund nehmen, die bisher nicht entsprechend wahrgenommen und gewertet wurden. Routine wird hinterfragt und Angst vor Veränderung bzw. Verschlechterung ist oft unbegründet.

Über die Website der DGfE und der Stiftung Michael können Schwerpunktpraxen oder Epilepsieambulanzen abgerufen werden. Zusätzlich sei auf die sehr effektiv arbeitenden Beratungsstellen Epilepsie (in Bayern flächendeckend, in einigen anderen Bundesländern an Zentren gebunden) hingewiesen. Für den Patienten ist es sicher hilfreich, einen eigenen Befundordner mit den wesentlichen Befunden zu führen und dies zusätzlich zum Arztbrief mitzubringen.

Patientenschulungen als Hilfe zur Transition: Gut geschulte Patienten sind sowohl für den Neuropädiater als auch für den Neurologen kompetentere Partner, die ihre Bedürfnisse besser formulieren können. Wir raten daher sehr zur Teilnahme an Epilepsieschulungsprogrammen (famoses und flip-flap für Kinder, Pepe für Menschen mit Entwicklungsstörungen und MOSES für Erwachsene mit Epilepsie).

Regelmäßiges eltern- und patientengerechtes Literaturstudium hilft den Patienten die betreffenden Aspekte neu zu beleuchten. Es sei z. B auf die Zeitschrift Einfälle (Zeitschrift der Deutschen Epilepsievereinigung) oder auf den Epikurier (Zeitschrift des E.B.E. Epilepsiebundes – Elternverbandes e.V.) hingewiesen.

Jeder Neuropädiater hat sein regionales und überregionales Kooperationsnetz, das neben den medizinischen Aspekten (Kliniken, Unikliniken, Epilepsiezentren, kollegiale Arbeitskreise, Kongresse) auch Beratungsstellen, Selbsthilfegruppen, Therapeuten (Heilpädagogen, Ergotherapeuten, Physiotherapeuten etc) umfasst. Rückmeldungen und Erfahrungen können in entsprechende individuelle Empfehlungen münden.

Zusammenfassung

In der Septemberausgabe der Zeitschrift für Epilepsie fasst Prof. Rating im Journalclub eine niederländische Studie über Transition zusammen. Eine Transitionssprechstunde mit personell guter Ausstattung mit Neuropsychologen, Sozialpädagogen, Sonderpädagogen, Ergotherapeuten und Ärzten ist nicht überall durchführbar. Allen beteiligten Berufsgruppen wird klar, wie vielschichtig das Problem der Transition ist.
Mein persönlicher Eindruck aus dem Blickwinkel des Kinderarztes ist der, dass eine patientengerechte Übergabe nötig aber auch gut möglich ist. Bei mehrfach Behinderten tritt die Besonderheit der kindlichen Epilepsien oft eher in den Hintergrund. Ein allgemeingültiges Schema kann es nicht geben. Die Individuen aber auch die regionalen Besonderheiten sind zu verschieden.

Entgegen mancher Empfindungen hegen wir Kinderärzte durchaus den Wunsch, die Patienten in die Erwachsenenneurologie abzugeben. Der Schritt zum Neurologen ist ein gewollter Schritt in mehr Selbstständigkeit Das rechtzeitige Einleiten der Transition ist eine neuropädiatrische Aufgabe und gehört zum vertrauensvollen Arzt-Patienten-Verhältnis. Die regionale

Vernetzung ist hier sicher hilfreich und das direkte Kommunizieren mit den regional tätigen Neurologen mit epileptologischem Schwerpunkt ist Basis für eine gute Transition.

Transition geht weit über den medizinisch aufwendigen Arztbrief hinaus. Sozial-Alltagskompetenz, Selbstständigkeits- und Persönlichkeitsentwicklung sind die größeren Aufgaben unseres Alltags zum Wohle der Patienten.

Dr. med. Ulrich Bettendorf
Neuropädiater
Kinderpraxen Hirschaid,
96114 Hirschaid

Transitional Care – Erfahrungen der Sozialarbeit in einem Sozialpädiatrischen Zentrum

Beate Weihnacht

Sozialpädiatrische Zentren (SPZ) sind ärztlich geleitete, interdisziplinär arbeitende Einrichtungen nach § 119 SGB V zur Diagnostik, Therapie und Entwicklungsbegleitung von Kindern und Jugendlichen mit chronischen Erkrankungen, Entwicklungsstörungen und Behinderungen. Sozialarbeiter/ Sozialpädagogen des SPZ bieten den Patienten und ihren Angehörigen umfassende Sozialberatung an, die sich an den Bedürfnissen und Bedarfen der Kinder/ Jugendlichen und ihrer Familien orientiert. Besondere Meilensteine brauchen dabei besondere Aufmerksamkeit und erhöhen in der Regel den Beratungsbedarf. Dazu gehören beispielsweise die Geburt eines Kindes mit Behinderung, der Ausbruch einer chronischen Erkrankung, der Schuleintritt und das Erreichen der Volljährigkeit.

Zum 18. Geburtstag endet regelrecht die pädiatrische und sozialpädiatrische Betreuung und die Erwachsenenmedizin wird zuständig. Für diesen Prozess verwendet man den Begriff der „Transition“. Transition umfasst die geplante Überleitung von der kind- und familienzentrierten zur erwachsenenorientierten Gesundheitsversorgung und berücksichtigt nicht nur die medizinischen Bedürfnisse der Jugendlichen, sondern auch psychosoziale, schulische und berufliche Aspekte. (SVR Gesundheit, Sondergutachten 2009, Kapitel 4).

Mit Verlassen des SPZ ist für die Patienten die Transition nicht abgeschlossen. Viele besuchen zu diesem Zeitpunkt noch die (Förder-)Schule, wohnen zu Hause und kennen ihren neuen Haus- und/ oder Facharzt nicht. Folglich kann im SPZ die Überleitung nur angebahnt und vorbereitet werden. Darüber wird nun, in Verbindung mit den in unserer Einrichtung gesammelten Erfahrungen, näher berichtet.

Zielgruppen und Erreichbarkeit

Das Angebot der „Transitionsberatung“ richtet sich an jugendliche Patienten zwischen 16 und 17 Jahren mit einer geistigen Behinderung, schweren Lernbehinderung bzw. einer chronischen Erkrankung und deren Sorgeberechtigte (Eltern, Pflegeeltern, Amtsvormünder etc.). Diese werden in den Arztsprechstunden und durch Plakate in den Wartebereichen auf das Angebot aufmerksam gemacht. Alle Familien mit entsprechendem Beratungsbedarf zu erreichen, erfordert in unserer großen Einrichtung mit ca. 1300 Patienten im Quartal klare Absprachen unter den Kollegen und eine gute Organisation. Die Terminvermittlung wird durch die Ärzte und Leitstellenmitarbeiter unterstützt.

Dabei sollten insbesondere den Familien mit integrativ beschulten Jugendlichen diese Beratung nahe gebracht werden, da das SPZ für sie oft der einzige Ort ist, um an entsprechende Informationen zu gelangen. Angehörige von Jugendlichen in Förderschulen verfügen ihnen gegenüber oft durch Elternabende zu behinderungsspezifischen Themen oder den Austausch mit Eltern von Mitschülern über einen Wissensvorsprung.

Umfang der Beratung

Das erste Beratungsgespräch umfasst in der Regel ein bis zwei Stunden. Bei Bedarf kommen ein oder zwei Folgeberatungen zu je einer Stunde hinzu.

Sozialanamnese

Um dem individuellen Informationsbedarf gerecht zu werden, muss der Berater im Vorfeld Wissen zusammentragen bzw. zu Beratungsbeginn Basisinformationen erfragen. Hierzu gehören: der Zeitpunkt des 18. Geburtstages, die Lebenssituation des Jugendlichen/der Familie (dies umfasst u.a. Einkommen, Vermögen, Wohnen, Verwandte, Freunde), Schule / Schuljahrgang / Beendigung der Schulzeit, Fähigkeiten, Neigungen, absolvierte und geplante Praktika, Angaben zum vorhandenen Schwerbehindertenausweis (GdB, Merkzeichen, Ende der Gültigkeit), den anerkannten Pflegegrad, das Wissen um Pflegeleistungsansprüche und die Inanspruchnahme dieser, Vorstellungen und Wünsche bezüglich Betreuung, Freizeit, Arbeit, Wohnen sowie der notwendigen medizinischen Betreuung.

Beratungsinhalte

Im Folgenden möchte ich die Beratungsinhalte vorstellen, die sich aus der langjährigen Beratungsarbeit herauskristallisiert haben. Neben der Wissensvermittlung zu den verschiedenen Ansprüchen und Versorgungsstrukturen ist es wichtig, den Fokus auf die Wünsche und Zukunftsvorstellungen des Jugendlichen sowie seine Interessen und Neigungen zu richten und die Angehörigen hierfür zu sensibilisieren.

Zudem möchte ich an dieser Stelle auf Informationsmaterial zur Vertiefung der einzelnen Beratungsinhalte verweisen, das am Ende des Beitrages zu finden ist.

Ab dem 16. Geburtstag besteht in Deutschland **Ausweispflicht**. In begründeten medizinischen Fällen kann hierbei auf ein biometrisches Passbild verzichtet werden.

Das **Ende des Sorgerechts** der bis zum 18. Geburtstag Verantwortlichen erfordert eine Neuregelung, wenn Jugendliche ihre Angelegenheiten nur teilweise oder gar nicht selber regeln können. Mit den Angehörigen sollten die Vor- und Nachteile von Eltern als gesetzliche Betreuer (z. B. unter Berücksichtigung der Eltern-Kind-Beziehung und der Belastungsfähigkeit der Eltern) diskutiert sowie die Rechte des Betreuten und Pflichten eines Betreuers thematisiert werden. In der Praxis ist es ratsam, eine notwendige gesetzliche Betreuung ein Jahr vor Erreichen der Volljährigkeit bei Gericht anzuregen. Die Verfahrenslänge hängt u.a. vom Termin für die persönliche Anhörung durch den Richter und die Prüfung der Geschäftsfähigkeit durch einen gerichtlich bestellten Gutachter ab.

Auf eine Anbindung der Jugendlichen an die zuständige **Rehabilitationsabteilung** der Bundesagentur für Arbeit (BfA) ein bis zwei Jahre vor Beendigung der Schulzeit sollte unbedingt geachtet werden. Die Schwere der chronischen Erkrankung und/ oder Behinderung ist dabei unwesentlich, sondern nur die zu erwartende Auswirkung auf die **Teilhabe am Arbeitsleben**. Nach einer Prüfung der Erwerbsfähigkeit u.a. durch den arbeitsmedizinischen und psychologischen Dienst der BfA werden die Kosten für geeignete Eingliederungshilfen für die Ausbildung, so auch für den Berufsbildungsbereich einer Werkstatt für Menschen mit Behinderung, und für das Arbeitsleben übernommen. Erbringen ärztliche Vorbefunde und/ oder die Diagnostik in der BfA, dass auf Grund der Schwere der Behinderung kein Mindestmaß an wirtschaftlich verwertbarer Arbeit getätigt werden kann, stellt die vom überörtlichen Sozialhilfeträger finanzierte Tagesförderstätte eine Teilhabemöglichkeit dar. Die Definition des Mindestmaßes an wirtschaftlich verwertbarer Arbeit als Beitrag zur Bereicherung bei der wirtschaftlichen Betätigung der Werkstatt unabhängig vom Ergebnisumfang ermöglicht auch die Eingliederung von schwerstbehinderten Menschen in die Werkstatt. Sie ist wegen des besseren Rechtsstatus der Eingliederung in eine Tagesförderstätte vorzuziehen. Eine zeitige Anmeldung bei unzureichender Platzkapazität und das Kennenlernen verschiedener Einrichtungen durch Praktika am Ende der Schulzeit sind ratsam.

Ab dem 18. Lebensjahr besteht - auch für Schüler bei einer nachgewiesenen Erwerbsminderung - Anspruch auf **Grundsicherung** gem. SGB XII, insofern der Antragsteller seinen Lebensunterhalt nicht vom eigenen Einkommen bestreiten kann und sein Vermögen den Wert von 5000 € (ab 1. April 2017) nicht übersteigt. Die Leistung ist unabhängig vom Vermögen der Eltern und von ihrem Einkommen, solange das Einkommen eines Elternteils nicht mehr als 100 000 € brutto im Jahr beträgt. Die Geldleistung muss beim Grundsicherungsamt beantragt werden und zusätzlich die Erwerbsminderung bei der Bundesagentur für Arbeit oder der Rentenversicherung geprüft werden.

Das **Kindergeld** und **Steuervorteile** verbleiben den Eltern, wenn die Behinderung vor Vollendung des 25. Lebensjahres eingetreten ist und ihr Kind sich auf Grund dieser nicht selbst unterhalten kann. Bei Inanspruchnahme von Leistungen des örtlichen und überörtlichen Sozialhilfeträgers sollte für den Fall einer Überleitungsforderung dieser nicht nachgekommen werden, sondern Nachweise bzw. Auflistungen für die Verwendung des Kindergeldes für das Kind beigebracht werden.

Dem Sozialpädiater sind die Entwicklung des Kindes und sein Krankheitsverlauf meist langjährig bekannt. Er kann auf der Basis dieses Wissens nach schriftlicher Anforderung durch das Sozialamt ein letztes Gutachten über die Art und Schwere der bestehenden Behinderung und ihre Auswirkungen auf den Alltag verfassen, wenn Sorgeberechtigte noch während der SPZ-Betreuung einen Antrag auf Verlängerung bzw. Entfristung des **Schwerbehindertenausweises** stellen. Bestehende Ansprüche auf einen entsprechenden Grad der Behinderung (GdB) und Merkzeichen sollten besprochen und der Eintrag/ Erhalt der Merkzeichen bzw. die Erhöhung/ der Erhalt des GdB mit beantragt werden. Auf jeden Fall ist es im Rahmen der Transitionsberatung sinnvoll, die Kenntnisse der Familien über Nachteilsausgleiche zu erfragen und danach Wissenslücken aufzufüllen.

Das gleiche gilt bezüglich der Pflegeleistungen und des Entlastungsbetrages. So erleben wir manchmal von der jahrelangen Pflege erschöpfte Eltern in der Beratung, die von **Entlastungsleistungen** nur unzureichend

Kenntnis haben. Die Voraussetzungen für einen Pflegegrad sollten überprüft und ggf. ein Neu- oder Änderungsantrag unterstützt werden. Bei Bedarf kann Hilfe bei der Beantragung z. B. von Sachleistungen, Verhinderungs- und Kurzzeitpflege sowie haushaltsnahen Diensten und Betreuungsstunden erfolgen, ebenso die Vermittlung von Dienstleistern.

Über den bestehenden Anspruch auf **Freizeitbegleitung** im Rahmen der Eingliederungshilfe sollten die Familien Bescheid wissen. Die Einkommens- und Vermögensfreigrenze wurden mit der ersten Stufe des Bundesteilhabegesetzes (BTHG) zum 1. Januar 2017 angehoben. Den Eltern obliegt bei Inanspruchnahme dieser Form von Eingliederungshilfe lediglich ein gedeckelter Unterhaltsbeitrag von aktuell 32,42 € monatlich.

Nach Rücksprache mit dem behandelnden Sozialpädiater über die notwendige **fachärztliche und therapeutische Weiterversorgung** erfolgt eine Beratung zu vorzugsweise wohnortnahen vertragsärztlichen Behandlern und zu Therapeuten der Erwachsenenmedizin. Nach Möglichkeit ist die Mitbehandlung in einem Medizinischen Versorgungszentrum (MVZ) oder Medizinischen Zentrum für Erwachsene mit geistiger oder mehrfacher Behinderung (MZEB) auf Grund der interdisziplinären Arbeitsweise zu empfehlen.

Bei nachgewiesener Behinderung und Notwendigkeit bleiben für Kinder mit Eintritt der Volljährigkeit einige **Leistungen der Krankenversicherung** bestehen, z. B. bei chronischer Erkrankung die Zuzahlung von max. 1 % statt 2 % des Bruttoeinkommens (für Arzneimittel, stationäre Behandlung, Heilmittel, Hilfsmittel, häusliche Krankenpflege), der Anspruch auf Kinderkrankengeld, die kostenfreie Familienversicherung, die Aufenthalte in Rehabilitationseinrichtungen für Kinder (bis zum 27. Lebensjahr möglich) und die Kostenübernahme für eine Begleitperson bei stationärer Krankenbehandlung oder Rehabilitation.

Das Thema **Wohnen** ist für nur wenige Familien mit 16- oder 17-jährigen Kindern aktuell. Trotzdem gilt es, im Gespräch die Wünsche des Jugendlichen und der Eltern, die aktuelle Familien-, Wohn- und Finanzsituation zu hören, das Nachdenken über die Zukunftsplanung anregen und über Arten des betreuten Wohnens und regionale Angebote zu informieren. Mit den Jugendlichen und Sorgeberechtigten sollten die Vor- und Nachteile des Wohnens zu Hause, in einer betreuten WG oder in einer Einrichtung besprochen werden. Konkrete Kontaktdaten von Wohnbereichsleitern freier Träger werden bei erwünschter Beratung, Besichtigung und/ oder Anmeldung übergeben.

Je nach Bedarf der Familien wird die Beratung erweitert. So sollte beispielsweise bei vorhandenem Haus, Familienbetrieb oder Vermögen ein Rechtsanwalt oder Notar zum Aufsetzen eines sogenannten **Behindertentestaments** hinzugezogen werden. Möchte der Jugendliche für sich mehr Klarheit, wie er leben will und was ihm dafür wichtig ist, sind Informationen über Kurse zur **„Persönlichen Zukunftsplanung"** zu vermitteln. Auch die Möglichkeit eines **Persönlichen Budgets** sowie dessen Vor- und Nachteile können Thema sein.

Möglichkeiten und Grenzen im SPZ

Die Mitarbeiter des Fachbereichs Sozialarbeit im SPZ können bedarfsgerechte, umfangreiche Beratung und Unterstützung bei der Beantragung von Leistungen bieten. Es ist jedoch wegen der fehlenden rechtlichen Grundlage und entsprechender Finanzierung nicht möglich, Patienten und ihre Angehörige auf Ämter bzw. Behörden zu begleiten oder „Persönliche Zukunftsplanung" für Jugendliche anzubieten. Leider ist es manchmal auch nicht möglich, alle wissenswerten Aspekte sicher zu vermitteln und zu festigen, u. a. auf Grund der vielen, oftmals komplexen Themen, des begrenzten Zeitbudgets für die Beratung oder der unterschiedlichen Auffassungsgabe der zu Beratenden. Die Unterstützung kann außerdem nach Beendigung der SPZ-Betreuung nicht fortgesetzt werden.
Es ist daher unerlässlich, für die **soziale Weiterbetreuung und -beratung** von Erwachsenen mit Behinderung oder chronischer Erkrankung und deren Angehörige eine **wohnortnahe Behindertenberatungsstelle und/oder Epilepsieberatungsstelle** zu empfehlen oder zu vermitteln.

Quelle:

Ferdinand M. Gerlach u.a. (Mai 2009),
Sachverständigenrat zur Begutachtung der Entwicklung im Gesundheitswesen: Sondergutachten „Generationenspezifische Gesundheitsversorgung in einer Gesellschaft des längeren Lebens",
http://www.svr-gesundheit.de/index.php?id=14

Beratungshilfe:

Katja Kruse und Sebastian Tenbergen (2016), Hg. BVKM:
18 werden mit Behinderung – Was ändert sich bei Volljährigkeit?, 6. Auflage,
http://bvkm.de/wp-content/uploads/2017_18-werden_Barrierefrei-2.pdf

Zum Mitgeben empfohlen:

Maria Janisch,
„Erwachsene Kinder und sozialrechtliche Regelungen:
Was ändert sich und was bleibt bestehen?“,
in: Die Chance. Jahresheft des Deutschen Kinderhospizvereins, 2016, S.41-42
https://www.deutscher-kinderhospizverein.de/oeffentlichkeitsarbeit/die-chance/

Beate Weihnacht
Dipl. Sozialarbeiterin/ -pädagogin (FH),
Sozialpädiatrisches Zentrum am
Städtischen Klinikum Dresden

Da habe ich den Hammer fallen gelassen. Wie gelingt Transition bei Epilepsie? Eine engagierte Mutter berichtet.

Karin Lamberth-Fretes, Peter Brodisch

Anlass für das nachfolgende Interview war das Thema Transition. Bei der Transition geht es allgemein immer um „Übergänge". Im medizinischen Bereich ist damit zum Beispiel der Übergang von der Behandlung durch den Neuropädiater hin zum Neurologen gemeint – eingedenk aller möglichen Schwierigkeiten. Transitionen gibt es natürlich auch in sozialen Systemen – zum Beispiel der Auszug aus der Familie in ein eigenständiges oder betreutes Wohnen, der Verzicht des gemeinsamen Familienurlaubs zu Gunsten einer Individualreise, der Wechsel von der Schule in die Ausbildung und vieles andere mehr.

Der systemische Blick auf das Thema Transition betrachtet die wechselseitige Beeinflussung der beteiligten Akteure in sozialen Systemen. Was muss angepasst oder verändert werden, was kann gleich bleiben? Welche Akteure spielen dabei welche Rolle? Wirken die beteiligten Systemteile (z. B. Agentur für Arbeit, Ausbildungsbetrieb, das betreute Wohnen) eher unterstützend oder hemmend bei der Umgestaltung der Lebensumwelten?

Im nachfolgenden Interview wird exemplarisch deutlich, welches Engagement bei einer Epilepsieerkrankung notwendig ist, um notwendige Veränderung herbeizuführen.

Peter Brodisch: Liebe Frau Lamberth-Fretes, Sie hatten mir ja berichtet, dass es in der Begleitung Ihres epilepsiekranken Sohnes T. einen Punkt gab, an dem Sie „den Hammer fallen gelassen haben". Für unsere Zuhörer: Was genau meinten Sie damit?

Karin Lamberth-Fretes: Der Ausdruck den „Hammer fallen lassen" impliziert, dass man etwas Schwieriges oder Schweres tut und an einem bestimmten Punkt feststellt, dass man es nicht zu Ende bringen kann bzw. sich der Sache nicht (mehr) gewachsen sieht. Er weist auch darauf hin, dass vielleicht andere durchaus eher dazu befähigt sein könnten und/oder man die Verantwortung für ein Tun loswerden möchte, positiv ausgedrückt abgeben muss. Aus dieser Gemengelage heraus ist mir dieser Satz spontan herausgerutscht, als Herr Brodisch und ich einen Titel suchten für diesen Beitrag.

Bei näherem Betrachten ist dies jedoch auch heute noch - mein Sohn wird im Dezember 21 Jahre - teilweise Wunschdenken. Tatsächlich hat sich die Lage aber dahin gehend entspannt, dass ich mich nun schon länger nicht mehr ausschließlich und durchgehend für die Belange meines Sohnes verantwortlich fühle und langsam auch den Mut aufbringe, ihn seine eigenen Fehler machen zu lassen.

Hier liegt ein großes Problem bei der Betreuung eines Kindes mit therapieresistenter Epilepsie. Man hat als Elternteil ständig das Gefühl nicht genug für die Besserung der Krankheit zu tun, man versucht permanent Defizite auszugleichen und fühlt sich ständig unter Druck, das eigene Verhalten zu hinterfragen und zu rechtfertigen. Bis man eines Tages bemerkt, dass auch die Ärzte nicht mehr weiter wissen und man schon längst zum Co-Therapeuten mutiert ist. Ein „normales" Mutter-Kind-Verhältnis ist dabei kaum möglich und gleichzeitig bröckelt das soziale Netz, weil ein 14 Jähriger, der laufend unter der Aufsicht von Erwachsenen stehen muss (wegen der Anfälle) nicht sehr attraktiv für Gleichaltrige ist und gleichzeitig man sich scheut Gleichaltrigen die Verantwortung für eine Anfallssituation zu überlassen.

Besonders das letzte Jahr vor dem Hauptschulabschluss lief ich auf Notreserve. Am besten ging es mir, wenn mein Sohn in der Klinik war. Der Angstpegel bei mir war enorm hoch. T. hat sich da nicht in die Karten sehen lassen.

Und dann wurde die Möglichkeit eines epilepsiechirugischen Eingriffs langsam zu einem Hoffnungsschimmer. T's Lebenssituation und vor allem seine Perspektiven hatten sich so verschlechtert, dass letztendlich er selbst beschloss, sich operieren zu lassen, obwohl er einen 100 % Gesichtsfeldverlust nach links erleiden würde. Er hatte die beiden Jahre vor der OP noch weitere Antiepileptika ausprobiert – ohne Erfolg. Er war inzwischen in ein Internat für Körperbehinderte gewechselt und besuchte die Berufsfachschule. Der Kontakt mit Leidensgenossen hat bei ihm dann den Mut zur Operation wachsen lassen. Zumal er dort mindestens so intensiv überwacht wurde wie zu Hause und ihm viele Einschränkungen auferlegt wurden. Mir gegenüber hatte er sich einige „Freiheiten" erkämpft wie alleine mit der Bahn zur Schule fahren (mit ärztlichem

Einverständnis). Im Internat durfte er nicht einmal die 50 m zum Schulgebäude allein zurücklegen. Da habe ich mit ihm gelitten, obwohl ich natürlich zum ersten Mal nach 10 Jahren auch Verantwortung abgeben konnte.

Der Hammer war also die ständige „Rufbereitschaft“, das permanente Suchen nach neuen Medikamenten oder Therapien, zunehmende Vereinsamung und die Angst vor der Zukunft und das Gefühl nie genug oder nie das Richtige zu tun.

Peter Brodisch: Wenn Sie auf einer Skala zwischen 0 und 10 bestimmen würden, wie weit der Transitionsprozeß mit Ihrem Sohn bereits fortgeschritten ist, wo würden Sie diesen Punkt heute markieren?

Karin Lamberth-Fretes: Hätte sich T.'s Anfallssituation nicht verbessert, wäre es jetzt deutlich schwerer „den Hammer fallen“ zu lassen. Trotz einiger Nebendiagnosen und des erworbenen Gesichtsfeldverlustes, der ihn auch wiederum einschränkt, scheint T. die Operation nicht bereut zu haben. Wegen postoperativer Anfälle muss er auch weiterhin Medikamente nehmen. Dies selbständig und zuverlässig zu tun und Arzttermine alleine wahrzunehmen, daran arbeitet er gerade.
Bei einer Skala von 1 bis 10 die 7 als erreichten Punkt in der „Transition“ anzugeben, war wohl eher einer optimistischen Stimmung zuzurechnen und hält in vielen Punkten einer Überprüfung nicht stand. So habe ich darauf hingewirkt, dass ich beim Gespräch mit dem Reha-Berater der Arbeitsagentur dabei war. Begründung: da sollte man immer jemanden dabei haben, da werden Weichen für die Zukunft gestellt. Mein Sohn war auch eher erleichtert, fühlte sich doch in vielem überfordert.

Da er seinen Berufswunsch Erzieher zu werden, aufgeben musste, hat er zunächst beschlossen die Höhere Handelsschule zu besuchen und weiter im Internat zu bleiben. Er wohnt jetzt allerdings in einer „Selbstversorger“-Gruppe. Das heißt einkaufen, Mahlzeiten zubereiten, Wäsche waschen. Eine guter Investition in eine selbständige Zukunft also.

Trotzdem blutet dann das Mutterherz, wenn man erfährt, dass von dem kleinen Budget niemals Obst oder Salat gekauft wird und man keine Kartoffelgerichte kocht, weil die zu lange brauchen!? Die sollten einen Kochkurs machen, dachte ich. Oder müssten da nicht die Betreuer intervenieren. Erst nach einigem Nachdenken habe ich mich zur Zurückhaltung ermahnt. Wie leben andere 20- jährige, wie hast du selbst gelebt. Meinem mütterlichen Gequengel hielt T. dann auch entgegen: andere saufen und rauchen in meinem Alter. Ich kauf sogar Fruchtsäfte statt Cola. Was willst du eigentlich. Er hat ja so Recht.

T. kommt seit der Operation vor 3 Jahren nur noch jedes 2. Wochenende nach Hause, manchmal auch seltener. Der räumliche Abstand ist äußerst wichtig für eine Loslösung. Hätten die Anfälle angehalten, hätten wir auch dringend eine andere Beschulung oder Unterbringung gebraucht. Dann wäre wohl tatsächlich nur das BBW in Bethel in Frage gekommen, was einen sehr großen räumlichen Abstand bedeutet hätte (400 km!). Andere Einrichtungen für Körperbehinderte legen anfallskranken jungen Leuten zu viele Einschränkungen auf.

In Bethel hat T. vor der Operation 6 Wochen in der der Epilepsie-Klinik Mara auf der Station JEEP verbracht. Dort will man jungen Erwachsenen ermöglichen, selbständiger mit ihrer Krankheit umzugehen. Es waren auch junge Leute aus dem BBW Bethel zur Medikamentenanpassung auf Station, und mir wurde bewusst, dass auch Menschen mit Anfällen möglichst viel Selbständigkeit brauchen, um sich zu entwickeln. Da T. bei Krankheitsbeginn 6 Jahre war, hat er ein selbstbestimmteres Leben nicht kennengelernt. Bei jungen Leuten, die erst später erkranken ist das ganz anders. Die hätten sich mit 16 Jahren nie so bevormunden lassen wie mein Sohn. Auch junge Menschen mit Epilepsie, die gut eingestellt sind, wirken viel selbstbewusster. Ich glaube nicht, dass hier nur die Eltern schuld sind. Es ist sehr schwer, das Selbstbewusstsein eines Kindes zu stärken, wenn es laufend durch die Erkrankung Rückschläge, Ausgrenzung und Einschränkungen erfährt. Das fängt zu Hause an, geht in der Schule und im Kreis der Gleichaltrigen weiter. Weniger Protektion wäre sicher gut gewesen, aber wer übernimmt dann die Verantwortung? Deshalb vielleicht auch die 7. Es kommt immer darauf wie die Ausgangssituation war.

Peter Brodisch: Angenommen, die Transition geschieht wie durch ein Wunder über Nacht und die Inklusion Ihres Sohnes wäre abgeschlossen. Woran würden Sie zuerst merken, dass sich die Situation verändert hat?

Karin Lamberth-Fretes: Eine gelungene Transition? Wenn T. eine eigene Wohnung hätte und seinen Lebensunterhalt verdienen könnte oder in anderer Form seine Angelegenheiten selbst in die Hand nimmt, mit mehr oder weniger Unterstützung. Die wird er wahrscheinlich brauchen. T.

wünscht sich eine Familie. Ich wünsche ihm, dass ihm das gelingt, zumal er seinen Vater früh verloren hat und er ohne Geschwister aufgewachsen ist.

Er war vor seiner Erkrankung ein geselliger, fröhlicher Junge umgeben von einigen Freunden. Wir waren selten allein zu Hause, er war gerne bei anderen Kindern. Der Tod meines Mannes war schwer zu verkraften, aber die Epilepsie und vor allem ihr Verlauf hat unser Leben weit stärker beeinflusst, um nicht zu sagen beeinträchtigt.

Ich bin froh, dass mein Sohn jetzt doch weiterhin zu seinem Neurologen im Kinderneurologischen Zentrum in Mainz (KINZ) gehen kann. Es wurde ein medizinisches Zentrum für Erwachsene mit Behinderungen angeschlossen. Somit können jetzt auch Erwachsene von einem multiprofessionellen Team betreut werden und müssen nicht von Facharzt zu Facharzt wandern. Und T. kann zunächst noch bei dem Arzt seines Vertrauens bleiben, der sehr zeitnah Berichte und Gutachten für Ämter und Behörden schreibt und immer über what´s app erreichbar ist. Sehr jugendnah und sehr ungewöhnlich im Medizinalltag.

Peter Brodisch: Vielen herzlichen Dank für Ihren Beitrag!!!

Peter Brodisch
Dipl. Pädagoge, Dipl. Sozialpädagoge
Netzwerk Epilepsie und Arbeit,
Epilepsieberatung München

Karin Lamberth-Fretes
Studienrätin i. R.
Frankfurt

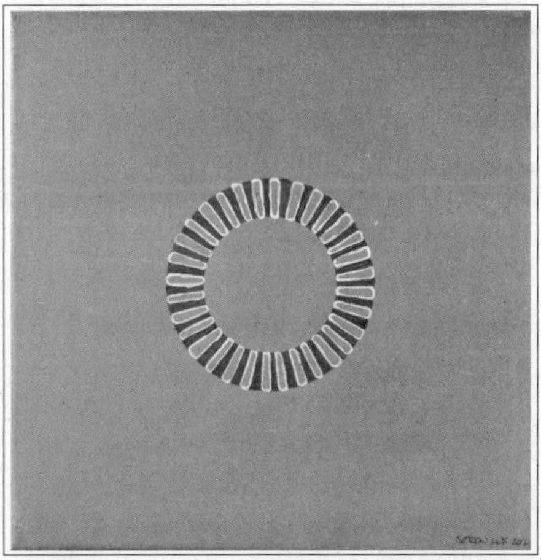

Internationales

Vom Aufbau einer Epilepsieberatungsstelle in Kaunas und zur Entstehung einer epilepsiespezifischen Sozialarbeit in Litauen

Polina Sediene

Seit 2010 konnte ich an den Fachtagungen des Vereins Sozialarbeit bei Epilepsie teilnehmen und informierte dabei regelmäßig über soziale Arbeit in meinem Heimatland Litauen.
Im Jahr 2010 berichtete ich von einigen Epilepsieselbsthilfeaktivitäten, jedoch fehlender professioneller Sozialarbeit bei Epilepsie. **2012** schilderte ich den konkreten Plan, eine Epilepsieberatungsstelle in Kaunas aufzubauen. Wir hatten mittlerweile einen Partner in Deutschland gefunden, der bereit war, gemeinsam mit der Caritas Litauen Verantwortung für solch ein Projekt zu übernehmen. Mithilfe einer sechsmonatigen Impulsförderung der Aktion Mensch war bereits das Konzept erarbeitet und die Förderung durch ein Basisstrukturprojekt im Rahmen der Osteuropaförderung bei der Aktion Mensch beantragt worden.
Bei der Fachtagung **2014** konnte ich das inzwischen begonnene Projekt „Aufbau einer psychosozialen Epilepsieberatungsstelle in Kaunas" vorstellen. Es startete im April 2013 mit einer vierjährigen Laufzeit. Die verantwortlichen Projektpartner sind die Caritas Litauen und das Sächsisches Epilepsiezentrum Radeberg - Kleinwachau. Aktion Mensch hatte zugestimmt, 90 % einer auf 4 Jahre festgelegten Fördersumme zu übernehmen.

Sitz der Caritas Litauen und der Beratungsstelle im ehemaligen Bernhardinerkloster (XVI. Jh.)

2016 bei der Tagung in Kork ist das Ziel meines Berichtes die Vorstellung der weiteren **Entwicklung der Epilepsieberatungsstelle und der sozialen Arbeit bei Epilepsie in Litauen**.
Auf der Suche nach einem passenden Symbol für das Projekt. entschied ich mich für das Bild von Edvard Munch „Der Schrei" (Suchmaschine → E. Munch „Der Schrei"). Dieses Bild drückt Angst und Verzweiflung aus. Man kann einen tiefen Blick in das Seelenleben des Künstlers bekommen.
Ich finde, dass dieses Bild von Munch recht gut die Situation mancher Menschen mit Epilepsie ausdrückt. Jetzt, nach 3,5 Jahren Tätigkeit in der Epilepsieberatung denke ich, dass auch meine Gefühle mit diesem Bild beschrieben wurden: Ich musste damals eine gute Erklärung für mich selbst und für meine ehemaligen Klienten im Zentrum für psychisch Kranke suchen, um ihnen verständlich zu machen, warum ich mich für ein neues Projekt entschieden hatte. Und ich musste für mich selbst einen Sinn für das Eintreten ins neue Arbeitsfeld der Sozialarbeit bei Epilepsie finden.

Zur Entwicklung der Epilepsieberatungsstelle in Kaunas

Es gibt jetzt eine eine **Epilesieberatungsstelle mit allen typischen Angeboten, die von einer Sozialarbeiterin mit einer zusätzlichen Qualifikation zur Epilepsie-Fachassistentin geleitet wird**. Sie soll nach Auslaufen der Projektförderung im April 2017 in Trägerschaft der Caritas Kaunas weitergeführt werden. Unklar ist noch die Finanzierung, insbesondere, ob eine staatliche Förderung gewährt wird.

In der Beratungsstelle: Polina Sediene mit einer Praktikantin des Sozialarbeitsstudienganges

Durch eine großzügige Spende erhielten wir einen leistungsstarken Drucker. Damit wurde es möglich, selbst hochwertige Flyer und Informationsmaterial herzustellen und zu drucken.

Zeitweise fanden **Beratungen von Eltern epilepsiekranker Kinder in der kinderneurologischen Klinik der Universitätsklinik Kaunas** statt. Dort wurden auch **Gruppenangebote für Eltern** gemacht. Das erleichterte den hilfesuchenden Eltern die erste Kontaktaufnahme.

Ebenfalls mit zusätzlichen Spenden und mit persönlicher Unterstützung wurde meine Qualifizierung zur Moses-Trainerin im Epilepsiezentrum Bethel möglich. Seit 2014 führen wir **Moses-Schulungen an verschiedenen Orten in Litauen** durch. Zum Beispiel sollen finanzierte Schulungen regelmäßig im beruflichen Rehabilitationszentrum Zirmunu in Vilnius im Rahmen der beruflichen Rehabilitation stattfinden. Das Moses-Erarbeitungsbuch wurde ins Litauische übersetzt. Die gedruckten Bücher stehen ab 2017 zur Verfügung. Die Finanzierung erfolgte aus Spenden.

Wir bieten **Seminare und Schulungen für LehrerInnen, SozialarbeiterInnen und PsychologInnen** an, die im Bildungs- und Wissenschaftsministerium Litauens anerkannt sind.

Derzeit kooperieren wir mit vier Diözesen der Caritas Litauen. Dort können wir an **Außensprechtagen** mit Ratsuchenden sprechen. Außerdem leiten wir an diesen Orten Seminare für alle interessierten Personen.

Zur Entwicklung der sozialen Arbeit bei Epilepsie in Litauen

Mit dem Aufbau der Epilepsieberatungsstelle begann gleichzeitig eine systematische Entwicklung einer professionellen Sozialarbeit bei Epilepsie in Litauen.
Wir veröffentlichen **wissenschaftliche und populäre Artikel** zu den Themen „Die Biopsychosozialen Konsequenzen von Epilepsie und deren Bewältigung“ und „Empowerment anfallskranker Menschen“.
Das Thema Epilepsie konnten wir in das Studienfach *„Integrative care“* an der Litauischen Universität für Gesundheitswissenschaften einbinden. Das Qualifizierungszentrum der Vytautas Magnus Universität hat das Seminarprogramm überprüft, anerkannt und registriert, so dass Teilnehmende am Seminar ein staatlich anerkanntes Qualifikationszertifikat erhalten.
Seit einigen Jahren halten wir regelmäßige **Kontakte zum litauischen Sozial- und Arbeitsministerium in Vilnius** und beraten beim Aufbau psychosozialer Hilfen für Menschen mit Epilepsie in Litauen.

Von Beginn an hatte der **Aufbau von Netzwerken**, in die Ämter und Institutionen einbezogen wurden, besonders hohe Priorität. Mitarbeitende der Stadtverwaltung Kaunas wurden über die psychosozialen Auswirkungen von Epilepsie aufgeklärt und so Interesse für das Projekt geweckt.

Durch große Beharrlichkeit erreichten wir, dass die Stadtverwaltung Kaunas nun schon im zweiten Jahr finanzielle Mittel für ein **soziales Rehabilitationsprojekt für Menschen mit Epilepsie**, in Trägerschaft der Caritas Kaunas, bereitstellte. Zielgruppe sind Personen, die derzeit aufgrund der Epilepsie und der damit zusammenhängenden Schwere der Behinderung nicht arbeiten können und isoliert leben. Ziel soll ihre Integration in die Gesellschaft sein. Das Angebot findet viermal wöchentlich für jeweils 4 Stunden statt. Angeboten werden den zurzeit 15 Besucher/innen z. B. Gespräche zur Auseinandersetzung mit der Erkrankung, gemeinsame Ausflüge in die Stadt, Erlernen von alltäglichen Dingen und Erwerb sozialer Kompetenzen. Die zwei Mitarbeiterinnen mit je 0,2 VK, die von mir supervidiert werden arbeiten abwechselnd. Gegenwärtig werden durch Einbeziehung von Medizinstudenten gemeinsam Ideen für ein Fotoprojekt gesammelt, um später die Fotos öffentlichkeitswirksam in Ausstellungen präsentieren zu können.

Ein Besucher beschreibt seine Sicht auf die Ziele der Rehabilitation: "Unser Haus. Im Erdgeschoss sind alle neuen Personen. Nach einiger Zeit werden die Besucher der Tagestätte stärker und selbständiger. Die Fortgeschrittenen steigen in höhere Etagen und helfen dann den anderen." Rytis, 23 Jahre alt

Die Zusammenarbeit mit der **Selbsthilfe** und ihre Stärkung sind uns sehr wichtig. Deshalb wurden Selbsthilfegruppen gegründet. Einmal pro Woche trifft sich eine Gruppe in Kaunas. Noch ist unsere Präsenz notwendig, um Fragen zu beantworten, Themen vorzubereiten oder bei Ausflügen zu begleiten. Es braucht sehr viel Stärkung des Selbstbewusstseins der Betroffenen, um ihre Integration tatsächlich umzusetzen. Monatlich trifft sich der Selbsthilfeverein „Epile“ in Vilnius, den wir anfangs mit einem inhaltlichen Impuls vorbereitet und moderiert haben. Nun werden dort eigene, unabhängige Treffen organisiert.

Gemeinsam mit MitarbeitenInnen aus dem Referat Behindertenhilfe im Sozial- und Arbeitsministerium und mit weiteren Partnern erarbeiteten wir schon im Jahr 2015 eine **„Konzeption der sozialen Rehabilitation von behinderten Menschen mit Epilepsie“**.

Das Ziel dieser Rehabilitationsmaßnehme: Wiederherstellung und Entwicklung von Kompetenzen von Menschen mit Epilepsie zur Teilnahme am gesellschaftlichen Leben, Verbesserung sozialer Fähigkeiten und kognitiver Funktionen, Orientierung und Beratung zu produktiven Aktivitäten (Selbstständigkeit, Beziehungen, Ausbildung, Beruf usw.). Die Caritas Kaunas ist sehr daran interessiert, sich als verantwortlicher Träger dafür zu bewerben. Schon seit längerer Zeit warten wir nun auf eine positive Entscheidung des Ministeriums zur Ausschreibung dieser Maßnahme. 2016 kam es auf Einladung zu einem Besuch der Leiterin des Referats zur Teilhabe für Menschen mit Behinderungen und Sozialhilfe des litauischen Sozialministeriums in Kleinwachau und zu einer Begegnung mit Mitarbeitenden des Sächsischen Sozialministeriums. Neben Themen zur Umsetzung der EU-Behindertenrechtskonvention war unser Ziel, noch einmal auf die große Bedeutung des Epilepsieprojektes für die litauischen Menschen hinzuweisen und seine politische und finanzielle Unterstützung zu erbitten.

In wenigen Monaten wird die Förderung durch Aktion Mensch beendet sein. Von vornherein war uns klar, dass die festgeschriebene Projektfördersumme und die finanziellen und fachlichen Unterstützungsmöglichkeiten Kleinwachaus für einen erfolgreichen und nachhaltigen Projektverlauf nicht ausreichen würden. Die beeindruckenden Ergebnisse wurden dennoch möglich, weil in den vergangenen Jahren durch persönliches Engagement vieler Personen und Institutionen zusätzliche Aktivitäten geschehen konnten und weitere finanzielle Mittel außerhalb des bewilligten Förderrahmens der Aktion Mensch bereitgestellt wurden.

Ein ganz besonderer Dank gilt

- Aktion Mensch
- Epilepsiezentrum Kleinwachau
- Epilepsiezentrum Bethel
- Verein Sozialarbeit bei Epilepsie
- Verein zur Förderung von Epilepsieschulungen
- Stiftung Michael
- Bökenkamp-Stiftung
- Hörmann Gruppe (www.amherzen.de)

Polina Sediene beim Seminar
für die MitarbeiterInnen
der sozialen Einrichtungen
der Stadt Kaunas

Dr. Polina Sediene
Soziologin, Sozialarbeiterin
Epilepsieberatungsstelle, Caritas Litauen,
Kaunas, Vytautas Magnus Universität Kaunas,
Fachbereich Gesundheitswissenschaften

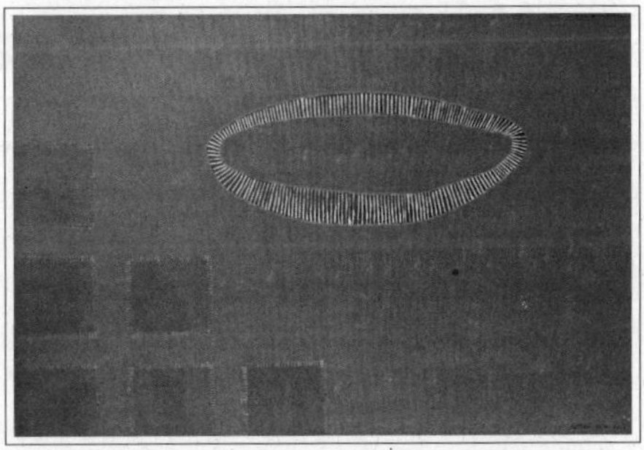

Langfristige Veränderungen

Veränderungen im Behandlungsstand, der sozialen Situation und den wahrgenommenen Beeinträchtigungen Epilepsiekranker zwischen 1995 und 2012

Margarete Pfäfflin und Theodor W. May

1 Wie alles begann

Anfang der 90-er Jahre gab es in Deutschland – im Gegensatz zu anderen europäischen Ländern – keine Untersuchungen zur Anzahl von Epilepsiepatienten in der Bevölkerung (Prävalenz) und zur Rate der Neuerkrankten pro Jahr (Inzidenz). Insbesondere nach der Wiedervereinigung der beiden deutschen Staaten entstand der Wunsch, die Situation von Epilepsiepatienten in Ost und West zu analysieren und zu vergleichen.
Die Seminare der Stiftung Michael in Gargnano und damit verbunden die intensiven Diskussionen sind häufig Ausgangspunkt innovativer Formate. So entstand die Idee einen „Verein zur Erforschung der Epidemiologie der Epilepsien" zu gründen, um die nötigen Mittel für die Studien zu beschaffen, die Gesellschaft für Epilepsieforschung e.V., Bielefeld, zu bitten, die Auswertungen zu übernehmen, und die Deutsche Gesellschaft für Epileptologie (DGfE) mit ihrer Fachkompetenz einzubinden. Ab 1995 entstanden die ersten Studien zur Epidemiologie der Epilepsien, die sogenannten EPIDEG-Studien (EPIDemiology of Epilepsies in Germany). Neben der Erfassung der Prävalenz und Inzidenz der Epilepsien in Deutschland, konnten auch Daten zu medizinischen Aspekten und zur psychosozialen Situation der Patienten über alle Altersklassen erfasst werden [{Pfäfflin, 1997 #1} {Pfäfflin, 2000 #2}, {Pfäfflin, 2000 #3}], {Pfäfflin, 2001 #5} {Freitag, 2001 #26} {Flierl-Hecht, 2003 #31} {Stefan, 2014 #30} {May, 2015 #29}.
Einige Ergebnisse der ersten Studien 1995 überraschten: Entgegen der Erwartung wurden viele Patienten wegen ihrer Epilepsie beim Hausarzt behandelt, und ein großer Teil war nicht anfallsfrei. Weniger überraschend war hingegen, dass die Versorgung der Kinder kaum spezialisiert war, dass sich vor allem die nicht-anfallsfreien Patienten stark beeinträchtigt und stigmatisiert fühlten, sowie die Erwerbsquote der Erwachsenen deutlich unter derjenigen der Allgemeinbevölkerung lag.
Die Studien hatten eine erhebliche öffentliche Wirkung, die Probleme von Epilepsiepatienten wurden besser wahrgenommen und verschiedene Prozesse angestoßen. Einer davon war die Anerkennung von Schwer-

punktpraxen Epilepsie durch die Deutsche Gesellschaft für Epileptologie [{Dennig, 2008 #17}]. Ein weiterer war die Neuauflage des Epilepsieberichts, der die Diskussion um die Probleme der Patientenversorgung aufgriff, umfassend darstellte und Impulse für die weitere Entwicklung der Epilepsieversorgung inklusive nötiger Forschungsanregungen gab. [{Epilepsiekuratorium, 1998 #13}].

2 Veränderungen in der Epilepsieversorgung 1995 - 2010

Zwischen 1995 und 2010 kam es zu zahlreichen Veränderungen in der Behandlung und bei den sozialen Hilfen für Menschen mit Epilepsie. Diese werden hier schlagwortartig ohne Anspruch auf Vollständigkeit dargestellt. Es gab Änderungen auf der Ebene der Struktur, der Inhalte und der öffentlichen Wahrnehmung.

2.1 Veränderungen in der Versorgungsstruktur

a) Es entstanden und vermehrten sich Epilepsiezentren mit unterschiedlichen Schwerpunkten sowohl innerhalb wie außerhalb der Universitätsmedizin, Epilepsieambulanzen, Medizinische Versorgungszentren mit Epilepsieschwerpunkt, Epilepsie-Schwerpunktpraxen und Sozialpädiatrische Zentren.
b) Der Schwerpunkt „Neuropädiatrie“ wurde 2004 im Fach Kinderheilkunde und Jugendmedizin anerkannt, wodurch Fachpraxen für Neuropädiatrie, z. T. als Schwerpunktpraxen für Kinderepileptologie, entstanden.
c) Es bildeten sich Fachkonferenzen und Epilepsie-Netzwerke, in denen unterschiedliche Initiativen und Institutionen zur Verbesserung der Epilepsieversorgung zusammenarbeiteten, Mitte der 90-er Jahre hatten sich bereits in Nordrhein-Westfalen, Bayern, Baden-Württemberg und Hamburg entsprechende Arbeitskreise gebildet [{Pfäfflin, 1996 #33} {Pfäfflin, 1998 #34}].
d) Epilepsieberatungsstellen sowohl für Erwachsene als auch für Kinder entstanden in vielen Bundesländern, aber vor allem in Bayern ab der Mitte der 90er Jahre und waren ein konkretes Ergebnis aus den Beratungen in der Fachkonferenz Bayern [{Windisch, 2012 #32}].
e) Die Weiterbildungen Epilepsiefachassistenz (EFA) und -fachberatung etablierten sich [{Pfäfflin, 2016 #52}]
f) Weitere Selbsthilfegruppen und Organisationen entstanden auf Bundes-, Landes- und Ortsebene; 1997 wurde erstmals der „Tag der Epilepsie“ – inzwischen fester Bestandteil des „Epilepsie-Jahres“ – begangen.

g) der rechtliche Rahmen für die Erwerbstätigkeit von Menschen mit Epilepsie wurde durch Richtlinien der Berufsgenossenschaften für den beruflichen Einsatz von Menschen mit Epilepsie und durch eine Reihe von Gerichtsurteilen klarer als bisher definiert [DGUV 250-001, 2015 {Thorbecke, 2017 #53}]. Auf dieser Grundlage unterstützt seit 2010 das „Netzwerk Epilepsie und Arbeit" (NEA) Arbeitnehmer beim Erhalt des Arbeitsplatzes [{Varekamp, 2006 #25} {Knieß, 2015 #28}]

2.2 Veränderungen in den Angeboten:

a) Etablierung der Epilepsiechirurgie [{Helmstaedter, 2014 #16}]
b) Entwicklung einiger Behandlungsschwerpunkte für psychosomatische Epileptologie [{Schöndienst, 2001 #35}]
c) Eröffnung der ersten Epilepsierehabilitationsklinik [{Specht, 2001 #36}]
d) Sämtliche Epilepsie-Schulungsprogramme (MOSES, famoses, PEPE, Flip & Flap) wurden in dem genannten Zeitraum entwickelt, eingeführt und evaluiert [{Ried, 2001 #14}, {May, 2002 #6}, {Wohlrab, 2007 #15}, {Rau, 2006 #11}, {Huber, 2006 #7}, {Jantzen, 2003 #8}, {Jantzen, 2009 #9} {Pfäfflin, 2012 #10} {Hagemann, 2016 #12}]
e) Entwicklung neuer Antiepileptika
f) Erweiterungen in den Informationsangeboten und -möglichkeiten (z. B. Broschüren der Stiftung Michael, mehrere Epilepsiefilme, internetbasiertes Informationsangebot der DGfE)

2.3 Veränderungen in der öffentlichen Wahrnehmung:

a) Die Einstellungen in der Bevölkerung zur Epilepsie veränderten sich zwischen der Erhebung von 1996 und 2008 erheblich zugunsten der Epilepsiekranken. Der Anteil derer, die Epilepsie für eine Form von Geisteskrankheit hielten, halbierte sich beinahe. [{Thorbecke, 2010 #18}]
b) Medien – Die Darstellung der Epilepsie in der Presse, im Film und in der Literatur [{Beyenburg, 2016 #37}, {Schmitt, 2016 #39}, {Wolf, 2016 #38}] ist heute differenzierter und als in früheren Jahren und auch attraktive und starke Protagonisten können mit der Erkrankung verbunden werden.

Gleichzeitig mit den Veränderungen der Versorgungstruktur und der Behandlungsangebote kam es in den letzten Jahrzehnten zu einer Veränderung des Altersaufbaus der Bevölkerung in Deutschland – mit einem deutlichen Anwachsen der über 65-jährigen und einem Sinken des

Anteils der unter 20-jährigen. Dies beeinflusst auch die Häufigkeit der Epilepsien in Deutschland, da das Risiko, epileptische Anfälle zu bekommen, im höheren Alter deutlich größer ist als bei jüngeren Erwachsenen, Jugendlichen und im Kindesalter. [{Pfäfflin, 2014 #19}]

Es hatte sich also sehr vieles in der Epilepsieversorgung und -behandlung verbessert. Daher war das Interesse groß zu erfahren, ob sich diese Verbesserungen tatsächlich auf die Anfallssituation und die von den Betroffenen wahrgenommenen epilepsiespezifischen Beeinträchtigungen auswirkten. Eine Möglichkeit, dies herauszufinden, war die Wiederholung der EPIDEG-Studien mit dem gleichen Studiendesign. Dies wurde möglich, da die Arbeits- und Forschungsgruppe, die die erste Erhebung durchgeführt hatte, noch weitgehend bestand. So ergab sich die seltene Chance, die Veränderungen der medizinischen und sozialen Situation der Epilepsiekranken aller Altersklassen in Deutschland über einen Zeitraum von 15 Jahren zu erfassen, mit wissenschaftlichen Methoden zu analysieren und die Ergebnisse von 1995-97 mit denen von 2010-12 zu vergleichen.

3 Die EPIDEG-Studien: Übersicht

Die EPIDEG-Studien bestehen aus mehreren einzelnen Studien (s. Tab 1) mit einer großen Datenfülle.

Studie	Ziel / Inhalt	Befragte Gruppe	Methoden	1. Studie (Jahr)	2. Studie (Jahr)
EPIDEG I	Erfassung der Prävalenz (und Inzidenz) behandelter Patienten in Deutschland, Anfallshäufigkeit, Überweisungsverhalten der Arztgruppen, Patienten mit Erstdiagnose (nur 2010)	Neurologen, Hausärzte/ Internisten, Kinderärzte	Explorative Querschnitt-studie mit Fragebogen	1995	2010
EPIDEG II	Anfallshäufigkeit, Behandlung, Nebenwirkungen der Medikamente, Gesundheit, Lebensqualität, Stigma, Berufstätigkeit, Beeinträchtigungen, Selbsthilfekontakt	Erwachsene Patienten in Behandlung bei Neurologen, Hausärzten/ Internisten		1996	2011
EPIDEG III	Bei Kindern zusätzlich zum oben genannten: Schule, körperliche und geistige Entwicklung, Berufstätigkeit der Eltern, Hilfen durch andere Personen	Eltern von Kindern mit Epilepsie in Behandlung bei Kinderärzten/ Neuropädiatern		1997	2012

Tab 1. EPIDEG-Studien: Übersicht

In diesem Bericht werden die Ergebnisse der die EPIDEG I-Studie in Bezug auf Prävalenz (Häufigkeit der Epilepsiepatienten) und auf die von den Ärzten eingeschätzte Anfallshäufigkeit zusammenfassend für beide Studienzeiträume dargestellt.
Es werden außerdem die Ergebnisse der EPIDEG II-Studie in Bezug auf Anfallshäufigkeit, Medikamente, Nebenwirkungen, Stigma, und zusammenfassend, in Bezug auf Berufstätigkeit und Beeinträchtigungen dargestellt und zwar für die größte Patientengruppe in Behandlung bei niedergelassenen Neurologen.
Aus der EPIDEG III-Studie werden die Ergebnisse zur Veränderung der von den Eltern bei ihren Kindern wahrgenommenen Beeinträchtigungen, sowie die Veränderungen im Behandlungsstand (Anfallshäufigkeit, Medikamentengabe) dargestellt.

4 EPIDEG I: Arztbefragung

4.1 Wie viele Patienten mit Epilepsie gibt es in Deutschland?

Sowohl 1995 wie 2010 wurde eine explorative Querschnittstudie durchgeführt. An eine repräsentative Zufallsstichprobe niedergelassener Ärzte (Hausärzte/Internisten, Neurologen/Nervenärzte, Kinderärzte/Neuropädiater) wurden Kurzfragebögen verteilt, mit folgenden Fragen: wie viele Patienten mit Epilepsie sie [die Ärzte] im letzten Jahr behandelt hätten, wie viele sie davon an Fachkollegen/Epilepsieambulanzen überwiesen hätten, wie häufig durchschnittlich diese Patienten im letzten Jahr in die Praxis gekommen seien und wie viele davon noch Anfälle hatten. Im Jahr 2010 wurde zusätzlich nach der Anzahl der Patienten gefragt, bei denen im letzten Jahr erstmalig eine Epilepsie diagnostiziert worden sei.

Im Vergleich zu 1995 hatte sich 2010 die Prävalenz behandelter Epilepsiepatienten von 0.47 % (CI95 % 0,37-0,56) auf 0.55 % (95 % CI 0,46-0,70) erhöht, so dass in Deutschland mit einer Bevölkerung von 81.800.000 Personen (2010) etwa zwischen 470.000-745.000 Personen Epilepsie hatten. Darunter sind etwa 61.000 Kinder und Jugendliche (0-17 J.) mit Epilepsie.
Was kann zur Erhöhung der Prävalenz beigetragen haben? Dies können mehrere Faktoren sein: die bessere Wahrnehmung der Epilepsie durch einen größeren Anteil von Spezialisten an der Versorgung und die längere Lebenserwartung der Bevölkerung und damit ein höherer Anteil von Älteren. Und Patienten, die zum Arzt gehen und sich behandeln lassen und sich nicht aufgrund ihrer Epilepsie „verstecken“.

4.2 Wo lassen sich Epilepsiepatienten behandeln?

Durch die Anerkennung der Neuropädiatrie hat sich die Situation für Kinder mit Epilepsie deutlich verändert. So wurden im Jahr 2010 etwas weniger Kinder beim Kinderarzt (1995: 14,5 ± 29,1 / 2010: 13,3 ±) wegen ihrer Epilepsie behandelt, dafür behandelte der Neuropädiater im Schnitt pro Jahr deutlich mehr mit 85,3 ± 102,5 (Q25 % 31; Median 50; Q75 % 80). Allerdings, muss man bedenken, dass es insgesamt viel weniger niedergelassene Neuropädiater als Kinderärzte gibt.
Aber auch bei den Erwachsenen zeigte sich, dass deutlich mehr Patienten zum Neurologen gingen: Im Jahr 1995 im Schnitt 48,2 ± 57,5 und im Jahr 2010 im Schnitt 81,5 ± 102,2 (Q25 % 20; Median 50; Q75 % 100). Die „Epilepsie-Schwerpunktpraxen" hatten sich sowohl bei den Erwachsenen als auch bei den Kindern in vielen Teilen Deutschlands durchgesetzt.

Man kann also zusammenfassend sagen, dass der Anteil an Spezialisten an der Versorgung größer geworden ist.

4.3 Patienten mit Anfällen

In der Tab. 2 ist dargestellt, wie die behandelnden Ärzte die Frage nach dem Anteil der Patienten mit Anfällen im letzten Jahr überschlägig beantworteten. Die Ärzte, die Erwachsene behandelten, schätzten 2010 das Behandlungsergebnis besser ein als 1995, denn weniger Patienten hatten noch Anfälle als 15 Jahre zuvor. Bei den Kinderärzten war das Ergebnis dagegen unverändert und für die Neuropädiater fehlt der Vergleich, weil es 1995 diese Facharztgruppe noch nicht gab. Wenn man nun die Tabelle „umgekehrt" betrachtet, wurden 2010 insgesamt etwa 72 % der Patienten mehr als ein Jahr anfallsfrei eingeschätzt, eine signifikante Verbesserung. Aus den Angaben zur Erstdiagnose kann (ganz grob) eine Inzidenz von etwa 57 pro 100.000 geschätzt werden.

Arztgruppe	Jahr	Mit Anfällen
Neurologie	1995 **2010**	39,9 % **29,7 %**
Hausarzt/Internist	1995 **2010**	43,4 % **28,6 %**
Kinderarzt	1995 **2010**	37,7 % **37,9 %**
Neuropädiater	**2010**	**37,6 %**

Tab. 2: Behandelte Patienten mit Anfällen im letzten Jahr, Befragung niedergelassener Ärzten

EPIDEG 2010: ca. 72 % behandelter Patienten > 1 Jahr anfallsfrei.
EPIDEG 1995: ca. 62 % behandelter Patienten > 1 Jahr anfallsfrei.

Für diese Verbesserung kann es mehrere Gründe geben, wie z. B. die bessere Wirksamkeit der Medikamente, ihre bessere Verträglichkeit und die bessere Informiertheit der Patienten, alles Faktoren, die die Adhärenz/Compliance erhöhen können. [{Buck, 1997 #43}, {Gollwitzer, 2016 #49}, {Malek, 2017 #50}]. Aus den Angaben zur Erstdiagnose kann (ganz grob) eine Inzidenz von etwa 57 pro 100.000 geschätzt werden

5 EPIDEG II und III: Patientenbefragung und Befragung der Eltern anfallskranker Kinder

5.1 Veränderungen in der Behandlung nach Einschätzung der Patienten

Neben den Arztangaben, die keine Aussagen über einzelne Patienten ermöglichte, wurden in den EPIDEG-Studien II und III auch Patienten, bzw. Eltern von Kindern mit Epilepsie befragt. Auch diese Befragungen der Patienten und der Eltern von anfallskranken Kindern wurden im Abstand von 15 Jahren wiederholt. Die Befragung der Betroffenen erfolgte über die Arztpraxen bzw. Ärzte, die bei der Prävalenzerhebung angegeben hatten, dass sie Epilepsiepatienten behandeln. Jeweils 10 Fragebögen wurden in den Praxen konsekutiv verteilt und die Patienten schickten die Bögen anonym und kostenfrei an die Gesellschaft für Epilepsieforschung zur Auswertung zurück. Die erwachsenen Patienten wurden 1996 und 2011 und die Eltern anfallskranker Kinder 1997 und 2012 befragt.

Es war also möglich, zweimal einen vergleichbaren Querschnitt persönlicher Einschätzungen zu erhalten, denn beides Mal wurden dieselben Fragen verwendet. Im Jahr 2011/2012 wurden zwei zusätzliche Fragen zur Lebensqualität und zum Gesundheitszustand gestellt.

Die Stichprobe der erwachsenen Patienten (EPIDEG II), die bei Neurologen in Behandlung waren, wurde bereits im Details im Band 12 der Reihe „Sozialarbeit bei Epilepsie" beschrieben [{May, 2013 #24}]. Die Daten der „Kinderstudie" (EPIDEG III) sind bislang nicht publiziert, deshalb werden sie hier aufgeführt: Von 139 angeschriebenen Kinderärzten waren 75 bereit, Fragebögen in ihren Praxen zu verteilen, das entspricht einer „Responderrate" von 54 %. 402 Fragebögen wurden an die Gesellschaft für Epilepsieforschung zurückgeschickt, davon konnten 388 in die folgenden Auswertungen einbezogen werden (ausgeschlossen wurden Fragebögen z. B. von „Kindern" > 21 Jahren). Die Kinder waren im Schnitt 10,8±4,8 Jahre alt und hatten seit durchschnittlich 6,4±4,8 Jahren eine Epilepsie.

5.1.1 Veränderungen in der Medikation und der Einschätzung ihrer Wirksamkeit und Verträglichkeit

Sowohl bei den Kindern wie den Erwachsenen hatte sich die antiepileptische Behandlung weg von den „alten“ Medikamenten wie Phenobarbital, Phenytoin, Carbamazepin und Primidon hin zu neueren und neuesten Antiepileptika geändert [Tab. 3], eine Entwicklung, die noch nicht abgeschlossen ist, da immer weitere neue Antiepileptika auf den Markt kommen.

Neuere (wie Lamotrigin), das unmittelbar vor der ersten Studie eingeführt worden war, und neueste Medikamente sind auf der Tab. 3 hervorgehoben. Die Tabelle zeigt einen deutlichen Rückgang der Verordnung „alter“ Medikamente. Phenobarbital z. B., das seit über 100 Jahren verfügbar ist, wird in Deutschland kaum noch, aber in vielen Ländern (insbesondere Schwellen- und Entwicklungsländern) eingesetzt, weil es ein wirksames und preisgünstigstes Medikament ist. Valproat wird, wie auch in der Tabelle zu sehen, vor allem bei der Behandlung bei Kindern eingesetzt.

Tab. 3: Antiepileptikaverordnung, neue Medikamente fett hervorgehoben (EPIDEG II und III)

Antiepileptikum	*Erwachsene (%) 2011*	*Erwachsene (%) 1996*	*Kinder (%) 2012*	*Kinder (%) 1997*
Lamotrigin	**33,7**	12,0	**22,0**	3,4
Valproinsäure	28,8	**40,3**	**43,4**	49,3
Levetiracetam	**28,6**	-	**13,7**	-
Sultiam	-	-	**19,1**	6,2
Carbamazepin	13,3	**56,3**	2,3	31,5
Oxcarbazepin	**8,5**	< 1	**14,3**	<2
Lacosamid	**6,1**	-	2	-
Topiramat	**5,9**	-	**6,3**	< 2
Primidon	4,4	11,0	-	5,5
Gabapentin	2,9	5,1	2,9	-
Phenytoin	2,8	**16,6**	< 1	4,8
Phenobarbital	< 2	8,9	< 2	7,5
Pregabalin	< 2	-	-	-
Eslicarbazepin	< 2	-	-	-
Clobazam	< 2	< 1	3,7	< 2
Zonisamid	< 2	-	2,9	-
Lacosamid			2,0	-
Ethosuximid	< 1	< 1	**12**	8,9
Vigabatrin	-	4,7	< 2	8,2

Nur Antiepileptika, die bei mindestens 2 % der Patienten in 1996/97 bzw. 2011/12 verordnet wurden.

Bei erwachsenen Patienten hatte sich der Anteil derer, die die Medikamente in Monotherapie erhalten, vergrößert (2011: 63,9 %; 1996: 54,7 %); bei den Kindern war dieser Trend gegenläufig (2012: 55,6 % Monotherapie, 1997: 64,6 %). Ein kleiner Teil von etwa 1,5 % der Erwachsenen nahm in 2011keine Antiepileptika ein; fünfzehn Jahre davor lag der Anteil etwas darunter (0,6 %). Bei Kindern war der Anteil derer, die keine Medikamente nahmen mit 8,1 % im Jahr 2012 etwas angestiegen (1997: 7 %).

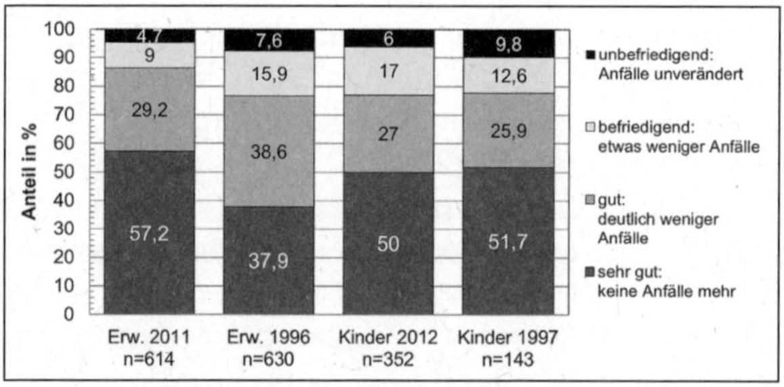

p<0.001, GLM; ***signifikant höhere Wirksamkeit*** *in 2011 vs. 1995* ***nur Erwachsene, bei Kindern kein signifikanter Unterschied.***

Abb. 1: Wirksamkeit der Antiepileptika nach Einschätzung der Patienten im Vergleich

Von den erwachsenen Patienten wird die Wirksamkeit ihrer Medikamente in 2011 signifikant besser eingeschätzt als 15 Jahre zuvor [Abb. 1]. Der Anteil der Patienten, die ihre Medikamente als sehr gut einschätzten, lag mit 57,2 % deutlich über dem Ergebnis von 1996 (37,9 %), im Gegensatz zu den Kindern, bei denen kein Unterschied zu erkennen ist.

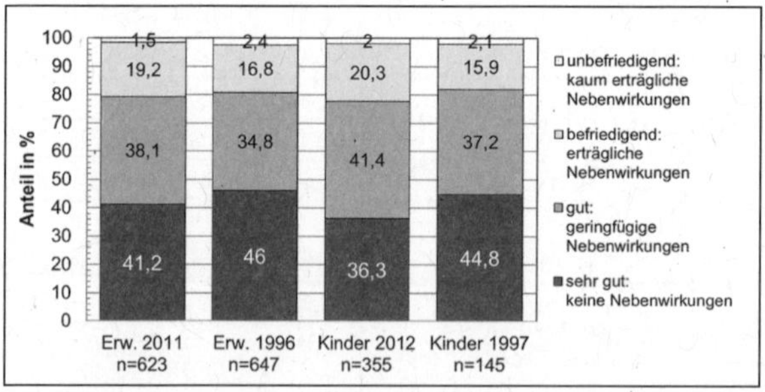

p=0.014; Verallgemeinertes lineares Modell (GLM): signifikant ***schlechtere Verträglichkeit*** *in 2011/12 v. 1996/97.*

Abb.2: Verträglichkeit der Antiepileptika

Überraschend war jedoch, dass sich die Ergebnisse bei der Verträglichkeit ganz anders darstellten (Abb. 2). Sowohl die Erwachsenen wie die Eltern der Kinder schätzten insgesamt die Verträglichkeit der Antiepileptika im Studienzeitraum 2011/12 signifikant schlechter ein als fünfzehn Jahre zuvor. Der Anteil derjenigen, die keine Nebenwirkungen angaben, war in beiden Gruppen gesunken, deutlich stärker in der Kindergruppe.
Wenn man die einzelnen Nebenwirkungen der Medikamente analysiert, so zeigt sich, dass bei den Erwachsenen im Jahr 2011 insbesondere Konzentrationsprobleme und Gewichtszunahme häufiger, dagegen Magenverstimmung und Übelkeit seltener angegeben wurden.

5.1.2 Anfallshäufigkeit

Die Unterschiede zwischen den erwachsenen Patienten und den Elternangaben zur Wirksamkeit der Antiepileptika spiegelten sich auch in den Angaben zur Häufigkeit der Anfälle wieder (Tab. 4). Während die erwachsenen Patienten 2011 signifikant weniger Anfälle berichteten als in 1996, war die Einschätzung der Eltern über die Anfallshäufigkeit der Kinder nahezu unverändert.

	Erwachsene** 2011 n=609	Erwachsene 1996 n=638	Kinder+ 2012 n=358	Kinder 1997 n=156
Keine Anfälle in den letzten 3 Jahren	38,7%	22,8%	24,6%	21,9%
Keine Anfälle im letzten Jahr	24,6%	18,8%	15,0%	18,7%
Seltener als monatlich	22,3%	28,9%	22,6%	27,1%
Mind. ein Anfall pro Monat und mehr	14,4%	29,5%	37,9%	32,2%

Tab. 4: Häufigkeit der Anfälle

Wer nun bei dem Vergleich von Tabelle 2 und 4 den Schluss zieht, die Ärzte wären mit ihrer optimistischen Einschätzung etwas übers Ziel hinausgeschossen, ist voreilig: die Ärzte machten eine Schätzung über alle Patienten, auch über die, die keinen Fragebogen erhielten. Die Patienten- und Elternangaben bestätigten im Großen und Ganzen die Angaben der behandelten Ärzte: bei Erwachsenen zeigte sich eine signifikante Verbesserung und bei den Kindern war das Ergebnis weitgehend unverändert.

5.2 Veränderung bei psychosozialen Aspekten

5.2.1 Stigmaerleben

Mit einer vier-Item Skala sollten die erwachsenen Epilepsiepatienten ihr Stigmaerleben einschätzen. Die Skala basiert auf einer Skala von Baker und Jacoby [{Baker, 1997 #44}] und enthält die folgenden Aussagen: (a) wegen meiner Epilepsie ziehen sich viele Menschen von mir zurück. (b) Einige Menschen halten mich wegen der Epilepsie für geistig behindert (c) Ich würde mehr Anerkennung durch andere bekommen, wenn ich keine Epilepsie hätte (d) Ich habe es schwerer als andere, Freunde zu finden. Die Patienten hatten die Möglichkeit keiner dieser Aussagen zuzustimmen, oder nur einer, zweien dreien oder allen.
Zu unserer Überraschung zeigte sich deutlich, dass der Anteil der Patienten, die keiner dieser Items zugestimmten, deutlich gestiegen war (Abb. 3). Diesen deutlichen Rückgang des Stigma-Erlebens hatten wir nicht erwartet, denn weder bei Verlaufs- noch bei Querschnittstudien finden sich bislang solche Veränderungen [{Baker, 2000 #42} {May, 2002 #6} {Jacoby, 2008 #47} {Fiest, 2014 #46}]. Allerdings korrespondieren sie mit der oben bereits berichteten Abnahme negativer Einstellungen gegenüber Epilepsie in der Bevölkerung.

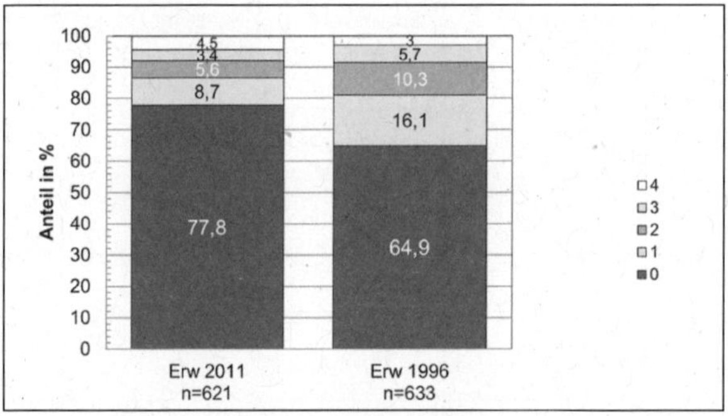

p = 0.030, GLM; signifikant geringere Stigmaerleben in 2011 vs. 1996 bei Erwachsenen

Abb. 3: Wahrgenommenes Stigma, EPIDEG II

5.2.2 Beeinträchtigung der Patienten

Über die epilepsiebedingten Beeinträchtigungen im täglichen Leben bei Erwachsenen wurde bereits auf der Tagung in Kleinwachau ausführlich berichtet [{May, 2013 #24}]. Dabei schien es so zu sein, dass sich die Be-

einträchtigungen im Großen und Ganzen innerhalb der 15 Jahre nicht verändert hatten, trotz der verbesserten Behandlungssituation. Es zeigte sich jedoch, dass in erster Linie nicht-anfallsfreie Erwachsene sich 2011 stärker beeinträchtigt fühlten als 1996.
Auch bei der Einschätzung der Beeinträchtigung der Kinder durch die Eltern zeigten sich deutliche Unterschiede zwischen den beiden Erhebungen (Abb. 4). Die Beeinträchtigung der Kinder, ihre körperliche Leistungsfähigkeit, ihre Fähigkeit Neues zu lernen, ihr allgemeiner Gesundheitszustand, ihre Selbständigkeit und ihre Kontakte zu Gleichaltrigen wurden 2012 signifikant kritischer eingeschätzt als 1997, wobei in der Abbildung alle Kinder zusammengefasst sind und nicht zwischen anfallsfreien und solchen mit Anfällen unterschieden wurde.

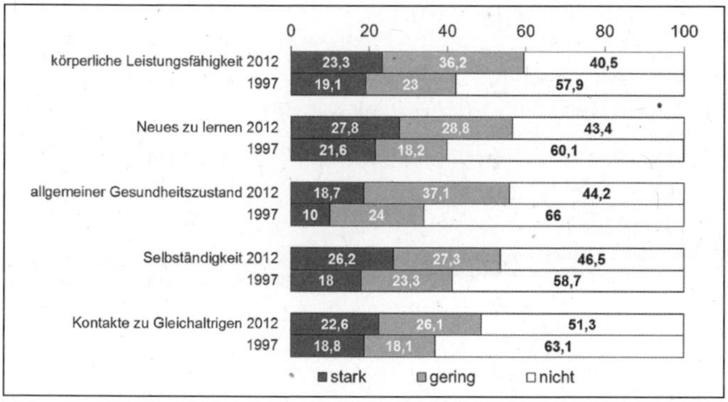

Abb. 4: Einschätzung der Beeinträchtigung des Kindes, 2012 und 1997 im Vergleich

5.2.3 Erwerbstätigkeit

Erfreulicherweise ist die Erwerbsquote der Epilepsiepatienten in den letzten 15 Jahren deutlich gestiegen (Abb. 5)
Die Abb. 5 ist folgendermaßen zu verstehen: Die beiden durchgezogenen Linien stellen die Erwerbsquote der Allgemeinbevölkerung dar. Die obere Linie ist 2011, die untere 1995. Die Erwerbsquote ist auch für die Allgemeinbevölkerung zwischen 1995 und 2011 gestiegen, d. h., dass es 2011 mehr Erwerbsfähige gab. Die gestrichelten Linien sind die entsprechenden Anteile für die Patienten mit Epilepsie. Der Abstand zwischen den gestrichelten Linien ist aber deutlich größer als zwischen den durchgezogenen Linien. Das bedeutet, dass die Erwerbstätigkeit bei Epilepsiepatienten stärker angestiegen ist als in der Allgemeinbevölkerung!

Allerdings gibt es immer noch den, schon aus den 90-Jahren bekannten „Knick", d. h., dass die Erwerbsquote der Epilepsiepatienten deutlich früher absinkt als in der Normalbevölkerung. In der Graphik ist zu sehen, dass bei Patienten mit Epilepsie schon etwa ab 45 Jahren die Frühberentungen deutlich zunehmen, während dies bei Erwerbstätigen ohne Epilepsie deutlich später der Fall ist.

Nach der Statistik der Rentenversicherungen lag das durchschnittliche Alter bei Frühberentung wg. Erwerbsminderung 2011 in der Allgemeinbevölkerung bei 51,8 Jahren für Männer und 49,9 Jahren für Frauen. Bei Patienten mit Epilepsie lag es etwa fünf Jahre darunter - 46,4 Jahre für Männer, 45,0 Jahre für Frauen. Zwar steigt seit 2009 das Frühberentungsalter für Epilepsiepatienten langsam an, aber der Unterschied ist in den Statistiken der Rentenversicherung noch deutlich zu sehen. [www.gbe-bund.de -> Rentenversicherung].

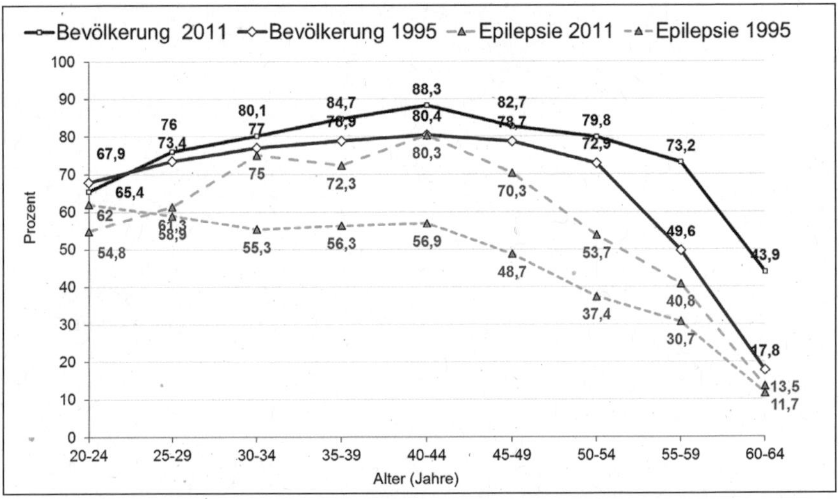

Abb. 5: Erwerbstätigkeit bei Epilepsie im Vergleich mit der Bevölkerung

6 Zusammenfassung und Diskussion

Die Versorgungssituation für Menschen mit Epilepsie hat sich in den letzten 15 Jahren deutlich verändert. Es gibt heute mehr Spezialisten, sei es in den Krankenhäusern und Praxen, sei es in Beratungsstellen, auch wenn diese keineswegs flächendeckend in Deutschland vorhanden sind.

Die Prävalenz behandelter Epilepsiepatienten in Deutschland ist angestiegen. Gründe dafür könnten sein, dass es mehr Ressourcen für die Diagnosestellung und eine bessere Wahrnehmung der Erkrankung gibt sowie einen wachsenden Anteil von Älteren in der Gesellschaft. Diese Entwicklung entspricht einem Trend in ähnlich entwickelten Ländern [{Fiest, 2017 #48}].
Die Anfallshäufigkeit hatte sich bei den Erwachsenen deutlich verringert, ebenso wie das Stigmaerleben. Die Erwerbsquote stieg an, auch wenn weiterhin ein früherer Ausstieg aus dem Erwerbsleben im Vergleich zur Bevölkerung zu beobachten ist. Allerdings – und das ist die Kehrseite, die möglicherweise im alltäglichen Kontakt mit Patienten und ihren Familien stärker auffällt: die wahrgenommenen Beeinträchtigungen sind nicht weniger geworden, im Gegenteil. Sie sind deutlich angestiegen und zwar insbesondere für diejenigen, die nicht anfallsfrei wurden. Auch die Beeinträchtigungen der Kinder – und auch tendenziell der Eltern – wurden bei der zweiten Erhebung höher eingeschätzt, obwohl die Schwere der Epilepsie und die Anfallshäufigkeit der Kinder vergleichbar geblieben waren. Beide Gruppen, die Erwachsenen und die Kinder, empfanden größere Belastungen als in den 90-er Jahren. Die möglichen Gründe hierfür liegen nicht unmittelbar auf der Hand. In einer Studie von Dehn und Kollegen wurde untersucht, welche Faktoren Eltern anfallskranker Kinder belasten [{Dehn, 2014 #21}, {Dehn, 2013 #22}]. Eltern empfanden sich vor allem dann belastet, wenn ihre Kinder viele Anfälle hatten, wenn sie wenig/keine Unterstützung im sozialen Umfeld hatten, aber auch durch die tägliche Versorgung und die zeitraubenden Kontakte mit Krankenkassen und Ämtern. Die vielen Fördermaßnahmen, Nachteilsausgleiche und andere Leistungen, die eigentlich zum Ziel haben, die Eltern zu entlasten, können sich durch die Mühen der Beantragung und bürokratischer Hürden paradoxerweise als Belastungsfaktor erweisen [Dehn, 2015 #23}].

Aber auch Erwachsene, die nicht anfallsfrei sind, fühlten sich bei der zweiten Erhebung deutlich mehr in ihrer Ausbildung und ihrem Beruf belastet. Der Unterschied zwischen 1996 und 2011 ist hochsignifikant.
Mit den EPIDEG-Studien wurde die Situation der Gesamtgruppe der Epilepsiekranken zu zwei verschiedenen Zeitpunkten im Abstand von 15 Jahren miteinander verglichen. Eine andere, nicht minder wichtige Frage ist, wie bei sich die soziale Situation von Menschen mit Epilepsie entwickelt von der Zeit vor Krankheitsbeginn, danach und im Verlauf der Behandlung.
In der Zeit als die EPIDEG-Studien durchgeführt wurden, untersuchten auch andere Forscher die soziale Situation von Epilepsiepatienten.

Dänische Forscher konnten das „Nationale Patientenregister“ auswerten, in dem Patientendaten über lange Zeiträume gespeichert werden [{Jennum, 2011 #20}]. Die Datenbanken ermöglichten es den Forschern auch die Jahre vor der Diagnosestellung zu analysieren, also die soziale Situation von Patienten mit Epilepsie zu erfassen als sie genau genommen noch gar keine „Epilepsiepatienten“ waren. Trotzdem hatten die Epilepsiepatienten zu jedem Zeitpunkt eine niedrigere Erwerbsquote als die Alters- und Geschlechts„gematchten“ Personen aus der Bevölkerung. In den USA und in Schweden wurden Patienten miteinander verglichen, die es unterschiedlich hohes Einkommen hatten und es zeigte sich, dass das Risiko für Epilepsie in den niedrigen Einkommensgruppen signifikant größer war als in hohen Einkommensgruppen [{Benn, 2008 #54} {Hesdorffer, 2005 #57} {Li, 2008 #60}]. Dies könnte darauf hinweisen, dass ein geringer sozialer Status ein Risiko für Epilepsie ist und umgekehrt, wer erkrankt, hat ein Risiko, dass der soziale Status sinkt. In Deutschland gibt es keine vergleichbaren Register oder Datenbanken, um zu untersuchen, ob dies auch bei uns zutrifft.

7 Schlussfolgerungen

Was ergibt sich aus diesen Ergebnissen für die Beratungspraxis?

Beim Vergleich der Situation von epilepsiekranken Kindern und Erwachsenen in Deutschland in 2011/12 mit der 15 Jahre davor, zeigt sich, dass die Belastungen von Familien und nicht notwendigerweise im direkten Zusammenhang zur Anfallssituation (Anfallshäufigkeit) stehen. Denn bei Erwachsenen mit Epilepsie hatten sich trotz verbesserter Anfallssituation die wahrgenommenen Beeinträchtigungen nicht reduziert und bei denjenigen, die nicht anfallsfrei waren, stiegen diese sogar an. Überraschend war auch, dass die Verträglichkeit der Antiepileptika insgesamt schlechter eingeschätzt wurde als 15 Jahre zuvor, (obwohl zwischenzeitlich einige neue Antiepileptika auf den Markt gekommen waren, von denen eine bessere Verträglichkeit zu erwarten gewesen wäre). Für die Beratungspraxis bedeutet dies, dass auch mögliche Nebenwirkungen der Antiepileptika angesprochen werden sollten.
Eltern epilepsiekranker Kinder berichteten deutlich mehr epilepsiebedingte Einschränkungen als vor 15 Jahren, obwohl sich die Behandlungssituation nicht verschlechtert hatte.
Sind es die veränderten Lebensbedingungen insgesamt in deren Kontext Belastungen durch die Epilepsie deutlicher werden und bewältigt werden

müssen? Dies könnte bereits die nächste Forschungsfrage sein. Aber auch für die Beratung von Menschen mit Epilepsie lassen sich aus diesen Studienergebnissen Problemfelder bzw. Problemgruppen ableiten:

- Erwachsene Patienten mit Epilepsie ab etwa dem 40. Lebensjahr, die berufstätig sind, brauchen Hilfen, die der Gefahr eines vorzeitigen Ausscheidens aus dem Erwerbsleben vorbeugen, z. B. Maßnahmen der medizinischen Rehabilitation noch bevor es zu einer Kündigung und/oder einem Rentenantrag gekommen ist. Eine Schwierigkeit ist, diese Patienten rechtzeitig zu erreichen, da Beratung in der Regel nicht präventiv erfolgt, sondern häufig erst dann einsetzt, wenn schon ein Problem entstanden ist.
- Erwachsene Patienten, die nicht anfallsfrei sind, brauchen langfristige kontinuierliche Beratung, Patientenschulung, ggf. auch psychotherapeutische Behandlung und medizinische Rehabilitation, die Beratung zu Mobilitätshilfen mit einbezieht. Eine enge Kooperation zwischen den Beratenden und den behandelnden Ärzten ist hier eine Voraussetzung.
- Familien sind durch ihre Kinder mit Epilepsie in besonderer Weise belastet, vor allem auch dann, wenn die Kinder zusätzlich Entwicklungsprobleme und Behinderungen haben. Auch wenn die Angebote für Hilfen deutlich zugenommen haben, müssen diese mit großem bürokratischen Aufwand beantragt werden und bei Nichtgenehmigungen durch Unkenntnis über Epilepsie bei Behörden und Krankenkassen Widersprüche eingelegt. Vor allem im ländlichen Raum fehlen nach wie vor Angebote und Eltern können vor dem Problem stehen, dass Maßnahmen bewilligt werden, sie aber für Anwendungen weite Entfernungen zurücklegen müssten. Eine Schulung für die Familien wie z. B. „famoses" kann ein erster wichtiger Schritt sein, die eigenen Grenzen, aber auch die Ressourcen der Familie und der Umgebung zu entdecken. Eltern betonen immer wieder, wie hilfreich ihnen besonders dieses Angebot war. Für die Beratungen, aber auch für die Familien gibt es inzwischen eine Reihe konkreter Informationsbroschüren, insbesondere die von der Stiftung Michael (www.stiftung-michael.de), die im Anhang aufgeführt sind.

Alles in allem haben die Veränderungen der letzten 20 Jahre in der Epilepsieversorgung, in den Angeboten und in der Nutzung durch Patienten und Angehörige eine Entwicklung in Gang gesetzt, die uns vorsichtig optimistisch macht und von der wir hoffen, dass sie weitergeht.

Literatur

(1) Baker, G A, Brooks, J, Buck, D, Jacoby, A (2000): The stigma of epilepsy: A European perspective. Epilepsia 41(1): 98-104.

(2) Baker, G A, Jacoby, A, Buck, D, Stalgis, C, Monnet, D (1997): Quality of life of people with epilepsy: a European study. Epilepsia 38(3): 353-62.

(3) Benn, E K, Hauser, W A, Shih, T, Leary, L, Bagiella, E, Dayan, P, Green, R, Andrews, H, Thurman, D J, Hesdorffer, D C (2008): Estimating the incidence of first unprovoked seizure and newly diagnosed epilepsy in the low-income urban community of Northern Manhattan, New York City. Epilepsia 49(8): 1431-9.

(4) Beyenburg, S (2016): Epilepsie in den Printmedien. Z Epileptol 29(4): 225-229.

(5) Buck, D, Jacoby, A, Baker, G A, Chadwick, D W (1997): Factors influencing compliance with antiepileptic drug regimes. Seizure 6(2): 87-93.

(6) Dehn, L B (2015): Familien von anfallskranken Kindern - Auswirkungen der Epilepsie auf das familiäre Zusammenleben. Z Epileptol 28: 140-147.

(7) Dehn, L B, Korn-Merker, E, Pfäfflin, M, Fischbach, H, Frantz, M, Hauser, A, May, T W (2013): Einflussfaktoren der psychosozialen Belastungen von Eltern anfallskranker Kinder - Ergebnisse einer Studie mit einer Kurzform des FaBel-Fragebogen. Neuropaediatrie 12: 81-87.

(8) Dehn, L B, Korn-Merker, E, Pfäfflin, M, Ravens-Sieberer, U, May, T W (2014): The impact on family scale: psychometric analysis of long and short forms in parents of children with epilepsy. Epilepsy Behav 32: 21-6.

(9) Dennig, D (2008): Patientenaufklärung in einer epileptologischen Schwerpunktpraxis. Z Epileptol 21: 190-193.

(10) DGUV Information 250-001 (2015): http://publikationen.dguv.de/dguv/pdf/10002/250-001.pdf

(11) Epilepsiekuratorium, Ed. (1998). Epilepsie-Bericht '98. Berlin, verlag einfälle.

(12) Fiest, K M, Birbeck, G L, Jacoby, A, Jette, N (2014): Stigma in epilepsy. Curr Neurol Neurosci Rep 14(5): 444.

(13) Fiest, K M, Sauro, K M, Wiebe, S, Patten, S B, Kwon, C S, Dykeman, J, Pringsheim, T, Lorenzetti, D L, Jette, N (2017): Prevalence and incidence of epilepsy: A systematic review and meta-analysis of international studies. Neurology 88(3): 296-303.

(14) Flierl-Hecht, A, Pfäfflin, M, May, T W, Kohlschutter, S, Hensel, B, Stefan, H (2003): [Is epilepsy in the elderly overlooked? An investigation in a home for the aged]. Nervenarzt 74(8): 691-8.

(15) Freitag, C M, May, T W, Pfafflin, M, Konig, S, Rating, D (2001): Incidence of epilepsies and epileptic syndromes in children and adolescents: a population-based prospective study in Germany. Epilepsia 42(8): 979-85.

(16) Gollwitzer, S, Kostev, K, Hagge, M, Lang, J, Graf, W, Hamer, H (2016): Nonadherence to antiepileptic drugs in Germany: A retrospective, population-based study. Neurology 87(5): 466-72.

(17) Hagemann, A, Pfäfflin, M, Nussbeck, F W, May, T W (2016): The efficacy of an educational program for parents of children with epilepsy (FAMOSES): Results of a controlled multicenter evaluation study. Epilepsy Behav 64(Pt A): 143-151.

(18) Helmstaedter, C, May, T W, von Lehe, M, Pfaefflin, M, Ebner, A, Pannek, H W, Elger, C E, Stefan, H, Schramm, J (2014): Temporal lobe surgery in Germany from 1988 to 2008: diverse trends in etiological subgroups. Eur J Neurol 21(6): 827-34.

(19) Hesdorffer, D C, Tian, H, Anand, K, Hauser, W A, Ludvigsson, P, Olafsson, E, Kjartansson, O (2005): Socioeconomic status is a risk factor for epilepsy in Icelandic adults but not in children. Epilepsia 46(8): 1297-303.

(20) Huber, B, Seidel, M (2006): 5 Jahre Epilepsie-Schulungsprogramm PEPE - eine Zwischenbilanz. Z Epileptol 19(251-57).

(21) Jacoby, A (2008): Epilepsy and stigma: an update and critical review. Curr Neurol Neurosci Rep 8(4): 339-44.

(22) Jantzen, S, Krisl, T, Sperner, J, Aksu, F, Püst, B, Hampel, E, Thyen, U (2003): Entwicklung und Evalaution eines Schulungsprogramms für KInder und Jugendliche mit Epilepsie und ihre Eltern. Neuropädiatrie in Klinik und Praxis 2(2): 57-62.

(23) Jantzen, S, Muller-Godeffroy, E, Hallfahrt-Krisl, T, Aksu, F, Pust, B, Kohl, B, Redlich, A, Sperner, J, Thyen, U (2009): FLIP&FLAP-a training programme for children and adolescents with epilepsy, and their parents. Seizure 18(7): 478-86.

(24) Jennum, P, Gyllenborg, J, Kjellberg, J (2011): The social and economic consequences of epilepsy: a controlled national study. Epilepsia 52(5): 949-56.

(25) Knieß, T, Stefan, H, Brodisch, P (2015): Diagnosis of epilepsy - consequences for work and professional activities. J of Epileptology 23: 103-112.

(26) Li, X, Sundquist, J, Sundquist, K (2008): Socioeconomic and occupational risk factors for epilepsy: a nationwide epidemiological study in Sweden. Seizure 17(3): 254-60.

(27) Malek, N, Heath, C A, Greene, J (2017): A review of medication adherence in people with epilepsy. Acta Neurol Scand 135(5): 507-515.

(28) May, T W, Pfäfflin, M (2002): The efficacy of an educational treatment program for patients with epilepsy (MOSES): results of a controlled, randomized study. Modular Service Package Epilepsy. Epilepsia 43(5): 539-49.

(29) May, T W, Pfäfflin, M (2013). Aspekte und Determinanten der Lebensqualität bei Menschen mit Epilepsie in ambulanter, neurologischer Behandlung. Sozialarbeit bei Epilepsie 12. I Coban, Lippold, M,Thorbecke, R. Bielefeld, Bethel-Verlag: 108-124.

(30) May, T W, Pfäfflin, M, Brandt, C, Furatsch, N, Schmitz, B, Wandschneider, B, Kretz, R, Runge, U, Geithner, J, Karakizlis, H, Rosenow, F, Kerling, F, Stefan, H (2015): Epilepsy in the elderly: restrictions, fears, and quality of life. Acta Neurol Scand 131(3): 176-86.

(31) Pfäfflin, M (1996). Epilepsie-Netzwerk Nordrhein-Westfalen. Mit Epilepsie leben. Nv Kampen. Aachen, Klenkes Verlag: 205-227.

(32) Pfäfflin, M (1998). Epilepsie-Netzwerke. Epilepsie-Bericht 98. Epilepsiekuratorium. Berlin, Verlag einfälle: 123-131.

(33) Pfäfflin, M, May, T W (2014): Epidemiologie der Epilepsie des höheren Lebensalters. Z Epileptol 27: 246-252.

(34) Pfäfflin, M, May, T W (2000): Wieviele Patienten mit Epilepsien gibt es in Deutschland und wer behandelt sie? Neurol Rehabil 6(2): 77-81.

(35) Pfäfflin, M, May, T W (2001). Was bedeutet das Wissen um die Epidemiologie von kindlichen Epilepsien für die Therapie? Reicht die Vernetzung von Versorgungsstrukturen? Aktuelle Neuropädiatrie 2000. U Stephani. Nürnberg, Novartis Pharma Verlag. 2001: 39-47.

(36) Pfäfflin, M, May, T W, Adelmeier, U, Stefan, H (1997): Prävalenz, Behandlung und soziale Aspekte von Epilepsien in Deutschland - Erste Ergebnisse einer epidemiologischen Querschnittsstudie (EPIDEG-Studie). Epilepsie-Blätter 10(1): 15-20.

(37) Pfäfflin, M, May, T W, Freitag, C, Rating, D (2000): Treatment and psychosocial aspects of children with epilepsy: Comparison of groups referred to different levels of health care. Epilepsia 41(Suppl.): 153.

(38) Pfäfflin, M, May, T W, Stefan, H, Adelmeier, U (2000): Epilepsiebedingte Beeinträchtigungen im täglichen Leben und in der Erwerbstätigkeit - Querschnittstudie an Patienten niedergelassener Ärzte. Neurol Rehabil 6(3): 140-148.

(39) Pfäfflin, M, Petermann, F, Rau, J, May, T W (2012): The psychoeducational program for children with epilepsy and their parents (FAMOSES): results of a controlled pilot study and a survey of parent satisfaction over a five-year period. Epilepsy Behav 25(1): 11-6.

(40) Pfäfflin, M, Schmitz, B, May, T W (2016): Efficacy of the epilepsy nurse: Results of a randomized controlled study. Epilepsia 57(7): 1190-8.

(41) Rau, J, May, T W, Pfäfflin, M, Heubrock, D, Petermann, F (2006): [Education of children with epilepsy and their parents by the modular education program epilepsy for families (FAMOSES)--results of an evaluation study]. Rehabilitation (Stuttg) 45(1): 27-39.

(42) Ried, S, Specht, U, Thorbecke, R, Goecke, K, Wohlfarth, R (2001): MOSES: an educational program for patients with epilepsy and their relatives. Epilepsia 42(Suppl 3): 76-80.

(43) Schmitt, F C (2016): Epilepsie im Spiel- und Fernsehfilm. Z Epileptol 29(4): 230-244.

(44) Schöndienst, M (2001). Management of dissociative seizures in a comprehensive care setting. Comprehensive care for people with epilepsy. M Pfäfflin, Fraser, RT, Thorbecke, R, Specht, U,Wolf, P. Eastleigh, John Libbey & Company Ltd.: 77-85.

(45) Specht, U, Thorbecke, R (2001). Short term inpatient rehabilitation unit. Comprehensive care for people with epilepsy. M Pfäfflin, Fraser, RT, Thorbecke, R, Specht, U,Wolf, P. London, John Libbey & Company Ltd.: 213-220.

(46) Stefan, H, May, T W, Pfäfflin, M, Brandt, C, Furatsch, N, Schmitz, B, Wandschneider, B, Kretz, R, Runge, U, Geithner, J, Karakizlis, C, Rosenow, F, Kerling, F (2014): Epilepsy in the elderly: comparing clinical characteristics with younger patients. Acta Neurol Scand 129(5): 283-93.

(47) Taylor, J, Baker, G A, Jacoby, A (2011): Levels of epilepsy stigma in an incident population and associated factors. Epilepsy Behav 21(3): 255-60.

(48) Thorbecke, R, Pfäfflin, M, Balsmeier, D, Stephani, U, Coban, I, May, T W (2010): Einstellungen zu Epilepsie in Deutschland 1967 bis 2008. Z Epileptol 23: 82-97.

(49) Thorbecke, R, Francois, R (2017). Rechtsfragen bei Epilepsie. Bielefeld, Bethel-Verlag.

(50) Varekamp, I, Verbeek, J H, Dijk, F J v (2006): How can we help employees with chronic diseases to stay at work? A review of interventions aimed at job retention and based on an empowerment perspective. Int Arch Occup Environ Health 80: 87-97.

(51) Windisch, R, Windisch, H, Eds. (2012). 20 Jahre Landesverband Epilepsie Bayern e.V., Selbstverlag.

(52) Wohlrab, G C, Rinnert, S, Bettendorf, U, Fischbach, H, Heinen, G, Klein, P, Kluger, G, Jacob, K, Rahn, D, Winter, R, Pfafflin, M (2007): famoses: a modular educational program for children with epilepsy and their parents. Epilepsy Behav 10(1): 44-8.

(53) Wolf, P (2016): Epilepsie in der deutschsprachigen erzählenden Literatur. Z Epileptol 29(4): 193-201.

Margarete Pfäfflin
Diplom Psychologin
Epilepsie-Zentrum Bethel

Prof. Dr. Theodor W. May
Diplom Psychologe
Diplom Mathematiker
Gesellschaft für Epilepsieforschung e.V. /
Epilepsie-Zentrum Bethel

Reform der Eingliederungshilfe – Veränderungen durch das Bundesteilhabegesetz (BTHG)

Matthias Kneißler

Einführung:

Die an der Fachtagung gezeigte Präsentation basierte auf der Grundlage des am 23.06.2016 verabschiedeten Kabinettsentwurf. Nachdem das BTHG nun den Bundestag und Bundesrat passiert hat, sind Teile des Gesetzes zum 01.01.2017 in Kraft getreten. Während des gesamten Gesetzgebungsverfahrens hat sich die Diakonie mit eigenen Positionen, Stellungnahmen und Fachgesprächen eingebracht und konnte vor allem in der Zeit zwischen Kabinettsentwurf und dem Inkrafttreten einige Verbesserungen erzielen und problematische Regelungen zum Leistungsrecht und Leistungserbringungsrecht entschärfen.

Mit dem BTHG wird ein Paradigmenwechsel in der Eingliederungshilfe angestrebt, der die Einrichtungen der Behindertenhilfe und Sozialpsychiatrie vor neue und große Herausforderungen stellt. Die UN-Behindertenrechtskonvention (UN-BRK) ist dabei das Leitprinzip der Reform und das BTHG geht im Grundsatz in die richtige Richtung – von der Fürsorge hin zu einem Leistungsrecht zur Teilhabe und Selbstbestimmung von Menschen mit einer Behinderung und psychischen Erkrankung. Ein weiteres Ziel ist es die steigende Ausgabendynamik in der Eingliederungshilfe zu bremsen.

Wesentliche Ziele des BTHG sind:

- Neufassung des Behinderungsbegriffes
- Trotz Mehr-Träger-Konstellationen, Leistungen wie „aus einer Hand“
- Stärkung der Position der Menschen mit Behinderung (MmB) und Leistungsberechtigten (LB) durch Einführung einer unabhängigen Teilhabeberatung
- Personenzentrierte und nicht institutionenorientierte Ausrichtung der Leistung
- Einbindung in den Sozialraum
- Partizipation der Betroffenen
- Durch Verbesserungen auf persönlicher und institutioneller Ebene mehr Anreize zur Aufnahme einer Tätigkeit auf dem allgemeinen Arbeitsmarkt (zzgl. Präventionsmaßnahmen SGB II und VI)

- Ermöglichung einer individuellen Lebensplanung und -gestaltung für MmB
- Verbesserungen bei der Teilhabe an Bildung
- Schaffung eines modernen Teilhaberechts mit konsequenter Personenzentrierung
- Dämpfen der Ausgabendynamik durch verbesserte Steuerungsmöglichkeiten der Leistungen zur Teilhabe (LT)
- Novellierung des Schwerbehindertenrechts
- SGB IX wird zum vollen Leistungsrecht

Damit in Verbindung stehende wichtige Veränderungen im Überblick:

- Neuer Behinderungsbegriff
- Herauslösung der Eingliederungshilfe aus dem Sozialhilferecht
- Als Umsetzung der Personenzentrierung: Trennung der Fachleistung von den Leistungen der Existenzsicherung (Grundsicherung, Hilfe zum Lebensunterhalt)
- Leistungsrechtliche Unterscheidung zwischen ambulant und stationär soll entfallen.
- Einführung eines unabhängigen flächendeckenden Beratungsangebotes
- Verbesserung bei der Anrechnung von Einkommen und Vermögen
- Neue Ausgestaltung der Verfahren zur Bedarfsermittlung und Teilhabeplanung
- Veränderungen bei der Teilhabe am Arbeitsleben
- Stärkung der Steuerungsmöglichkeiten der Leistungsträger
- Änderungen im Vergütungs- und Vertragsrecht

Struktur des BTHG:

SGB IX, Teil 1: Zusammenfassung des geltenden Allg. Rehabilitations- und Teilhaberechts für alle Reha-Träger mit Grundsätzen, Zuständigkeitsregelungen, Verfahrensvorgaben zur Kooperation und Koordination. Die Regelungen zur Zuständigkeitsklärung, Bedarfsermittlung, zum Teilhabeplanverfahren und zu den Erstattungsverfahren der Rehabilitationsträger untereinander sollen geschärft werden.

SGB IX, Teil 2: umfasst die aus dem SGB XII herausgelöste und reformierte Eingliederungshilfe (EGH) als „besondere Leistung zur selbstbestimmten Lebensführung von MmB“ = echtes Leistungsrecht mit konsequenter

Personenzentrierung, Trennung von Fachleistung und existenzsichernden Leistungen zum Lebensunterhalt, inkl. Wohnen., Aufgabe der Unterscheidung von stationären und ambulanten Leistungen, Stärkung des Wunsch- und Wahlrechts von MmB, neue Einkommens- und Vermögensgrenzen für LB, Stärkung der Steuerungsfunktion der LT mit optimierter und präzisierter Gesamtplanung sowie Prüf- und Sanktionsrechten.

SGB IX, Teil 3: weiterentwickeltes Schwerbehindertenrecht mit Stärkung des Ehrenamts der Schwerbehindertenvertretungen, verbesserten Mitwirkungsmöglichkeiten, Interessenvertretung in WfbM, Frauenbeauftragte, Parkerleichterungen etc.

Wann treten welche Regelungen in Kraft?

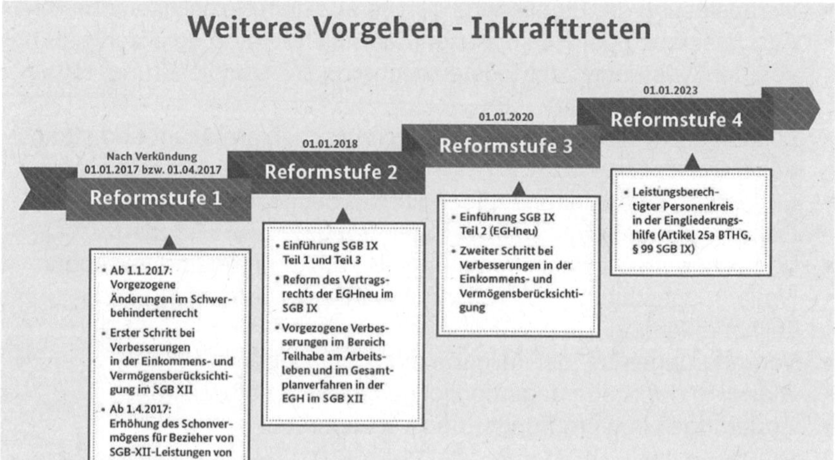

Perspektive Leistungsberechtigte:

Personenzentrierung, Selbstbestimmung, etc.

Einführung des neuen UN-BRK-konformen Behinderungsbegriffs (§ 2 SGB IX)
Menschen mit Behinderung sind Menschen, die langfristige körperliche, seelische, geistige-oder Sinnesbeeinträchtigungen haben, welche sie in Wechselwirkung mit Einstellungs- oder umweltbedingten Barrieren, an

der gleichberechtigten Teilhabe an der Gesellschaft länger als 6 Monate hindern können. Das BTHG übernimmt das bio-psycho-soziale Modell von Behinderung der WHO.

EGH-Leistungsberechtigter Personenkreis (§ 99 SGB IX)

Das bisherige Kriterium der „wesentlichen" Behinderung wird ersetzt: Menschen, die in „erheblichem Maße in ihrer Fähigkeit zur Teilhabe an der Gesellschaft eingeschränkt sind", haben Anspruch auf Leistungen zu Teilhabe nach der Eingliederungshilfe – neu.

Erheblichkeit der Teilhabeeinschränkung wird neu definiert: „wenn die Ausführungen von Aktivitäten in mindestens fünf Lebensbereichen nicht ohne personelle oder technische Unterstützung möglich ist oder in mindestens drei Lebensbereichen auch mit personeller oder technischer Unterstützung nicht möglich ist." Die Begriffsbestimmung gründet auf dem bio-psycho-sozialen Modell der WHO, das der Klassifikation der Funktionsfähigkeit, Behinderung und Gesundheit (ICF) zugrunde liegt (Abkehr vom bisherigen defizitorientierten Verständnis).

Die Lebensbereiche in § 99 sollen sich an der ICF ausrichten:

- Lernen und Wissensanwendung
- Allgemeine Aufgaben und Anforderungen
- Kommunikation
- Mobilität
- Selbstversorgung
- Häusliches Leben
- Interpersonelle Interaktionen und Beziehungen
- Bedeutende Lebensbereiche
- Gemeinschafts-, soziales und staatsbürgerliches Leben

Die „fünf aus neun" Regelung wurde im Gesetz vorerst zurückgenommen, da diese auf massive Kritik von Seiten der Verbände stieß. Man befürchtete eine Beschränkung des leistungsberechtigten Personenkreises (Menschen mit einer psychischen Erkrankung, Sinnesbehinderung, Suchterkrankung, etc.). Bis Ende 2022 bleibt es beim bisherigen Recht, dass eine drohende Behinderung als Voraussetzung vorsieht. Bis dahin soll wissenschaftlich und modellhaft untersucht und erprobt werden wie sich die neue Regelung in der Praxis auswirkt.

Ergänzende unabhängige Teilhabeberatung (§ 32)

Zur Stärkung der Selbstbestimmung von Menschen mit Behinderung fördert das BMAS (Bundesministerium für Arbeit und Soziales) eine vom Leistungsträger und Leistungserbringer unabhängige, ergänzende Beratung als niedrigschwelliges Beratungsangebot. Das Angebot erstreckt sich auf die Information und Beratung über Rehabilitations- und Teilhabeleistungen. Bei der Förderung sind Beratungsangebote von Betroffenen für Betroffene besonders zu berücksichtigen (Peerberatung). Das BMAS erlässt eine Förderrichtlinie. Die Förderung erfolgt im Benehmen mit dem zuständigen Bundesland. Es geht um eine Ergänzung bisheriger Beratungsangebote; keine Doppelstrukturen, Finanzierung durch den Bund für vorerst 5 Jahre bis 31.12.2022. Die Beantragung der Fördermittel ist im ersten Halbjahr 2017 zu erwarten. Die unabhängige Teilhabeberatung soll ab dem 01.01.2018 in Kraft treten.

Vermögen und Einkommen

Das Arbeitsförderungsgeld für die Werkstattbeschäftigten wird ab dem 1.1.2017 von € 26 auf € 52 verdoppelt. Bei zusätzlichem Bezug von Grundsicherung werden anstelle von 25 % nun 50 % des übersteigenden Werkstattlohns geschont.

Der Gesetzgeber hat einen zusätzlichen Einkommensfreibetrag für berufstätige Menschen mit Behinderung eingeführt. Der zusätzliche Einkommensfreibetrag beläuft sich auf 40 % des Nettoeinkommens, jedoch auf nicht mehr als 65 % der Regelbedarfsstufe 1. Die Regelbedarfsstufe 1 beträgt in 2017 409 €, womit sich ein max. zusätzlicher Einkommensfreibetrag in Höhe von 265,85 € ergibt.

Im Bereich der Einkommens- und Vermögensheranziehung gibt es Verbesserungen, insbesondere beim Vermögensfreibetrag. Dieser wird ab 2020 auf 50.000 € erhöht und das Partnervermögen vollständig freigestellt. Bereits zum 01.01.2017 wird der Vermögensfreibetrag beim Bezug von Eingliederungshilfe und bei der Hilfe zur Pflege unter bestimmten Bedingungen auf 25.000 € erhöht. Der Freibetrag für Erwerbseinkommen wird um bis zu € 260 monatlich und der Freibetrag für das Barvermögen von € 2.600 auf € 27.600 erhöht.

Der neue Vermögensfreibetrag bei Leistungen der Eingliederungshilfe beträgt 25.000 € und gilt zusätzlich zum Schonvermögen in Höhe von 2.600 €. Woher das Vermögen stammt, spielt keine Rolle (Schenkungen, Erbe).

Der Vermögensschonbetrag für Barvermögen bei Leistungen der Grundsicherung/Sozialhilfe soll laut BMAS für alle leistungsberechtigten Menschen ab April 2017 von derzeit 2.600 Euro auf 5.000 Euro erhöht werden. Dies ist auf eine Entschließung des Deutschen Bundestags im Dezember 2016 zurückzuführen.

Wunsch und Wahlrecht des Leistungsberechtigten §8 SGB IX

Zukünftig sollen sich die Leistungen nach dem Bedarf und den Wünschen des Leistungsberechtigten richten. Der Sicherstellungsauftrag der EGH lautet nach §95 SGB IX unmissverständlich *„eine personenzentrierte Leistung für Leistungsberechtigte unabhängig vom Ort der Leistungserbringung sicherzustellen"* (Sicherstellungsauftrag, Leistungsverpflichtung). Dies stellt einen Paradigmenwechsel von einer Leistungsträger dominierten Angebotsstruktur, hin zu einer Angebotsstruktur orientiert an den Wünschen des Leistungsberechtigten dar.
Auszug: *„Bei der Entscheidung über Leistungen und bei der Ausführung der Leistungen soll den Wünschen des LB entsprochen werden..., Berücksichtigung des Alters, des Geschlecht, weltanschauliche Bedürfnisse..., Bedürfnisse von Müttern und Väter mit Behinderung soll Rechnung getragen werden..., Leistungen, Dienste und Einrichtungen lassen dem LB möglichst viel Raum zu eigenverantwortlichem Handeln und Gestalten...,"*

Das Wunsch und Wahlrecht wird jedoch eingeschränkt durch die Regelungen der Leistungen nach der Besonderheit des Einzelfalls §104 SGB IX. Den Wünschen des Leistungsberechtigten ist zu entsprechen, soweit sie angemessen sind. Der § 104 SGB IX ist als Nachfolgeregelung zum heutigen bestehenden Mehrkostenvorbehalt §13 SGB XII zu verstehen. Der Leistungsträger wird eine Zumutbarkeitsprüfung vornehmen, ob durch die gewünschte Leistung unverhältnismäßige Mehrkosten entstehen. Der Leistungsträger hat zukünftig durch das Poolen § 116 SGB IX die Möglichkeit eine pauschale Geldleistung für die gemeinsame Inanspruchnahme von Unterstützungsleistungen (Assistenzleistungen) durchzusetzen. Im Rahmen des parlamentarischen Beratungsprozesses ist die Regelung zur Zumutbarkeit in Bezug auf den besonders sensiblen Bereich des Wohnens jedoch gestärkt worden. Bei der Zumutbarkeitsprüfung ist nun die Wohnform explizit als zu berücksichtigender Faktor benannt. Danach hat das Wohnen „außerhalb besonderer Wohnformen", wie z. B. in der eigenen Wohnung oder in inklusiven Wohngemeinschaften, auf Wunsch des Menschen mit Behinderung Vorrang vor dem Leben in einer

„Wohnstätte“. Assistenzleistungen im Zusammenhang mit dem Wohnen, Gestaltung von sozialen Beziehungen und der persönlichen Lebensplanung dürfen nicht gegen den Willen des Menschen mit Behinderung gepoolt werden.

Perspektive Leistungsträger

Der Leistungsträger der Eingliederungshilfe hat zukünftig mehr Optionen zur Steuerung bis hin zu Sanktionsrechten zur Kürzung von Leistungsentgelten. Mit der Gesetzesreform soll jedoch auch die Personenzentrierung in der Eingliederungshilfe umgesetzt werden. Kernstück sind dabei die Regelungen zum Gesamtplan, die nun im BTHG wesentlich präziser und ausdifferenzierter sind, als zur bisherigen Regelung nach § 58 SGB XII. Diese umfassen § 117 Gesamtplanverfahren, § 118 Instrumente der Bedarfsermittlung, § 119 Gesamtplankonferenz, § 120 Feststellung der Leistungen, § 121 Gesamtplan und § 122 Teilhabezielvereinbarung. Diese Präzisierung ist ein wichtiger Schritt auf dem Weg zu einer personenzentrierten Hilfegewährung und Leistungserbringung. Das Gesamtplanverfahren wird zum 01.01.2018 in Kraft treten.

Für alle Leistungen der Eingliederungshilfe ist zukünftig ein Antrag § 108 SGB IX des Leistungsberechtigten erforderlich. Es ist dabei egal, bei welchem Kosten- oder Rehabilitationsträger der Antrag eingereicht wird. („Leistungen wie aus einer Hand“).

Das BTHG sieht verstärkte und verbindliche Zuständigkeitsregelungen vor. Die Rehabilitationsträger müssen gemeinsam Empfehlungen zur Zusammenarbeit erarbeiten. Nach § 15 SGB IX ist geregelt, dass der nach § 14 SGB IX zuständige Rehabilitationsträger das Verfahren zur Feststellung der Rehabilitationsleistungen koordiniert, wenn mehrere Rehabilitationsträger/Leistungsträger beteiligt sind.

Teilhabeplan

Bei der Beteiligung von mehreren Rehabilitationsträgern muss ein Teilhabeplan § 19 SGB IX initiiert werden. Zum Teilhabeplan gehört die Erstellung eines Teilhabeplans, die Teilhabekonferenz unter Beteiligung des Leistungsberechtigten und einer Person des Vertrauens, eine Ergebnisdokumentation der Planungen und eine Einigung zum Erstattungsverfahren der Rehabilitationsträger untereinander.

Gesamtplanverfahren

Ist hingegen nur der Träger der Eingliederungshilfe zuständig, so wird ein Gesamtplanverfahren § 117 durchgeführt, unter den Kriterien: transparent, trägerübergreifend, interdisziplinär, konsensorientiert, individuell, lebensweltbezogen, sozialraumorientiert, zielorientiert. Auch hier ist eine Vertrauensperson des Leistungsberechtigten zu beteiligen. Über die Vertrauensperson kann ggf. auch der Leistungserbringer eingebunden werden. Dieser ist ansonsten im Verfahren nicht vorgesehen. Die Gesamtplanung umfasst des Weiteren:

- Dokumentation der Wünsche der Leistungsberechtigten zu Ziel und Art der Leistungen,
- Individuelle Bedarfsfeststellung und Feststellung über Art, Inhalt, Umfang und Dauer der zu erbringenden Leistungen,
- Abstimmung der Leistungen nach Inhalt, Umfang und Dauer in einer Gesamtplankonferenz unter Beteiligung betroffener Leistungsträger,
- Selbsthilferessourcen des Leistungsberechtigten,
- Wünsche und Vorstellungen/Wahlrecht im Hinblick auf eine pauschale Geldleistung,
- Erkenntnisse aus vorliegenden sozialmedizinischen Gutachten anderer Rehaträger,
- eingesetzte Verfahren und Instrumente (angewandte Maßstäbe und Kriterien) zur Wirkungskontrolle einschließlich des Überprüfungszeitpunkts. Die Wirkungskontrolle bezieht sich auf die Ergebnisqualität der Leistungen des Leistungserbringers. Diese erhält durch das neue Prüfrecht des Eingliederungshilfeträgers (§ 128 SGB IX) und das Recht zur Kürzung der Vergütung (§ 129 SGB IX) bei Schlecht- oder Nichtleistung eine größere Bedeutung. Welche Kriterien zur Bemessung der Wirkung für soziale Teilhabeziele angewendet werden sollen, obliegt auf der Ebene der Vertragspartner der Landesrahmenverträge.

Bedarfsfeststellung

Instrumente und Verfahren der Bedarfsermittlung § 118 müssen sich an den Maßstäben und Kriterien der ICF orientieren.
Der individuelle Bedarf muss umfassend und trägerübergreifend ermittelt werden, um ihn dann mittels Teilhabe-, Gesamtplanung auf Leistungen der verschiedenen Unterstützungssysteme übertragen zu können.
Die Landesregierungen werden ermächtigt, durch Rechtsverordnung das Nähere über das Bedarfsermittlungsinstrument zu bestimmen.

Die fachliche Entwicklung der ICF im Kontext der Eingliederungshilfe ist bisher nur in Ansätzen auf einem Stand, welcher einen belastbaren, transparenten, nachvollziehbaren und wissenschaftlichen Einsatz erlaubt. Die Beurteilungsmerkmale der ICF müssen für die Eingliederungshilfe erst operationalisiert werden. Dazu wird die Verständigung zwischen dem Leistungserbringer und dem Träger der Eingliederungshilfe benötigt. Die ICF ist ein Klassifikations- und Analysemanual und muss in einen Zusammenhang gebracht werden zur Leistung, zum Zeitaufwand und zur Kalkulation der Finanzierung.

Teilhabezielvereinbarung

Der Träger der EGH kann zur Umsetzung der Mindestinhalte des Gesamtplans oder von Teilen der Mindestinhalte des Gesamtplanes mit den Leistungsberechtigten eine Zielvereinbarung § 122 abschließen. Sofern dies vom Leistungsträger angestrebt wird, ist unbedingt darauf zu achten, dass auch die notwendigen Erhaltungsziele (z. B. Erhalt einer zufriedenstellenden Wohnsituation, Erhalt der sozialen Einbindung, fortlaufende Sicherung der Teilhabe an Bildung, am Arbeitsleben und am Leben in der Gemeinschaft etc.) regelmäßig in die Zielvereinbarung aufgenommen werden. Auch hierzu muss eine Verständigung passieren, welche Kriterien zur Überprüfung der Zielerreichung herangezogen werden sollen.

Perspektive Leistungserbringer

Mit dem BTHG wird die Eingliederungshilfe ab 01.01.2010 aus dem Sozialhilferecht herausgelöst und in das neu zu gestaltende SGB IX überführt. Das SGB IX wird dadurch zu einem neuen Leistungsrecht. In diesem Zusammenhang erfolgt die Trennung der Fachleistungen von den existenzsichernden Leistungen. Die Eingliederungshilfe bezieht sich dann ausschließlich noch auf die Fachleistungen, die existenzsichernden Leistungen bleiben Bestandteil der Sozialhilfe/Grundsicherung. Für die Eingliederungshilfe entfällt in diesem Zusammenhang auch die Aufteilung nach stationär, teilstationär und ambulant. Der Leistungsberechtigte erhält das Geld für die existenzsichernden Leistungen direkt, die Vergütung für die Fachleistung erhält der Leistungserbringer. Die vorgesehene Trennung in existenzsichernde Leistungen und Fachleistungen bedingt insbesondere bei gemeinschaftlichen Wohnformen mit 24 stündiger Assistenz- und Unterstützungsleistungen Veränderungen im Leistungserbringungsrecht und erfordert eine neue Leistungs- und Finanzierungsstruktur. Die Regelungen für die Fachleistung werden dann auch für die jetzigen ambulanten und stationären Leistungen greifen.

Existenzsichernde Leistungen

Mit der Umsetzung des BTHG werden Menschen mit Behinderung, die bisher Eingliederungshilfe in Einrichtungen nach dem SGB XII erhalten haben, im Bereich der existenzsichernden Leistungen allen andern Beziehenden von existenzsichernden Leistungen gleich gestellt. Der Bedarf (existenzsichernde Leistungen) bemisst sich nach den Regelungen im SGB XII/II auf der Grundlage der Regelsätze sowie zusätzliche Mehrbedarfe sowie Bedarfe für Unterkunft und Heizung. Neu: Ab 2020 werden Leistungsberechtigte, die die jetzigen stationären Leistungen erhalten, der Regelbedarfsstufe 2 zugeordnet.

Die Unterkunftskosten in bisher stationären Wohnsettings werden künftig nicht pauschal von der Eingliederungshilfe sondern im Einzelfall vom örtlichen Träger der Sozialhilfe geprüft und bewilligt. Die Angemessenheitsgrenze (25 % mehr als der Festbetrag/qm in Mietspiegel/Wohngeldtabelle) ist auf die ermittelten Unterkunftskosten anzuwenden. Der örtliche Mietspiegel für Wohnungen im unteren Preis- und Qualitätsniveau der Kommune ist dabei der Referenzwert zur Prüfung der Angemessenheit der Unterkunftskosten. Wenn kein Mietspiegel vorliegt, kommt die Wohngeldtabelle zur Anwendung. Beim Überschreiten der angemessenen Unterkunftskosten gilt ein Aufschlag von 25 %, d. h. die Kosten der Unterkunft können um 25 % die üblichen Kosten, die vom Sozialamt anerkannt werden, übersteigen. Die Kosten der Unterkunft, die die Grenze von 25 % übersteigen, werden vom Träger der Eingliederungshilfe übernommen „soweit wegen des Umfangs von Assistenzleistungen ein gesteigerter Wohnraumbedarf besteht".

Fachleistung

Für die Fachleistungen sind dem menschenrechtsbasierten Ansatz der UN-BRK entsprechende aktuelle wissenschaftliche Standards zu benennen und anzuwenden. Leistungsrechtliche Bestandteile müssen die fachlich-konzeptionellen Grundlagen der Fachleistungen aufnehmen und umsetzen.
Zu den Leistungsbestandteilen zählen insbesondere direkte Leistungen (personenbezogene Fachleistungen), indirekte Leistungen, Leistungen der Arbeitsorganisation (Dokumentation, Teambesprechungen, Wegzeiten,

etc.) Rufbereitschaft, Lotsenaufgaben z. B. bei der Auswahl von gesundheits-, Sozial- und Rehabilitationsleistungen, niederschwellige Bildung-, Beschäftigungs- und Begegnungsangebote sowie sozialraumbezogene, inklusionsorientierte Leistungen. Alle durch die existenzsichernden Leistungen nicht gedeckten Kosten sind im Rahmen der Fachleistung zu refinanzieren.

Die Vergütung und Kalkulation der Fachleistung muss den individuellen Hilfebedarf des Leistungsberechtigten decken und die Finanzierung der Strukturkosten der Leistungserbringer gewährleisten. Insbesondere bei 24 stündigen Assistenz- und Unterstützungsleistungen müssen Strukturleistungen, wie z. B. Hintergrund- und Krisendienste, einschließlich Bereitschaftsdienste, Arbeits-, Bildungs- und Tagesstrukturangebote, Nachtpräsenz, Koordinations- und Planungsaufgaben, Hauswirtschaft, sozialräumliche Koordinierungs- bzw. Netzwerkarbeit zwingend berücksichtigt werden.

Die Leistungen der Eingliederungshilfe

Die Leistungen § 102 SGB IX umfassen folgende Gruppen:

- Leistungen zur medizinischen Rehabilitation (entsprechen den Rehabilitationsleistungen der gesetzlichen Krankenversicherung)
- Leistungen zur Teilhabe am Arbeitsleben
- Leistungen zur Teilhabe an Bildung (Schule, Hochschule, Weiterbildung, heilpädagogische Maßnahmen zum Schulbesuch, Elternassistenz, etc.)
- Leistungen zur Sozialen Teilhabe (gegliedert in 8 Leistungen)

Dabei gehen die drei zuerst genannten Leistungen der Eingliederungshilfe den Leistungen der sozialen Teilhabe vor.

Leistungen zur Teilhabe am Arbeitsleben

Die wesentlichsten Änderungen sind, dass die Leistungen zur Teilhabe am Arbeitsleben nicht nur in anerkannten Werkstätten für behinderte Menschen, sondern auch bei „anderen Leistungsanbietern" nach § 60 SGB IX und bei einem Arbeitgeber durch die Einführung des „Budgets für Arbeit" nach § 61 SGB IX zulässig sind, und dass die Mitwirkungsrechte und Mitbestimmung in Werkstätten für behinderten Menschen gestärkt werden.

Leider wurde das Kriterium „Mindestmaß wirtschaftlich verwertbarer Arbeit“ nicht gestrichen, so dass weiterhin Menschen in den Förder- und Betreuungsbereichen der Zugang zum Eingangsverfahren und Berufsbildungsbereich einer Werkstatt verwehrt bleibt. Es ist zu hoffen, dass durch den angestoßenen fachpolitischen Prozess der „Durchlässigkeit der Angebote“ zwischen Förder- und Betreuungsbereich sowie dem Arbeitsbereich, erleichterte Übergänge stattfinden werden.

Andere Leistungsanbieter

Menschen mit Behinderungen die Anspruch auf Leistungen für Eingangsverfahren und Berufsbildungsbereich (EV/BBB) in Werkstätten für behinderte Menschen (WfbM) EV/BBB und Arbeitsbereich (AB) in Werkstätten für behinderte Menschen (WfbM) haben, können diese auch bei einem anderen Leistungsanbieter §60 in Anspruch nehmen.

- Andere Leistungsanbieter bedürfen nicht der förmlichen Anerkennung
- Keine Mindestplatzzahl und räumliche und sachliche Ausstattung der WfbM
- Können sich auf Angebote und Leistungen des EV/BBB und AB oder Teile solcher Leistungen beschränken
- Keine Aufnahmepflicht
- Müssen nicht über die für eine WfbM erforderliche räumliche und technische Ausstattung verfügen
- Es gilt das „arbeitnehmerähnliche Rechtsverhältnis“ – also „Werkstattvertrag“ aber Mitwirkungsverordnung „Werkstätten Mitwirkungsverordnung“/ „Diakonie-Werkstätten-Mitwirkungsverordnung“ (WMVO / DMWVO)

Budget für Arbeit

Anspruchsberechtigte auf Leistungen nach § 58 (Arbeitsbereich) können diese Leistung auch langfristig als Budget für Arbeit § 61 erhalten. Aber auch Jugendliche mit Behinderung, welche nach der beruflichen Orientierung und nach der beruflichen Bildung ein Budget für Arbeit in Aussicht nehmen sowie Menschen mit einer seelischen Behinderung.
Dabei geht es um ein Angebot eines Arbeitgebers auf sozialversicherungspflichtige Beschäftigung mit tarifvertraglicher oder ortsüblicher Entlohnung. Es bedarf eines regulären Arbeitsvertrags. Es gibt einen Lohnkostenzuschuss als Ausgleich der Leistungsminderung sowie

Aufwendungen für die Anleitung und die Begleitung am Arbeitsplatz (Jobcoaching). Die Dauer und der Umfang der Leistungen bestimmen sich nach den Umständen des Einzelfalls.

Leistungen zur sozialen Teilhabe

Leistungen zur sozialen Teilhabe § 113 sollen die gleichberechtigten Teilhabe in der Gemeinschaft ermöglichen. Diese umfassen:

- Leistungen für Wohnraum
- Assistenzleistungen
- Heilpädagogische Leistungen
- Leistungen zur Betreuung in einer Pflegefamilie
- Leistungen zum Erwerb und Erhalt praktischer Kenntnisse und Fähigkeiten
- Leistungen zur Förderung der Verständigung
- Leistungen zur Mobilität
- Hilfsmittel
- Besuchsbeihilfen

Soziale Teilhabeleistungen werden von anderen Leistungen klar abgegrenzt – dies fördert die Rechtssicherheit bei der Leistungserbringung und stärkt die Selbstbestimmung des Leistungsberechtigten. Es besteht der Vorrang an Leistungen der medizinischen Reha und den Leistungen am Arbeitsleben. Es besteht weiterhin ein offener Leistungskatalog der Eingliederungshilfe, so dass auf individuelle Bedarfe des Menschen mit Behinderung weiterhin adäquat eingegangen werden kann. Eine Leistungsausweitung, bzw. -einschränkung besteht jedoch nicht.

Insbesondere die Assistenzleistungen sollen die personenzentrierte und selbstbestimmte Teilhabe an der Gesellschaft ermöglichen. Sie sollen der selbstbestimmten und eigenständigen Alltagsbewältigung einschließlich der Tagesstrukturierung dienen. Hierzu gehören insbesondere die Bereiche einer eigenständigen Lebensführung im eigenen Wohnraum, Freizeitgestaltung, Sport, Kultur und Gestaltung von Beziehungen zu Mitmenschen. Über Art, Ablauf, Ort und Zeitpunkt der Inanspruchnahme soll der Leistungsberechtigte selbst entscheiden können.

Die Assistenzleistungen werden in zwei Kategorien gesetzlich normiert:

- Assistenzleistungen umfassen die vollständige und teilweise Übernahme von Handlungen zur Alltagsbewältigung

- Assistenzleistungen umfassen die Begleitung und Befähigung der Leistungsberechtigten zu einer eigenständigen Alltagsbewältigung

Nur letztere Assistenzleistungen sind zukünftig von Fachkräften als qualifizierte Assistenz zu erbringen. Im Umkehrschluss bedeutet dies, dass alle anderen Leistungen nicht von Fachkräften zu erbringen sind.

Leistungs-, Vertrags- und Vergütungsrecht

Die Aufgabe der Eingliederungshilfe ist es, Leistungsberechtigten eine individuelle Lebensführung zu ermöglichen, die der Würde des Menschen entspricht, und die volle, wirksame und gleichberechtigte Teilhabe am Leben in der Gesellschaft fördert. Die Leistung soll befähigen, die eigene Lebensplanung und -führung möglichst selbstbestimmt und eigenverantwortlich wahrnehmen zu können.

Die Leistungen der Eingliederungshilfe werden als Sach-, Geld- oder Dienstleistung erbracht. Leistungen zur Sozialen Teilhabe können mit Zustimmung des Leistungsberechtigten auch als pauschale Geldleistung erbracht werden (Höhe und Ausgestaltung der Pauschalen regelt der Träger der Eingliederungshilfe). Leistungen können auf Antrag auch als Teil eines persönlichen Budgets erbracht werden.

Leistungsvereinbarung

In der schriftlichen Vereinbarung zwischen dem Träger der Eingliederungshilfe und dem Leistungserbringer sind zu regeln:

Inhalt, Umfang und Qualität einschließlich der Wirksamkeit der Leistungen der Eingliederungshilfe (Leistungsvereinbarung), die Vergütung der Leistungen der Eingliederungshilfe (Vergütungsvereinbarung). In die Leistungsvereinbarung sind als wesentliche Leistungsmerkmale mindestens aufzunehmen:

- der zu betreuende Personenkreis,
- die erforderliche sächliche Ausstattung,
- Art, Umfang, Ziel und Qualität der Leistungen der Eingliederungshilfe,
- die Festlegung der personellen Ausstattung,
- die Qualifikation des Personals sowie soweit erforderlich, die betriebsnotwendigen
- Anlagen des Leistungserbringers.

Zuvor müssen auf der Landesebene die Landesrahmenverträge vereinbart werden. Neu ist die sog. „Wirksamkeit der Leistungen" in Verträgen aufzunehmen, die in Landesrahmenverträgen konkretisiert werden soll.

Vertrags- und Vergütungsrecht

Bis zum 01.01.2020 müssen neue Verträge (Landesrahmenverträge, Leistungs- und Vergütungsvereinbarungen) für die Fachleistungen der Eingliederungshilfe (Trennung von Leistungen zum Lebensunterhalt) nach dem neuen Vertragsrecht der Eingliederungshilfe nach §§ 123 ff SGB IX geschlossen werden.

Wesentliche Bestandteile des neuen Vertrags- und Vergütungsrechts sind:

- Aufnahmepflicht der Einrichtungen
- Bindung der Leistungspflicht der Einrichtungen an den Gesamtplan
- Direkter Vergütungsanspruch Leistungserbringer – Leistungsträger
- Präzisierung der Fachkraftquote
- Vergütungen beziehen sich auf Leistungspauschalen; bei Abweichungen z. B. Trägerbudgets, Beteiligung der Interessenvertretung
- Kürzung der Vergütung bei Vertragsverstößen
- Schiedsstellenfähigkeit der Leistungen- und Vergütungsvereinbarung
- Wirtschaftlichkeits- und Qualitätsprüfungen neu, umfassen auch die Wirksamkeit der Leistungen auf die Ergebnisse
- Keine Ausschreibungspraxis in der Eingliederungshilfe

Gesetzliches Prüfungsrecht

Ab dem 01.01.2018 entfällt die Prüfungsvereinbarung, da ein gesetzliches Prüfungsrecht des Leistungsträgers der Eingliederungshilfe eingeführt wird. Die Träger der Eingliederungshilfe müssen „soweit tatsächliche Anhaltspunkte bestehen, dass ein Leistungserbringer seine vertraglichen oder gesetzlichen Pflichten nicht erfüllt…" sog. Wirtschaftlichkeits- und Qualitätsprüfung nach § 128 SGB IX-BTHG durchführen. Es handelt sich um unangemeldete Prüfungen. Abweichungen vom bundesweit geregelten Prüfungsrecht können nach Landesrecht bestimmt werden.

Geeignete Leistungserbringer

Das BTHG formuliert neue Erfordernisse zu geeigneten Leistungserbringern, die sehr stark an monetären Faktoren ausgerichtet sind. Dabei sind jedoch vor allem Forderungen der Verbände eingeflossen, wonach tarifliche und kirchliche Arbeitsregelungen als wirtschaftlich angemessen gelten. Die ursprüngliche Formulierung enthielt hier wesentlich mehr Härten.

Geeignete Leistungserbringer§ 124 Abs. 1 SGB IX

„(...)Geeignet ist ein externer Leistungserbringer, der unter Sicherstellung der Grundsätze des § 104 die Leistungen wirtschaftlich und sparsam erbringen kann. Die durch den Leistungserbringer geforderte Vergütung ist wirtschaftlich angemessen, wenn sie im Vergleich mit der Vergütung vergleichbarer Leistungserbringer im unteren Drittel liegt (externer Vergleich). Liegt die geforderte Vergütung oberhalb des unteren Drittels, kann sie wirtschaftlich angemessen sein, sofern sie nachvollziehbar auf einem höheren Aufwand des Leistungserbringers beruht und wirtschaftlicher Betriebsführung entspricht. In den externen Vergleich sind die im Einzugsbereich tätigen Leistungserbringer einzubeziehen. Die Bezahlung tariflich vereinbarter Vergütungen sowie entsprechender Vergütungen nach kirchlichen Arbeitsrechtsregelungen kann dabei nicht als unwirtschaftlich abgelehnt werden, soweit die Vergütung aus diesem Grunde oberhalb des unteren Drittels liegt."

Zusammenfassend gilt: Die Grundstrukturen bildet nur noch eine Leistungsvereinbarung aus Leistungs- und Vergütungsvereinbarung. Die bisherige Prüfungsvereinbarung entfällt. Stattdessen: Einführung eines gesetzlichen Prüfungsrechts des Trägers der Eingliederungshilfe hinsichtlich der Wirtschaftlichkeit und Qualität der vereinbarten Leistungen. Die Leistungs- und Vergütungsvereinbarungen sind schiedstellenfähig auf die Inhalte der Leistung und auf die Kalkulation der Vergütung bezogen. Bei Vertragsverletzung besteht Sanktionsrecht des Leistungsträgers. Eine Wirksamkeitskontrolle wird eingeführt. Landesrahmenverträge zur Erbringung von Leistungen müssen neu entwickelt werden. Vergütungsfragen (Personalschlüssel, Fachkraftquote, Kostenarten und Kostenbestandteile...) sollen in Rahmenverträgen geregelt werden. Diese obliegen der Länderkompetenz. Sie haben nach wie vor empfehlenden Charakter. Bei der Wirtschaftlichkeit der Leistungen wird ein externer Vergleich regionaler Anbieter im preislich unteren Drittel heran gezogen. Grund- und Maßnahmenpauschale entfallen. Der Investitionsbetrag muss auf die Fachleistung und/oder existenzsichernde Leistung auf gesplittet werden. Die Vergütungen selbst können kalkuliert werden auf Basis aus Gruppen von Leistungsberechtigten mit vergleichbarem Bedarf oder nach Stundensätzen sowie für die gemeinsame Inanspruchnahme durch mehrere Leistungsberechtigte.

Schnittstellen Eingliederungshilfe und Pflege

Der noch im Regierungsentwurf geplante Vorrang der Pflegeversicherung im häuslichen Bereich / ambulanten Bereich wurde verhindert. Menschen mit Behinderung und Pflege- bedarf können weiterhin die Leistungen der Eingliederungshilfe und Pflegeversicherung nebeneinander in Anspruch nehmen (§ 13 Abs. 3 SGB XI).

Leider ist die pauschale Abgeltung von Pflegeversicherungsleistungen (nach § 43a in Verbindung mit § 71 Abs. 4 SGB XI) (2020) im bisher stationären Bereich beibehalten worden, mit einer Abgeltung von 266 € im Monat. Die geplante und massive Ausweitung dieser Regelung auf alle Wohnformen für behinderte Menschen, die dem Wohn- und Betreuungsvertragsgesetz (WBVG) unterliegen, konnte jedoch deutlich eingeschränkt werden.

Beim Zusammentreffen von Leistungen der Eingliederungshilfe und der Hilfe zur Pflege wird nun das sogenannte „Lebenslagenmodell" umgesetzt: Bis zum Erreichen der Regelaltersgrenze umfassen die Leistungen der Eingliederungshilfe die Leistungen der Hilfe zur Pflege. Damit gelten für die Betroffenen die günstigeren Einkommens- und Vermögensgrenzen der Eingliederungshilfe. Bei Personen, die vor Erreichen der Regelaltersgrenze Anspruch auf Leistungen der Eingliederungshilfe haben, gilt diese Regelung auch über die Altersgrenze hinaus, soweit die Ziele der Eingliederungshilfe erreicht werden können.

Fazit

Das BTHG bietet viele Chancen, die Teilhabe von Menschen mit Behinderung in der Gesellschaft zu verbessern und Personenzentrierung wirklich umzusetzen. Das Gesetz soll jedoch auch die steigende Ausgabendynamiken in der Eingliederungshilfe dämpfen. Die weitere Entwicklung wird sich also in diesem Spannungsverhältnis befinden.

Die Stärkung der Wohn- und Lebensqualität von Menschen mit Behinderung und psychischen Erkrankungen setzt kompetente und angemessen ausgestattete Leistungserbringer voraus. Nur so können Leistungserbringer einen Beitrag zur Umsetzung des menschenrechtsbasierten Ansatzes der UN-Behindertenrechtskonvention leisten. Leistungsrecht, Leistungssystem und Ressourcenausstattung müssen übereinstimmen, um Teilhabe am Leben in der Gesellschaft in optimaler Weise zu ermöglichen.

Literatur

BeB aktuell 01 – 2017

CBP-BTHG Kompass 02 - 2017

Diak. Eckpunkte zur Umsetzung des BTHG in NRW 03 - 2017

Diakonie Dt. interne Arbeitspapiere zur Umsetzung des BTHG

BAGFW Eckpunkte zur Neuregelung des Vertrags- und Vergütungsrechts im Rahmen des BTHG, 2015

Vorstellungen der Fachverbände zur Bedarfsermittlung/ Bedarfsfeststellung der Leistungen nach BTHG, 2015

Empfehlungen des Deutschen Vereins zur Bedarfsermittlung und Hilfeplanung in der Eingliederungshilfe für Menschen mit Behinderungen

Matthias Kneißler
Referent, Abt. Behindertenhilfe Psychiatrie
Diakon. Werk der ev. Kirche in Württemberg e. V.
Diakonisches Werk Württemberg

Genetische Beratung bei Epilepsie

Dr. med. Eva Wohlleber
Fachärztin für Humangenetik

SYNLAB MVZ Humangenetik Freiburg

Humangenetik Freiburg

Humangenetik Freiburg

Genetische Beratung

Ratsuchende	↔	**Berater**
Patienten		Facharzt/-ärztin für Humangenetik
Risikopersonen		Ärzte mit der Zusatzbezeichnung „Medizinische Genetik“
Personen mit Kinderwunsch		

Humangenetik Freiburg

Genetische Beratung

- Klärung der persönlichen Fragestellung
- Erhebung der persönlichen Vorgeschichte (Anamnese)
- körperliche Untersuchung (wenn für die Fragestellung von Bedeutung)
- Familienstammbaum

Humangenetik Freiburg

Familienstammbaum

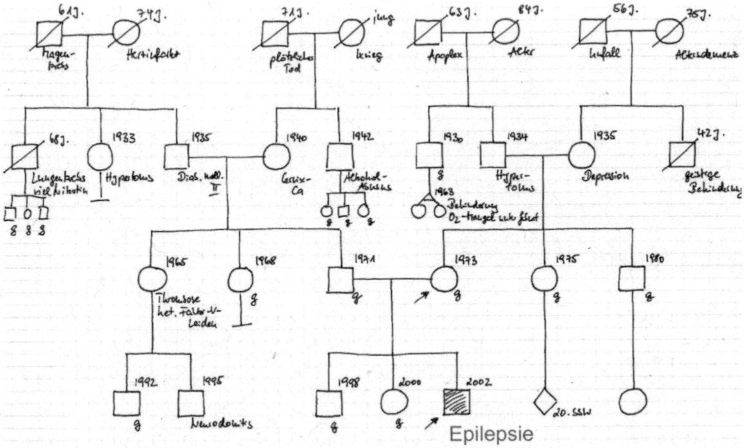

Humangenetik Freiburg

Genetische Beratung

- Erläuterung des Krankheitsbildes
- Erläuterung der genetischen Grundlagen (Erbgang, zugrunde liegende Gene)
- Erläuterung der Aussagekraft aller möglichen Untersuchungen
- ggf. zyto- oder molekulargenetische Diagnostik

Humangenetik Freiburg

Genetische Beratung

- Einschätzung des individuellen Risikos
- Empfehlungen für die weitere klinische Betreuung
- Empfehlungen für Angehörige
- Angebot weitergehender Hilfen (z.B. Selbsthilfegruppen)
- Beratungsbrief

Humangenetik Freiburg

Warum genetische Untersuchung?

- Diagnostik
- Anlageträger- / Überträgerstatus
- Prädiktive (vorhersagende) Diagnostik
- Wissenschaftliche Fragestellungen

Humangenetik Freiburg

Sinn und Zweck einer Diagnosestellung

- Aussage bzgl. möglicher Symptome
- (meist grobe) prognostische Abschätzung
- Optimierung der individuellen Fördermaßnahmen
- Vermeidung weiterer Untersuchungen
- Wiederholungsrisiken für weitere Kinder
- Entlastung der Eltern („haben nichts falsch gemacht“)

Humangenetik Freiburg

Sequenzierung

- Die Sequenzierung ist die Methode, um die genaue Basenabfolge eines DNA-Abschnitts zu bestimmen.
- Sie wird verwendet, um
- bei einem Patienten mit einer bestimmten Krankheit nach einer Mutation in dem ursächlichen Gen zu suchen
- Zu überprüfen, ob bei einer Person eine in der Familie bekannte Mutation vorliegt.

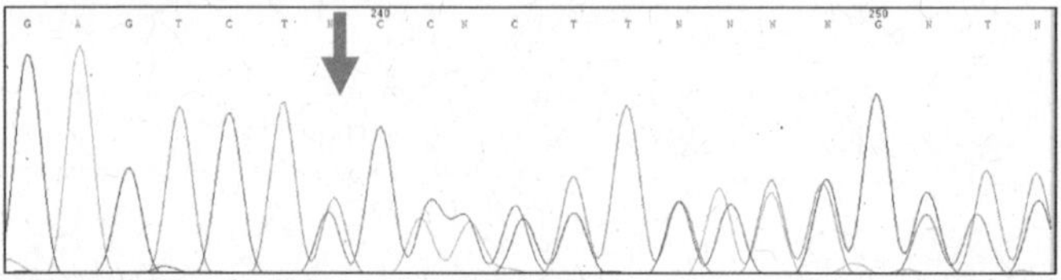

Humangenetik Freiburg

Neue Techniken

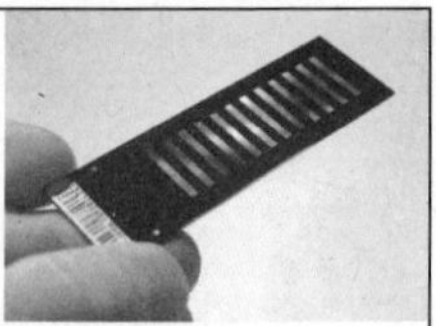

(Micro-)Arrays

•Gleichzeitige Untersuchung von mehreren Tausend einzelnen Genorten aus einer DNA-Probe

•Nachweis von großen Bruchstückverlusten/-zugewinnen

Next-Generation-Sequencing

•Sehr schnelle und kostengünstige Methode

•Sequenzierung von großen Bereichen der DNA (oder sogar des gesamten Genoms einer Person)

Problem: Zufallsbefunde

Die Abbildung wurde freundlicherweise bereit gestellt vom Institut für Humangenetik, Bonn / Abteilung für Genomics.

Humangenetik
Freiburg

Prädiktive Diagnostik

Unter prädiktiver genetischer Diagnostik versteht man die Untersuchung an einer **phänotypisch gesunden Person** auf Mutationen, die zu Krankheiten im weiteren Leben disponieren. Anhand prädiktiver Testung kann also das Vorliegen einer genetisch bedingten Disposition **lange vor Ausbruch der Krankheit** diagnostiziert werden

Humangenetik
Freiburg

Prädiktive Diagnostik

- Frühzeitig präventive Maßnahmen / Therapie einleiten
- Entscheidungshilfe im Hinblick auf Lebens-/Familienplanung
- Entlastung (bei Nichtanlageträgerschaft)

Humangenetik Freiburg

Gendiagnostikgesetz - GenDG

- Genetische Untersuchung nur durch **Arzt**
- Arzt muss den Patienten vor genetischer Untersuchung **aufklären**
- Patient muss in genetische Untersuchung schriftlich **einwilligen**
- Einwilligung muss dem untersuchenden Labor vorliegen
- Genetische Beratung
  - **soll** vor genetischer Untersuchung angeboten werden
  - **muss** bei auffälligem Befund angeboten werden
  - **verpflichtend** bei **prädiktiver** und **pränataler** genetischer Untersuchung.
  - nur durch qualifizierte Ärzte

Humangenetik Freiburg

Zusammenfassung

Nutzen der genetischen Beratung

- Aussage bzgl. möglicher Symptome
- (meist grobe) prognostische Abschätzung
- Optimierung der individuellen Fördermaßnahmen und Unterstützung
- Vermeidung weiterer Untersuchungen
- Wiederholungsrisiken für weitere Kinder / Familienangehörige
- Entlastung der Eltern („haben nichts falsch gemacht")
- Therapie

Dr. Eva Wohlleber
FÄ für Humangenetik
SYNLAB MVZ Humangenetik Freiburg

Der Verein „Sozialarbeit bei Epilepsie“

Albrecht Diestelhorst

Der Verein „Sozialarbeit bei Epilepsie“ richtet heuer zum 14. Mal eine Fachtagung aus.

Anlässlich der 5. Fachtagung 1998 im Sächsischen Epilepsiezentrum Kleinwachau wurde die Idee, „Sozialarbeit bei Epilepsie“ fachlich zu beschreiben und zu verbessern in die Tat umgesetzt. Und so wurde ein Netzwerk gegründet aus dem dann 2003 der Verein „Sozialarbeit bei Epilepsie“ entstand.

Heute engagieren sich 80 Kolleginnen u. Kollegen bundesweit in diesem Netzwerk. Sie vertreten Epilepsieberatungsstellen, neurologische und epileptologische Kinder- und Erwachsenenambulanzen, ambulante und stationäre Hilfen nach BTHG (Bundesteilhabegesetz – bis 31.12.2016 Eingliederungshilfe) mit dem Schwerpunkt Epilepsie, Integrationsfachdienste usw.. In unserer Netzwerkliste sind alle Kolleginnen und Kollegen mit ihren Kontaktdaten und ihren Arbeitsschwerpunkten verzeichnet.

Wir alle arbeiten in interprofessionellen Teams, ganz oder partiell. Die wichtige Funktion von Sozialarbeiterinnen und Sozialarbeitern kann nur durch die fachliche Qualifikation vorangetrieben und verankert werden. Nur dadurch kann das teilweise schlechte Image unserer Berufsgruppe verbessert werden.

Der Verein unterstützt die Verbesserung des „Standings“ unserer Berufsgruppe durch folgende Maßnahmen (aus der Satzung):

- Kollegiale Beratung und Erfahrungsaustausch
- Durchführung von Fachtagungen
- Erforschung psychosozialer Probleme im Zusammenhang mit einer Epilepsie, welche dann zeitnah durch Publikationen veröffentlich werden sollen
- Förderung der Öffentlichkeitsarbeit in Form von Vorträgen, Publikationen (inzwischen 14 Tagungsbände), Info-Material zu psychosozialen Themen in Verbindung mit Epilepsie

Der Verein kann dies alles nur tun, wenn die Mitglieder aktiv sind. Hier ist noch viel Luft nach oben. Mit 30,- € Jahresbeitrag könnt ihr helfen und auch viel bekommen:

- ermäßigter Teilnehmerbeitrag zu unseren Fachtagungen
- Tagungsbände umsonst
- jährliche kostenlose Fortbildung
- bundesweite kostenlose interprofessionelle Beratung
- Zusammenarbeit mit der DGfE (Deutsche Gesellschaft für Epilepsie)
- Erteilung des Zertifikats für Epilepsieberatungsstellen in Zusammenarbeit mit der DGfE

Nun ein Wort zum Schluss:

Wie ihr mich kennt, darf der Fußball nicht fehlen. Seit gestern Abend (21.08.2017) ist der DSC Arminia Bielefeld Spitzenreiter in der 2. Liga.

Nach 31 Jahren Berufstätigkeit bin ich Ende März in Rente gegangen und als Vorsitzender dieses Vereins ausgeschieden. Auf der Homepage des Vereins werdet ihr ein Bild sehen, im dem mir die langjährige Vorstandskollegin Michaela-Pauline Lux die Kapitänsmütze aufsetzt. Ich habe inzwischen den Sportbootführerschein See bestanden und werde Anfang September die Gewässer der Havel und der Spree unsicher machen.

Bei meiner Vorstandskollegin MP. Lux und meinem Vorstandskollegen Eckart Steuernagel bedanke ich mich herzlich; auch dass sie mich mit meiner blau-weiß-schwarzen und gelb-schwarzen Seele ertragen haben.

Bitte werdet Mitglied im Verein!!!!

Albrech Diestelhorst
Dipl. Sozialarbeiter i. R.
ehem. bethel.regional
Epilepsiezentrum Bethel

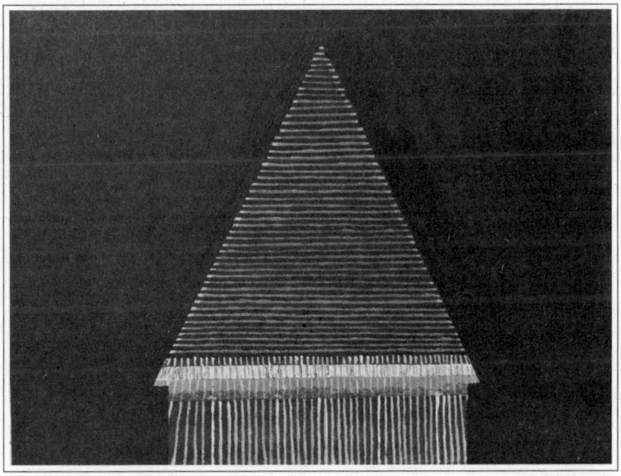

Arbeitsgruppen

Workshop Körpersprache - Kommunikation

Alan Brooks

Der Tänzer und Choreograph Alan Brooks gehört zu den erfahrensten und renommiertesten Community Dance Workers / Tanzpädagogen in Deutschland. Seit über 15 Jahren initiiert und leitet er Tanzprojekte für Kinder und Jugendliche in Deutschland, Frankreich, England und Schottland.

Mit seinen Tanzprojekten bietet Alan Brooks Schülerinnen und Schülern die Möglichkeit, eine neue Form der Kommunikation für sich zu entdecken, die sprachliche und soziale Unterschiede überwindet und eine individuelle und vorurteilsfreie Meinungsbildung fördert. Hauptschwerpunkt seiner Arbeit ist dabei nicht nur das spielerische Vermitteln von Wissen und Körperlichkeit des zeitgenössischen Tanzes, sondern auch die Ermutigung der Teilnehmer, sich für neue und kreative Formen des Ausdrucks zu öffnen. Mit den Mitteln des Tanzes und der künstlerischen Abstraktion lernen die Teilnehmer Gefühle in Bewegungen umzusetzen und erarbeiten sich so ihre ganz persönliche Choreographie.

Um an einem Projekt von Alan Brooks teilzunehmen, braucht es keine Tanzerfahrung.

Doch es braucht Energie, Konzentration und Mut, um bestehende Grenzen zu überwinden, den eigenen Horizont zu erweitern und angestammte Rollenbilder zu verlassen.

http://www.alanbrooks.de

Auch für Sozialarbeiterinnen und Sozialarbeiter sehr nützlich.

Umgang mit „schwierigen" Eltern und elterlicher Kritik

Andrea Beissenhirtz

Dipl. Psychologin

Ablauf

- Wann wird es schwierig, wann ist es leicht?
- Fallbeispiel
- Simulationsgespräch mit einer Mutter
- Feedback /Reflexion zum Simulationsgespräch
- Weitere Informationen zum Fallbeispiel
- Umgang mit Konflikten
- Ende des Fallbeispiels
- Ein Kurzfilm: Buddha on the train

Der Fall: Jonas*, 4 Jahre, Familie Lehr*

Diagnosen:

- Schwer einstellbare symptomatisch fokale Epilepsie bei ausgedehnter cerebraler Malformation mit kortikaler Dysplasie der li Hemisphäre
- Bilaterale spastische Cerebralparese
- Allgemeine Entwicklungsstörung

* Namen geändert

Der Fall: Jonas*, 4 Jahre, Familie Lehr*

Leidvolle Symptome von Jonas:

- Unruhephasen
- V.a. Schmerzen
- Gestörter Nachtschlaf
- Trinkverweigerung

Quellen von Leid bei der Familie:

- Hilflosigkeit und Überforderung bzgl. der Symptombewältigung
- Hohe Belastung durch eine erschwerte Krankheitsverarbeitung
- Partnerkonflikte
- Stark belastete Familiensituation, starker Schlafmangel der Mutter

Kinderpalliativzentrum Vestische Kinder- und Jugendklinik Datteln Universität Witten/Herdecke – Vestische Kinder- und Jugendklinik Datteln Universität Witten/Herdecke – universität Witten/Herdecke

Der Fall: Jonas, 4 Jahre, Familie Lehr

Ziele für den Aufenthalt auf Station Lichtblicke:

1. Einschätzung und Optimierung der Unruhephasen
2. Einschätzung der Schmerzsymptomatik, ggf. Schmerztherapie
3. Einschätzung und Optimierung des Tag-Nacht-Rhythmus
4. Entlastung der Familie

Kinderpalliativzentrum Vestische Kinder- und Jugendklinik Datteln Universität Witten/Herdecke – Vestische Kinder- und Jugendklinik Datteln Universität Witten/Herdecke – universität Witten/Herdecke

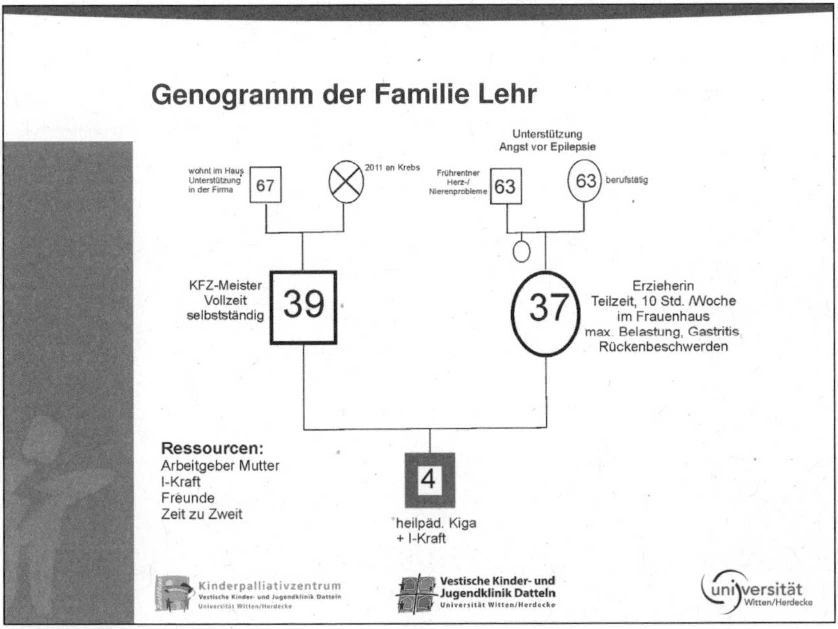
Genogramm der Familie Lehr
Unterstützung
Angst vor Epilepsie
wohnt im Haus
Unterstützung
in der Firma
67
2011 an Krebs
Frührentner
Herz-/
Nierenprobleme
63
63
berufstätig
KFZ-Meister
Vollzeit
selbstständig
39
37
Erzieherin
Teilzeit, 10 Std. /Woche
im Frauenhaus
max. Belastung, Gastritis
Rückenbeschwerden
Ressourcen:
Arbeitgeber Mutter
I-Kraft
Freunde
Zeit zu Zweit
4
heilpäd. Kiga
+ I-Kraft
Kinderpalliativzentrum
Vestische Kinder- und Jugendklinik Datteln
Universität Witten/Herdecke
Vestische Kinder- und
Jugendklinik Datteln
Universität Witten/Herdecke
universität
Witten/Herdecke

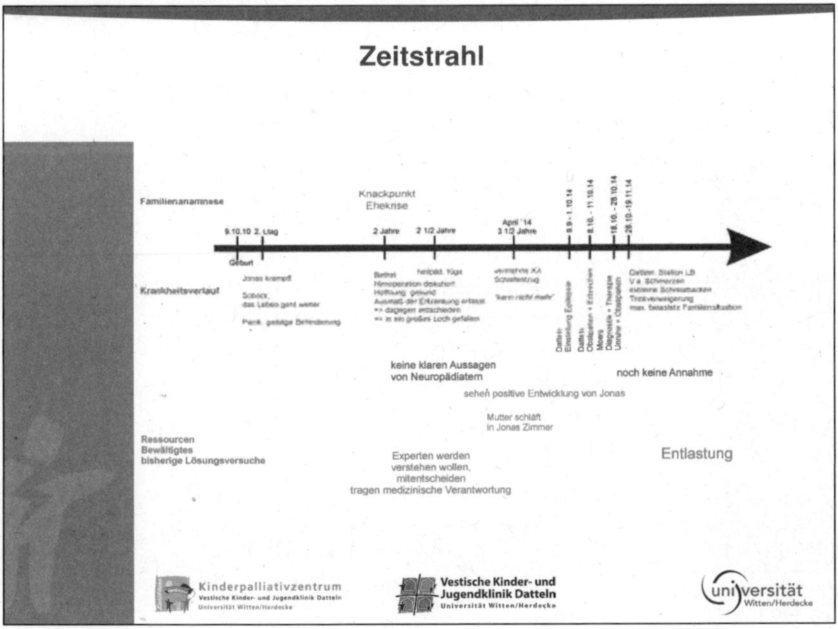
Zeitstrahl
Familienanamnese
Knackpunkt
Ehekrise
9.10.10
2. Ltag
Geburt
2 Jahre
2 1/2 Jahre
April '14
3 1/2 Jahre
9.9.-1.10.14
8.10.-11.10.14
18.10.-28.10.14
28.10.-19.11.14
Krankheitsverlauf
Datteln
Einstellung Epilepsie
Datteln
Moers
keine klaren Aussagen
von Neuropädiatern
noch keine Annahme
sehen positive Entwicklung von Jonas
Mutter schläft
in Jonas Zimmer
Ressourcen
Bewältigtes
bisherige Lösungsversuche
Experten werden
verstehen wollen,
mitentscheiden
tragen medizinische Verantwortung
Entlastung
Kinderpalliativzentrum
Vestische Kinder- und Jugendklinik Datteln
Universität Witten/Herdecke
Vestische Kinder- und
Jugendklinik Datteln
Universität Witten/Herdecke
universität
Witten/Herdecke

Der Fall: Jonas, 4 Jahre, Familie Lehr

Erste Beobachtungen und Einschätzungen:

- Aufnahmegespräch:
  - Unruhe: 3 Ursachen lt. Eltern: Epilepsie, Magen-Darm-Probleme und Blockaden; aktuelle Einschätzung: Blockade => müsse beim Chiropraktiker gelöst werden
  - Hohe Belastungssituation: alles funktioniere nur noch im Notfallprogramm, Luft sei raus, Eltern können nicht mehr
  - Frage: sind wir zu diesem Zeitpunkt die Richtigen?
- Eltern fühlen sich auf Station Lichtblicke nicht willkommen
- Eltern wünschen dringend nachts eine Überwachung mit Videobabyphone

Kinderpalliativzentrum Vestische Kinder- und Jugendklinik Datteln Universität Witten/Herdecke — Vestische Kinder- und Jugendklinik Datteln Universität Witten/Herdecke — universität Witten/Herdecke

Der Fall: Jonas, 4 Jahre, Familie Lehr

Angebote an die Eltern:

- Videobabyphone wird nach Überprüfung der Technik genutzt (für die Sicherheit und Entlastung der Eltern)
- Es wird ein Tagesplan mit Entlastungszeiten für die Mutter erstellt
- Ziel: gemeinsame Basis finden, Beziehungs- und Vertrauensaufbau

Kinderpalliativzentrum Vestische Kinder- und Jugendklinik Datteln Universität Witten/Herdecke — Vestische Kinder- und Jugendklinik Datteln Universität Witten/Herdecke — universität Witten/Herdecke

Die simulierte Gesprächssituation

- Frau Lehr hat das Gefühl auf der Station „Lichtblicke“ unerwünscht zu sein, ist enttäuscht. Der Aufenthalt war für sie ein Anker, der Anker bröckelt.
- Umgang und Kommunikation mit Frau Lehr ist schwer, keiner möchte in die Versorgung der Familie, Kontakt wird vermieden
- Frau Lehr vertraut dem Behandlungsteam nicht, greift die Pflege verbal an.

Situation mit der Bezugspflege:

- Frau Lehr kommt morgens zum Schwesternzimmer. Ihr fällt auf, dass der Ton des Videobabyphons runtergedreht ist…

Kinderpalliativzentrum Vestische Kinder- und Jugendklinik Datteln Universität Witten/Herdecke | Vestische Kinder- und Jugendklinik Datteln Universität Witten/Herdecke | universität Witten/Herdecke

Beobachtungsaufgaben

- Achten Sie auf die nonverbale Kommunikation (Mimik, Gestik, Körperhaltung) von „Frau Lehr“ und der „Pflege“.
- Was *hört* „Frau Lehr“, was *hört* die „Pflege“?

Kinderpalliativzentrum Vestische Kinder- und Jugendklinik Datteln Universität Witten/Herdecke | Vestische Kinder- und Jugendklinik Datteln Universität Witten/Herdecke | universität Witten/Herdecke

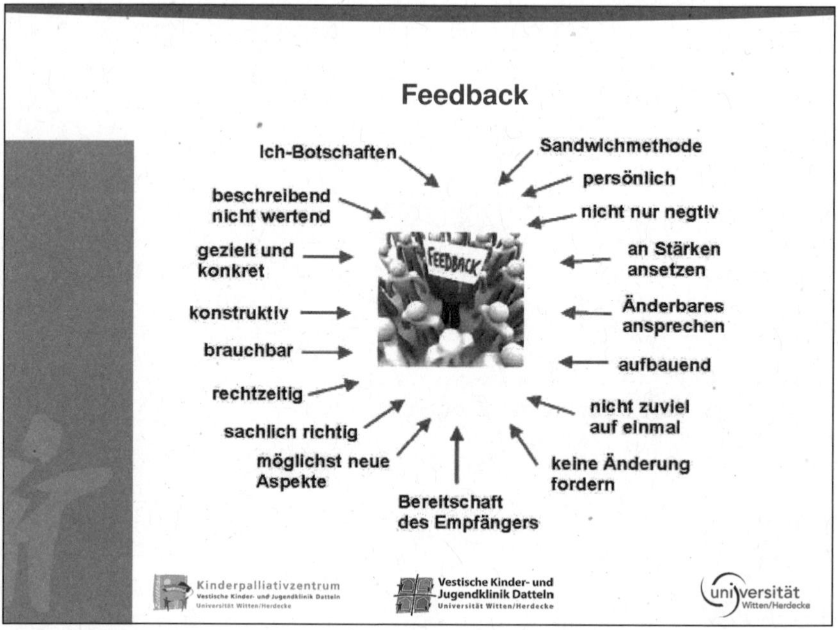
Feedback
Ich-Botschaften
Sandwichmethode
beschreibend nicht wertend
persönlich
nicht nur negtiv
gezielt und konkret
FEEDBACK
an Stärken ansetzen
konstruktiv
Änderbares ansprechen
brauchbar
aufbauend
rechtzeitig
nicht zuviel auf einmal
sachlich richtig
möglichst neue Aspekte
keine Änderung fordern
Bereitschaft des Empfängers
Kinderpalliativzentrum
Vestische Kinder- und Jugendklinik Datteln
Universität Witten/Herdecke
Vestische Kinder- und Jugendklinik Datteln
Universität Witten/Herdecke
universität Witten/Herdecke

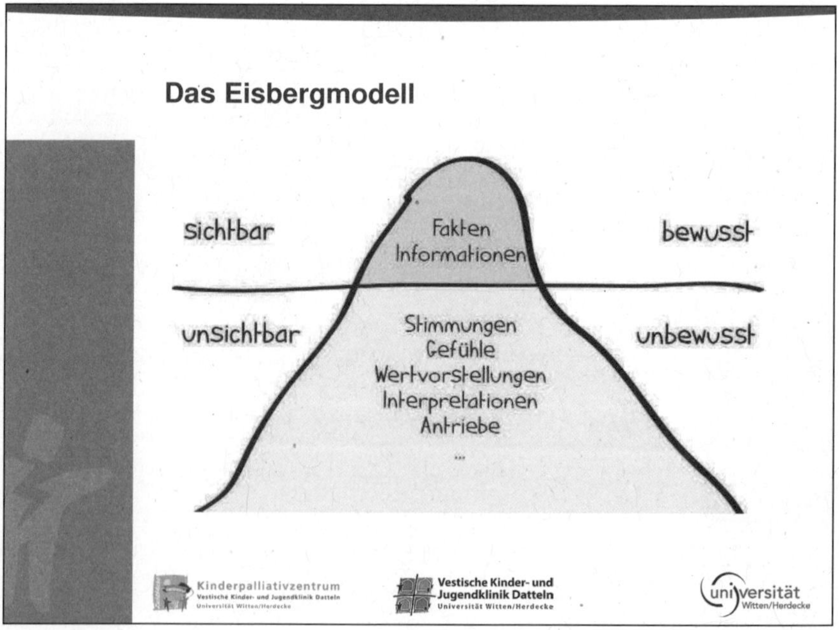
Das Eisbergmodell
sichtbar
Fakten
Informationen
bewusst
unsichtbar
Stimmungen
Gefühle
Wertvorstellungen
Interpretationen
Antriebe
...
unbewusst
Kinderpalliativzentrum
Vestische Kinder- und Jugendklinik Datteln
Universität Witten/Herdecke
Vestische Kinder- und Jugendklinik Datteln
Universität Witten/Herdecke
universität Witten/Herdecke

Das „Häschengehirn“

Grobe Unterteilung:

- *„Häschen“:* intuitive, schnelle Teil sichert das Überleben
- *„Denker“:* Bewusstsein, Reflexion, Sprache, braucht viel Zeit und Aufmerksamkeit, im Notfall hinderlich
- Im Normalfall gute Zusammenarbeit
- Im Notfall: blitzschnelle Trennung Notfallmechanismen treten in Kraft: fliehen, kämpfen, erstarren
- Der „Denker“ kann nur zuschauen, steuern kann er nicht!

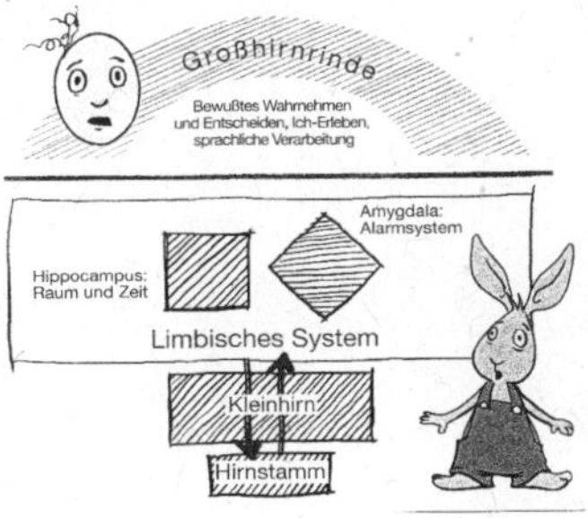

Kinderpalliativzentrum Vestische Kinder- und Jugendklinik Datteln Universität Witten/Herdecke

Vestische Kinder- und Jugendklinik Datteln Universität Witten/Herdecke

universität Witten/Herdecke

Der Fall: Jonas, 4 Jahre, Familie Lehr

Familiengespräch:

- sich unwillkommen fühlen thematisiert
- Spiegelung: Mutter vertraut uns nicht
  - Mutter sagt sie vertraut uns
- Spiegelung, wie wir Frau Lehr wahrnehmen
  - Mutter berichtet über Ängste bzgl. Krampfanfälle, keinen Krampfanfall verpassen, steht für Gehirnschädigung => Gespräch mit Neuropädiaterin
  - Häschengehirn vorgestellt: Frau Lehr kämpft
  - Weiterer Umgang miteinander: Frau Lehr wünscht sich direkte Rückmeldung: z.B. „Ich fühle mich angegriffen“

➢ Deutlich Entlastung im Umgang miteinander

Kinderpalliativzentrum Vestische Kinder- und Jugendklinik Datteln Universität Witten/Herdecke

Vestische Kinder- und Jugendklinik Datteln Universität Witten/Herdecke

universität Witten/Herdecke

Der Fall: Jonas, 4 Jahre, Familie Lehr

Weiterer Verlauf:

- Einzelgespräche: Themen Entlastung und Krankheitsverarbeitung
  - hat den Anspruch an sich Krankheit von Jonas und Lebensumstände anzunehmen, Gefühle kommen nicht hinterher, Annahme, wenn sie nicht mehr so traurig ist
  - Negative Bewertung von Traurigkeit und Weinen = Ausweglosigkeit
  - Keine Kraft mehr: Entlastungsmöglichkeiten thematisiert: amb. KiHoDi, Hospiz, ambulante Psychotherapie
- Behandlung Panaritium + Schmerztherapie
- Schlafstörung (häufiges Aufwachen): Melatonin, Lendormin
- Entlassung geplant

Kinderpalliativzentrum Vestische Kinder- und Jugendklinik Datteln Universität Witten/Herdecke — Vestische Kinder- und Jugendklinik Datteln Universität Witten/Herdecke — universität Witten/Herdecke

Umgang mit Konflikten

- ruhig bleiben
- klar und verständlich informieren
- nachfragen
- Kompromiss schließen
- sich nicht auf Diskussionen einlassen
- sachlich bleiben
- Möglichkeiten erarbeiten
- Verständnis zeigen
- sich im Team gegenseitig unterstützen
- aufmerksam zuhören
- wahrnehmen, ernst nehmen
- evtl. entschuldigen, begründen
- im Zweifelsfall weiter delegieren

Kinderpalliativzentrum Vestische Kinder- und Jugendklinik Datteln Universität Witten/Herdecke — Vestische Kinder- und Jugendklinik Datteln Universität Witten/Herdecke — universität Witten/Herdecke

Konstruktiver Umgang mit Konflikten

Grundelemente gelingender Kommunikation

Aktives Zuhören

- *Gesagt heißt nicht unbedingt gehört!*
- *Gehört heißt nicht unbedingt verstanden!*

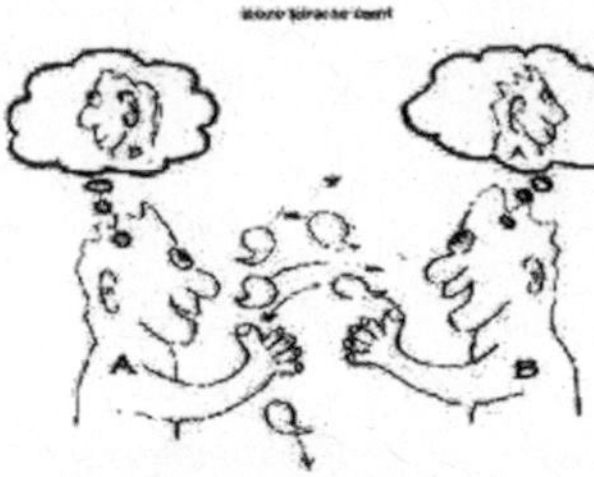

- Der Empfänger versteht das, was der Sender meint
- Ist keine Technik sondern eine Grundhaltung

Kinderpalliativzentrum Vestische Kinder- und Jugendklinik Datteln Universität Witten/Herdecke
Vestische Kinder- und Jugendklinik Datteln Universität Witten/Herdecke
universität Witten/Herdecke

Grundelemente gelingender Kommunikation
Aktives Zuhören

Regeln:

- Ehrliches, offenes Interesse
- Aufmerksamkeit zeigen
- Zuhören ohne zu werten
- Zuhören ohne Lösungsvorschläge
- Positive Körpersprache
- Nicht unterbrechen
- Störfaktoren ausblenden
- Eigene Gedanken abschalten

Kinderpalliativzentrum
Vestische Kinder- und Jugendklinik Datteln
Universität Witten/Herdecke

Vestische Kinder- und Jugendklinik Datteln
Universität Witten/Herdecke

universität Witten/Herdecke

Grundelemente gelingender Kommunikation
Aktives Zuhören

Signale:

Verbal	**Nonverbal**
Nachfragen	Augenkontakt
Kommentieren	Kopfnicken
Interpretieren	offen zuwenden
Gefühle ansprechen	Notizen machen

- *„Was meinen Sie damit?“*
- *„Bitte erzählen Sie mir mehr davon!“*
- *„Was macht Ihnen am meisten Sorge?“*

Kinderpalliativzentrum
Vestische Kinder- und Jugendklinik Datteln
Universität Witten/Herdecke

Vestische Kinder- und Jugendklinik Datteln
Universität Witten/Herdecke

universität Witten/Herdecke

Grundelemente gelingender Kommunikation

Empathische Antwort

- Gefühle, Meinungen, Ansichten nicht bewerten
- Nicht vorschnell argumentativ beantworten
- Rückspiegelung: *„Ich höre Dich und verstehe, was Du meinst."*
- Unabhängig von eigener Zustimmung und eigenen Gefühlen

„Ja, es macht Ihnen Angst, wenn Ihr Kind so unruhig ist."

„In einer Fünftelsekunde kannst du eine Botschaft rund um die Welt senden.
Aber es kann Jahre dauern, bis sie von der Außenseite eines Menschschädels nach innen dringt."

Ch.F. Kettering

Kinderpalliativzentrum Vestische Kinder- und Jugendklinik Datteln Universität Witten/Herdecke
Vestische Kinder- und Jugendklinik Datteln Universität Witten/Herdecke
universität Witten/Herdecke

Der Fall: Jonas, 4 Jahre, Familie Lehr

Familiengespräch:

- Therapiesteuerung schwierig bis nicht möglich
  - Therapie wird durch Fr. Lehr gesteuert, Medikament (Antiepileptikum) nicht gegeben
  - Einschätzung Fr. Lehr: Apydan verursacht Erbrechen, Übelkeit, Schlafstörungen, war in Not am Wochenende
  - Wir können Therapie so nicht verantworten

Kinderpalliativzentrum Vestische Kinder- und Jugendklinik Datteln Universität Witten/Herdecke | Vestische Kinder- und Jugendklinik Datteln Universität Witten/Herdecke | universität Witten/Herdecke

Der Fall: Jonas, 4 Jahre, Familie Lehr

Teamgespräch (Team Lichtblicke, Neuropädiaterin, Klinikleiter):

- Keine akute Kindeswohlgefährdung
- Vertrauensverhältnis nicht gegeben => stoßen an Verantwortungsgrenze
- Info an Kinderarzt: weitere Kontakte zur Neuropädiatrie oder Palliativteam nur über Kinderarzt
- Compliance in Medikamentenverabreichung nicht gegeben
- Einschätzung: Eltern-Kind-Interaktionsstörung
- Ergebnis: wir haben keinen Behandlungsauftrag, da Zusammenarbeit bei fehlender Vertrauensbasis nicht möglich

Kinderpalliativzentrum Vestische Kinder- und Jugendklinik Datteln Universität Witten/Herdecke | Vestische Kinder- und Jugendklinik Datteln Universität Witten/Herdecke | universität Witten/Herdecke

Andrea Beissenhirtz
Dipl. Psychologin
Kinderpalliativzentrum,
Vestische Kinder- und Jugendklinik Datteln

Workshop „Gefährliche Fahrer“

Rupprecht Thorbecke, Ulrike Jungwirth

Folie 1

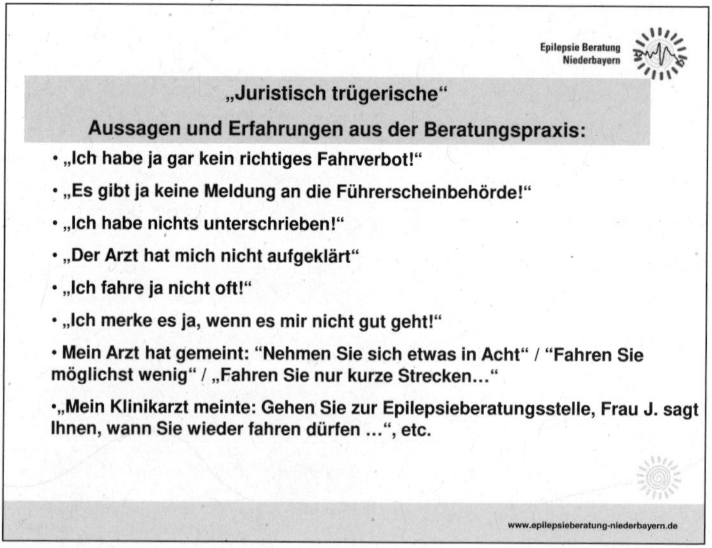

Folie 2

Gliederung

1. Was wissen wir über gefährliche Fahrer?
   - Häufigkeit
   - Gründe
   - Unfälle
2. Umgang der Verwaltungs- und der Strafgerichte mit gefährlichen Fahrern
   - Rechtlicher Rahmen
   - Führerscheinentzug durch Verwaltungsgerichte ohne / mit vorausgehender Verkehrsauffälligkeit / Unfall
   - Strafverfahren
   - Umgang der Verwaltungs- und Strafgerichte bei wiederholtem unerlaubten Fahren
3. Unerlaubtes Fahren im sozialarbeiterischen Beratungsgespräch
4. Juristisch „trügerische" Aussagen und Erfahrungen aus der Beratungspraxis

1. Was wissen wir über gefährliche Fahrer?

Häufigkeit: Fahren obwohl man nicht anfallsfrei ist, wurde bei ca. 1/5 – 2/5 der Patienten gefunden (Folie 3). Die Zahlen von Berg, Thorbecke und Webster beruhen auf Selbstangaben von Patienten im präoperativen Monitoring.

Bethel

Häufigkeit unerlaubten Fahrens

Autoren	Jahr	Land	Patienten, die fahren obwohl nicht anfallsfrei	der Patienten, die fahren bezogen auf Führerscheininhaber
Berg	2000	USA	31 %	44 %
Thorbecke	2007	D	9 %	18%
Webster	2011	USA	/	33 %
Elger	?	D	19 %	37 %
Bautista	2006	USA	19 %	/
No	2011	Korea	36 %	/
Tatum	2012	USA	24 %	/
Horta Bicalho	2012	Brasilien	47 %	/

Folie 3

Einflussfaktoren: Mit unerlaubtem Fahren korrelierten in Studien eher seltene Anfälle, keine großen Anfälle, einfach fokale Anfälle, keine Anfälle im Wachen, jüngeres Alter, männliches Geschlecht, höheres Einkommen (Berg 2000, Horta Bicalho 2012, Bautista 2006, No 2011)

Selbst genannte Gründe: Eher Ärger als Trauer als Reaktion auf Fahrverbot, ökonomische Notwendigkeit, Glauben an Warnung (Aura). (Krauss 1999, Polychronopoulos 2006, Gastaut 1987)

Einstellungen zum Fahren: Verletzungsrisiko als gering eingeschätzt, Alternativen werden als schwer realisierbar eingeschätzt, Bagatellisierung „Unfälle sind Zufall ...“ (Tatum 2012). Patienten mit Unfällen halten sich häufiger nicht an Fristen als unfallfreie Patienten. (Kraus 1999)

Unfälle bei unerlaubtem Fahren: Zwischen 13 % und 27 % der Patienten berichten anfallsbedingte Unfälle, darunter auch solche mit Personenschäden.

Folie 4

Bethel

Unfälle bei unerlaubtem Fahren

Autoren	Jahr	Land	% Nicht anfallsfreie Patienten mit Autounfällen	% Anfallsfreie Patienten	
Berg	2000	USA	27 %*		20 % mehrere darunter schwere Personenschäden
No	2011	Korea	13 %** p = 018	2,7 %	
Horta Bicalho	2012	Brasilien	31 % (25 %)***		29 % mehrere 15% Personenschäden
Kraus	1999				4% tödlich

* im vergangenen Jahr
** in den vergangenen 5 Jahren
*** seit Beginn der Epilepsie

2. Umgang der Verwaltungs- und der Strafgerichte mit gefährlichen Fahrern

Führerscheinentzug kann durch die Fahrerlaubnisbehörden (bei Widerspruch durch ein Verwaltungsgericht) oder durch ein Strafgericht angeordnet werden.

Bethel **Verfahren wg. Fahrerlaubnisentziehung**

Verwaltungsgericht:
- **Anlässe: A) Kontrolluntersuchungen, B) Anzeige C) Unfälle**
- **Behörde: entzieht sobald verkehrsmedizinisches Gutachten vorliegt → sofortiger Vollzug zur Gefahrenabwehr im öffentlichen Interesse → Epilepsiekranker: Antrag bei Verwaltungsgericht aufschiebende Wirkung wieder herzustellen → Verwaltungsgericht →Verweigerung / Gewährung von einstweiligem Rechtsschutz → Beschwerde OVG**

§ 3 StVG, § 46 FeV, § 11 FeV, § 80 Abs 5 VwGO

- **Strafgericht (5): Führerscheinentzug nach Unfällen wegen fahrlässiger Straßenverkehrsgefährdung mit fahrlässiger Körperverletzung /Tötung**

§ 351 c StGB,§ 69, § 229, § 222 StGB, §69a StGB (§ 44) § 111a StPO

Folie 5

Reaktion der Verwaltungs- und der Strafgerichte bei Unfällen: Kommt es nur zu einem Sachschaden, dann wird der Fall in der Regel von der Fahrerlaubnisbehörde bzw. einem Verwaltungsgericht geregelt (Führerscheinentzug, Bußgeld wegen Ordnungswidrigkeit).

Bei Unfällen mit Personenschäden eröffnen die Strafgerichte in der Regel ein Ermittlungsverfahren. Es kann dann zu hohen Geld-, Haftstrafen und Führerscheinentzug und einer Sperre bis zu 5 Jahren kommen (Folie 6).

Diese unterschiedliche Vorgehensweise der Gerichte ist problematisch, da es bei Unfällen infolge epileptischer Anfälle vom Zufall abhängt, ob es zu einem Sach- oder zu einem Personenschaden kommt. Das unerlaubte Fahren, bei dem es „nur" zu einem Sachschaden kommt birgt das gleiche Gefahrenpotential in sich, wie das unerlaubte Fahren mit der Folge eines Personenschadens, für den der Fahrer dann bestraft wird.

Bethel

Verwaltungs- und Strafgerichteverfahren nach anfallsbedingten Unfällen(20)

Sachschaden (N=17)

16 Verwaltungsgerichtsverfahren
- 15 keine aufschiebende Wirkung
- 1 einstweiliger Rechtsschutz
- 16 Führerscheinentzug entspr. Begutachtungsleitlinien durch Fahrerlaubnisbehörde
- 16 Bußgeld für Ordnungswidrigkeit

1 Strafverfahren mit hoher Geldstrafe

Personenschaden (N=3)

3 Strafverfahren, 1 zusätzlich Verwaltungsgerichtsverfahren
- 2 (3) Haftstrafen
- 3 Führerscheinentzug – Sperre bis 5 Jahre

Folie 6

Reaktion der Verwaltungs- und der Strafgerichte bei wiederholtem unerlaubten Fahren: Von 20 Fahrern, denen nach einem Unfall infolge eines Anfalls der Führerschein entzogen wurde, gab es in den Unterlagen bei 16 Hinweise auf einen früheren anfallsbedingten Unfall, auf unerlaubtes Fahren oder beides (Folie 7)

Fahrerlaubnisentziehung nach Unfall / Auffälligkeit im Verkehr (N=20)

16 Risikopersonen

5 zuvor schon einmal anfallsbedingten Unfall

6 zuvor schon einmal anfallsbedingten Unfall & Hinweise auf unerlaubtes Fahren

5 Hinweise auf unerlaubtes Fahren

0 mit erstem Anfall

Folie 7

Einer der 16 Fälle wurde vor einem Strafgericht verhandelt. Es kam zu einer sorgfältigen Beurteilung des Wiederholungsrisikos. Alle anderen wurden von den Führerscheinbehörden bzw. den Verwaltungsgerichten geregelt. In keinem Fall gab es eine Auflage, die darauf abzielte unerlaubtes Fahren in der Zukunft zu verhindern, z. B. Anordnung von Kontrolluntersuchungen in kürzeren Zeitabständen.

Umgang der Gerichte mit Wiederholungsrisiko
16 Risikopersonen

Verwaltungsgerichte
In keinem der Verwaltungsgerichtsverfahren Hinweise auf Auflagen (erneute MPU, häufige Kontrolluntersuchungen etc.)

Strafverfahren
„ ...ist auch der Berufungskammer - wie bereits dem Gericht des ersten Rechtszugs - bewusst, dass die Straßenverkehrsbehörde auch nach Ablauf der vorstehenden Sperrfrist aufgrund des in der Tat und im Prozessverhalten zu Tage getretenen uneinsichtigen Verhaltens der Angeklagten hohe Hürden für den Erwerb einer neuen Fahrerlaubnis setzen wird ...“ LG Bonn 2012

Neuerteilung
In der Jurisdatenbank kein Verfahren, in dem es um die Neuerteiluung bei Epilepsie oder um Auflagen ging

Folie 8

3. Thematisierung unerlaubten Fahrens im Beratungsgespräch

Wann sprechen SozialarbeiterInnen mit ihren Klienten über mangelnde Fahreignung?

- Beratung über Regelungen bei Epilepsie (Begutachtungsleitlinien)
- Beratung zur Arbeitsassistenz
- Beratung zur Kraftfahrzeughilfe
- Situationen, in denen unerlaubtes Fahren offenkundig wird

Grundlage für die Beratung: www.bast.de, Begutachtungsleitlinien zur Kraftfahrereignung, Heft M 115, Stand Mai 2014

Hatten Sie es schon mit Klienten zu tun, bei denen offenkundig wurde, dass er/sie ein führerscheinpflichtiges Fahrzeug fuhr, obwohl er nicht fahrgeeignet war?

Welche Frage sollte nach Ihrer Meinung als erstes in dieser Situation gestellt werden?

- „Was hat ihr Arzt/ihre Ärztin Ihnen bezüglich Autofahrens gesagt"?
- Falls Fahrverbot: „Für welchen Zeitraum wurde es ausgesprochen?"
- Falls kein Fahrverbot durch Arzt: „M. E. müssen Sie unbedingt mit ihm darüber sprechen, nach meinen Informationen (z. B. wenn der Klient von kürzlich aufgetretenen Anfällen erzählt hat) sind sie nicht fahrgeeignet".
- „Es gibt Hilfen für nicht fahrgeeignete Personen mit Epilepsie, darüber kann ich aber erst gezielt mit Ihnen sprechen, wenn von Seiten des Arztes klar ist, ob sie fahrtauglich sind oder nicht und wie lange ggf. ein Fahrverbot besteht".

Wie ist die juristische Stellung des Sozialarbeiters/der Sozialarbeiterin, wenn er/sie mit Klienten über das Fahrverbot spricht?

- Er /sie berät zur Bewältigung der Folgen des Fahrverbots – im Gegensatz zum Arzt, der nach § 630c BGB über das Verbot informiert.
- Aus dem Paragraphen zur Aufklärungs- und Informationspflicht ergibt sich, dass ein Arzt dies nicht auf eine/n SozialarbeiterIn übertragen kann (bestenfalls auf einen anderen Arzt).

Besteht ein Unterschied in der rechtlichen Stellung von Sozialarbeitern hinsichtlich der Schweigepflicht bei der Beratung nicht fahrgeeigneter Epilepsiekranker, je nachdem, ob sie in einer Beratungsstelle oder in einem Krankenhaus tätig sind?

- Staatlich anerkannte Sozialarbeiter und Sozialpädagogen sind nach StGB §203 zur Verschwiegenheit über Privatgeheimnisse verpflichtet.
- Zusätzliche Verschwiegenheitsverpflichtungen durch den Träger.

Dürfen Sozialarbeiter/Innen Rechtsberatung machen?

- „Wer außerhalb dieses engen persönlichen Kreises Rechtsberatung unentgeltlich erbringt, bedarf dazu der Anleitung durch einen Volljuristen". § 6 Abs. 2 Rechtsdienstleistungsgesetz (RDG) von 2008.

Wie würden Sie vorgehen, wenn sie es mit einem nicht fahrtauglichen Patienten zu tun hätten, dem dies auch bewusst ist, d. h. der vom Arzt darüber aufgeklärt worden ist?

- Nachfrage, wo sich das Fahrverbot besonders unangenehm auswirkt und wie der Klient damit zurechtkommt.

Was würden Sie dem Ratsuchenden sagen, wenn Sie auf die strafrechtlichen Folgen hinweisen?

- Dass nach §315 c StGB auf die Eigenverantwortlichkeit abgestellt wird.
  („Du kannst es selber erkennen und bist dann verantwortlich" --> Hamburger Urteil)
- Dass es bei anfallsbedingten Unfällen immer wieder zu schweren Verletzungen mit Todesfolge kommt. Beispiel Hamburger Unfall 2011, bei dem der Fahrer zu 3 ½ Jahren Haft wegen fahrlässiger Tötung verurteilt wurde.
- Dass bei unerlaubtem Fahren der Führerschein bis zu 5 Jahren oder sogar lebenslang entzogen werden kann.

Welche Informationen würden Sie zu den versicherungsrechtlichen Folgen geben?

- Leistungskürzung oder Leistungsfreiheit von Haftpflicht-, Kasko, Unfall-, Insassenunfallversicherung nach dem Versicherungsvertragsgesetz von 2008 (§ 26 VVG).
- Leistungskürzungen gegenüber Mitfahrern wegen Mitverschuldens (§ 254 BGB).

Zusammenfassung
Gestuftes Risikomanagement bei der Beratung von nicht fahrgeeigneten Patienten

- ➔ **Auf Eigenverantwortlichkeit (§ 1 StVO) und Mitwirkungspflichten bei der Behandlung (§ 630c BGB) verweisen.**
- ➔ **Auf Führerscheinregelungen verweisen u. diese aushändigen**
- ➔ **Auf Mobilitätshilfen hinweisen (sozialarbeiterische Unterstützung)**
- ➔ **Auf strafrechtliche Konsequenzen hinweisen – bis zu 5 Jahre Haft (§ 315c StGB)**
- ➔ **Auf versicherungsrechtliche Folgen hinweisen (Leistungskürzung oder Leistungsfreiheit, von Haftpflicht -, Kasko -, Unfall-, Insassenunfallversicherung) (VVG § 26)**
- ➔ **Aufklärung schriftlich bestätigen lassen, Zeugen hinzuziehen**
- ➔ **Einbeziehung Dritter: Angehörige (Ehepartner), ggf. Hausarzt, Freunde, dabei auf versicherungsrechtliche Konsequenzen für Insassen und Beifahrer hinweisen (BGB § 254 Mitverschulden)**
- ➔ **Den Patienten am Fahren hindern, sofern sofort der Eintritt der (konkreten) Gefahr droht (§34 StGB) Rechtfertigender Notstand)**
- ➔ **Beratungsinhalte und Überlegungen zeitnah dokumentieren**

Folie 9

4. Juristisch „trügerische“ Aussagen und Erfahrungen aus der Beratungspraxis

„Ich habe ja gar kein richtiges Fahrverbot!“

- Der Fahrer selbst ist verantwortlich, unabhängig davon, ob und was der Arzt gesagt hat.

Darauf hat das Landgericht HH in seinem Urteil 2012 abgehoben.

- Siehe auch § 1 Straßenverkehrsordnung (StVO): Jeder hat darauf zu achten, dass kein anderer geschädigt oder gefährdet wird (Sorgfaltspflicht).
- Bei Epilepsie ist nicht voraussehbar, wann ein Anfall kommt, deshalb generelles Fahrverbot (entsprechend den Begutachtungsleitlinien).

„Es gibt ja keine Meldung an die Führerscheinbehörde!“

- Alle Gesetze stellen auf die Eigenverantwortlichkeit ab. Es gibt keine Meldepflichten oder Meldebestimmungen. *„Sie selbst sind persönlich verantwortlich!“*.
- § 1 Straßenverkehrsordnung: „Wer am Verkehr teilnimmt hat sich so zu verhalten, dass kein anderer geschädigt, gefährdet oder mehr, als nach den Umständen unvermeidbar, behindert oder belästigt wird.“

- Es gibt einen Vermerk über Ihre Fahruntauglichkeit in Ihrer Krankenakte.

„Ich habe nichts unterschrieben!“

- Siehe vorherige Frage!

„Der Arzt hat mich nicht aufgeklärt“

- Es gibt (in unserer Kenntnis) bisher kein Urteil, bei dem dies dem Unfallfahrer zu Gute gehalten worden ist.
- Sie sind selbst verantwortlich. Im HH Urteil wurde nicht abschließend geklärt inwieweit der Beschuldigte aufgeklärt wurde, da er seine Zustimmung zur Einsicht in die Krankenakten widerrief.
  Unabhängig davon war entscheidend, dass er selbst erkennen konnte, dass er nicht geeignet war.
- BGH Urteil vom 20.10.1987, Az. : VI ZR 280/86) zu § 827 BGB:
  „ ...Ein Kraftfahrer, der bei gewissenhafter Selbstüberprüfung altersbedingte Auffälligkeiten erkennt oder erkennen muss, die ihn zu Zweifeln an der Gewährleistung seiner Fahrtüchtigkeit veranlassen müssen, ist verpflichtet, sich – ggf. unter Hinzuziehung eines Arztes – vor Antritt einer Fahrt zu vergewissern, ob er eine Beeinträchtigung seiner Fahrtüchtigkeit noch durch Erfahrung, Routine und Fahrverhalten auszugleichen vermag.
  Versagt der Kraftfahrer bei der Erfüllung dieser Pflicht (zur Selbstüberprüfung), dann kann er verantwortlich gemacht werden auch für einen Unfall, der auf einen plötzlichen, nicht wahrnehmbar ankündigenden Ausfall zurückzuführen ist, wenn dieser Ausfall auf Mängel der körperlichen oder geistigen Gesundheit beruht, von deren Vorhandensein er Kenntnis hat oder hätte haben sollen....“
  Das dürfte m.E. nicht nur bei altersbedingten Einschränkungen sondern auch bei Epilepsie gelten.
  (Wir danken Herrn Ralf François, ehem. Rechtsabteilung, v. Bodelschwinghsche Stiftungen Bethel, für diese Information)

„Ich fahre ja nicht oft!“

- Siehe oben.
- Über Auflagen entscheidet nach § 46 FeV das Straßenverkehrsamt.
- In der Regel gibt es keine eingeschränkte Fahrerlaubnis bei Epilepsie.

„Ich merke es ja, wenn es mir nicht gut geht!“

- s. o.

- Hier wäre auch auf die Führerscheinregelung bei Epilepsie, welche Bestandteil der FeV sind, hinzuweisen.
- „Generelles“ Fahrverbot bei Epilepsie, da es ja gerade zum Wesen der Erkrankung gehört, dass nicht konkret voraussehbar ist, wann ein Anfall kommt.

„Mein Arzt hat gemeint: “Nehmen Sie sich etwas in Acht“ / “Fahren Sie möglichst wenig“ / “Fahren Sie nur kurze Strecken...“ “

- Die Fahrungeeignetheit besteht bei Epilepsie generell (Begutachtungsleitlinien).
- Über spezielle Auflagen muss das Kraftfahrzeugverkehrsamt entscheiden.

„Mein Klinikarzt meinte: Gehen Sie zur Epilepsieberatungsstelle, Frau X. sagt Ihnen, wann Sie wieder fahren dürfen ...“

- Nach § 630 c BGB (Patientenrechtegesetz) ist ausschließlich der Arzt aufklärungspflichtig.
- Zusätzlich auf die Eigenverantwortlichkeit verweisen (§ 1 StVO)!

Ulrike Jungwirth
Dipl. Sozialpädagogin (FH)
Krankenschwester
Epilepsie Beratung Niederbayern
Kliniken Dritter Orden gGmbH
Kinderklink Passau

Rupprecht Thorbecke
Medizinsoziologe M.A.
Epilepsiezentrum Bethel

ArbeitnehmerInnen mit therapieresistenten Epilepsien – was gilt für die berufliche Beratungspraxis?

Peter Brodisch

Die interdisziplinäre Beratung bei Arbeitnehmern[1] mit therapieresistenter Epilepsie lohnt sich

Da etwa die Hälfte der Bevölkerung im erwerbsfähigen Alter ist, dürften in der Bundesrepublik Deutschland potentiell etwa 300.000 epilepsiekranke Menschen in Ausbildung oder Beruf stehen. Etwa ein Drittel aller Betroffenen wird nicht anfallsfrei, bei 100.000 epilepsiekranken Arbeitnehmern besteht damit ein erhöhter Beratungsbedarf hinsichtlich arbeitsmedizinischer Fragen.

Das Netzwerk Epilepsie & Arbeit (NEA) begleitete zwischen 2010 und 2013 über 300 epilepsiekranke Arbeitnehmer. Bezüglich der Frage nach dem Arbeitsplatzerhalt stellte sich im Projektverlauf heraus, dass nicht die Häufigkeit und Schwere der Anfälle, sondern die Ausprägung möglicher Komorbiditäten über den Erhalt der Arbeitsplätze entscheiden kann. Es sind vor allem ausgeprägte Konzentrations- und Gedächtnisprobleme, die die berufliche Teilhabe gefährden. Insgesamt waren die Ergebnisse aber ermutigend: Etwa 70 % der überwiegend therapieresistenten Epilepsiekranken konnten nach fachgerechter Beurteilung am Arbeitsplatz oder in der Firma verbleiben (vgl. Knieß u.a. 2015).

Die großen Erfolge stellten sich bei NEA ein, weil Arbeitgeber und beteiligte Fachleute wie Neurologen, Betriebsärzte oder Fachkräfte für Arbeitssicherheit sich *interdisziplinär* mit der individuellen, tätigkeitsbezogenen Beurteilung der beruflichen Möglichkeiten von Menschen mit therapieresistenter Epilepsie, befassten.

Die fachliche Grundlage für die nachfolgenden Erörterungen ist die Schrift zur „Beruflichen Beurteilung bei Epilepsie und nach erstem epileptischen Anfall", die 2015 von der Deutschen Gesetzlichen Unfallversicherung herausgegeben wurde (http://publikationen.dguv.de/dguv/pdf/10002/250-001.pdf). Darin werden bei der Risikobemessung Aspekte der Arbeitsumgebung und krankheitsbezogene Umstände gleichermaßen berücksichtigt.

---

[1] Wegen der besseren Lesbarkeit wird im Text auf die sprachliche Differenzierung nach Geschlechtern verzichtet.

Die fachliche Einschätzung ist im Einzelfall durchaus schwierig. Im hier dargelegten Workshop wurden daher sehr unterschiedliche Aspekte diskutiert. Der Aufsatz ersetzt nicht das Studium der DGUV-Richtlinie 250-001, sondern setzt dieses vielmehr voraus.

Arbeitnehmer mit therapieresistenter Epilepsie können nicht selten ohne oder nur mit nur geringen Einschränkungen arbeiten

Aspekte der Arbeitsumgebung

Es besteht *„Alltägliches Gefahrenrisiko"*. Ohne Einschränkungen darf bei therapieresistenter Epilepsie arbeiten, wer ausschließlich mit Tätigkeiten befasst ist, die das sogenannte „alltägliche Gefahrenrisiko" nicht überschreiten. „Alltäglich" ist zum Beispiel der Sturz zu Boden oder gegen eine Tischkante. Daher sind Büroarbeiten, einfache Montagetätigkeiten, Verkauf oder Versand- und Verpackungstätigkeiten unproblematisch bei therapieresistenter Epilepsie.

Es sind reversible Verletzungen möglich. Wenn Tätigkeiten mit leicht erhöhten Gefahrenrisiken beurteilt werden müssen, dann müssen die zu erwartenden Verletzungen sehr unwahrscheinlich sein und/oder die Verletzungsfolgen müssen reversibel sein. So könnte zum Beispiel eine mögliche Hautabschürfung als reversible Verletzung toleriert werden.

Tätigkeiten, die nicht berufsbestimmend sind. Bei seltenem Gebrauch einer handgeführten Maschine mit geringem Verletzungsrisiko sind die zu erwartenden Risiken ggf. als „sehr niedrig" und dann als tolerierbar einzustufen. Zudem können Tätigkeiten, die mit erhöhten Risiken assoziiert sind und gleichzeitig nicht berufsbestimmend sind, oft ohne nennenswerte Konsequenzen für das Beschäftigungsverhältnis ausgenommen werden.

Fahr- und Steuertätigkeiten bei Therapieresistenz. Menschen mit einfach fokalen Anfällen ohne motorische, sensorische oder kognitive Behinderung für das Führen eines Kraftfahrzeugs (ein Jahr Beobachtungszeit, Fremdanamnese!) oder mit ausschließlich schlafgebundenen Anfällen (3 Jahre Beobachtungszeit, regelmäßige neurologische Untersuchungen) dürfen Fahrzeuge der Führerscheingruppe I (z. B. PKW, Motorrad) bewegen.
Menschen mit Anfällen mit Sturz und Bewusstseinsverlust dürfen zum Beispiel Mitgänger-Flurförderzeuge bewegen, wenn hierbei keine erhöhten Gefahrenrisiken anzunehmen sind.

Alleinarbeit. Alleinarbeit liegt vor, wenn weitere Mitarbeitende sich außer Sicht- oder Rufweite befinden. In vielen Arbeitsstätten mit erhöhten Gefahrenrisiken ist Alleinarbeit auch für Gesunde untersagt. Umgekehrt gilt: Wenn gesunde Mitarbeiter alleine arbeiten dürfen, sollte dies in der Regel auch für epilepsiekranke Arbeitnehmer gelten. Im Einzelfall sind spezielle Sicherungsmaßnahmen oder ein Anfallsalarm notwendig.

Die genannten Aspekte der Arbeitsumgebung dürfen nicht unabhängig von den krankheitsspezifischen Aspekten betrachtet werden. Nachfolgend wird aufgezeigt, wie mittels Art und Häufigkeit der Anfälle die Gefährdungskategorie individuell bestimmt wird.

Krankheitsspezifische Aspekte

An den Schlaf gebundene Anfälle. Treten Anfälle mehr als drei Jahre ausschließlich aus dem Schlaf heraus auf, dann kann die Gefährdungskategorie „0“ angenommen werden, es bestehen bei Tätigkeiten mit mittleren Gefahrenrisiken (z.B. Bedienen einer Handkreissäge) dann keine Einschränkungen.

Verlässliche Aura: Wenn eine verlässliche Aura bezüglich ihrer Dauer und Intensität dem Betroffenen die Möglichkeit verschafft, gefahrvolle Tätigkeiten zu unterbrechen, bevor es zum Beispiel zu einem sekundär generalisierten, tonisch-klonischen Anfall kommt, dann können im Einzelfall auch Tätigkeiten mit erhöhten Gefahrenrisiken erlaubt werden.
Wenn Auren ausschließlich isoliert auftreten und keine spezifische Beeinträchtigung darstellen, dann sind zahlreiche Tätigkeiten auch ohne Einschränkungen möglich, unter anderen auch bestimmte Fahr- und Steuertätigkeiten. Es gilt dann bei Tätigkeiten mit mittleren Gefahrenrisiken die Gefährdungskategorie „0“.
Um die Aura-Diagnose sicherzustellen, sollte ein Jahr Beobachtungszeit zugrunde gelegt werden und durch Fremdbeobachtung belegt sein, dass sich die Person in der Aura tatsächlich vor den Folgen eines Anfalles schützt.

Leichte Anfälle, niedrige Anfallsfrequenz. Anfälle, die keinen Sturz und keine unangemessenen Handlungen auslösen, sind laut der gültigen Empfehlungen der Deutschen Gesetzlichen Unfallversicherung (DGUV-I 250-001) den Gefährdungskategorien „O, A oder B zuzuordnen. Auch bei Berufen mit möglichen Selbst- und Fremdgefährdungen kann dies „grundsätzlich keine Bedenken“ oder „in der Mehrzahl der Arbeitsplätze möglich“ bedeuten. Beispielberufe: Altenpflege, Physiotherapie, Haus- und Familienpflege, Medizinisch-technische Assistenz, Metallbau und viele andere.

Große Anfälle, hohe Anfallsfrequenz. Anfälle mit Bewusstseinsverlust und Sturz und / oder unangemessenen Handlungen können besonders unfallträchtig sein und es ist möglich, dass es zu Tätigkeitsverboten kommt, insbesondere in Berufsbereichen mit erhöhten Selbst- und Fremdgefährdungsrisiken. Dies bedeutet aber längst nicht „das Aus im Job“. Wenn gefahrenträchtige Tätigkeiten nicht berufsbestimmend sind, Arbeitssicherheitsmaßnahmen die zu erwartenden Risiken auf ein vertretbares Maß abzusenken helfen oder eine innerbetriebliche Umsetzung im Betrieb möglich ist, dann können auch sogenannte „Risikoarbeitsplätze“ bei therapieresistenter Epilepsie erhalten werden.

Die DGUV-Regelungen „Erster Anfall“. Ein erster Anfall kann erhebliche berufliche Einschränkungen nach sich ziehen – vor allem immer dann, wenn Hinweise auf eine beginnende Epilepsie bestehen. Dann müssen Betroffene unter Umständen ein Jahr Anfallsfreiheit abwarten, bis sie wieder Tätigkeiten mit erhöhten Gefahrenrisiken aufnehmen dürfen. Diese Frist kann aber in zahlreichen Fällen bei Beginn einer Therapie mit Antiepileptika schon nach dem ersten Anfall verkürzt werden. Inzwischen liegen gut abgesicherte wissenschaftliche Daten über die Reduktion des Rezidivrisikos bei Frühbehandlung unter Berücksichtigung mehrerer prognostischer Faktoren vor. Tätigkeiten mit schweren Verletzungsrisiken beziehungsweise hoher Fremdgefährdung im Falle eines erneuten Anfalls (LKW-Fahrer, Kaminkehrer) dürfen, wenn Hinweise für eine beginnende Epilepsie gibt, erst nach 5 Jahren Anfallsfreiheit ohne Medikation wieder aufgenommen werden. Hingegen sind nach einem ersten Anfall Tätigkeiten mit mittlerem Verletzungsrisiko beziehungsweise mittlerer Fremdgefährdung bereits nach 3 Monaten (provozierter Anfall) oder 6 Monaten (unprovozierter Anfall) erlaubt.

Besonderheiten der sozialpädagogischen Beratung im Themenfeld Epilepsie und Arbeit

In der beruflichen Beratung treten zahlreiche Besonderheiten auf. Trotz notwendiger Informationspflicht verschweigen Epilepsiekranke ihre gesundheitlichen Einschränkungen am Arbeitsplatz. Das Meiden des Gesprächs über Epilepsie am Arbeitsplatz kann viele Gründe haben. Seitens des Epilepsiebetroffenen können das vermutete oder erfahrene Dis-

kriminierung sein oder einfach der Wunsch nach informeller Selbstbestimmung, verbunden mit dem Ziel, im Betrieb keinen Sonderstatus „chronisch krank“ oder „behindert“ angehängt zu bekommen.
Eine solche Zurückhaltung ist nicht nur im beruflichen, sondern auch im privaten Umfeld häufig. Es kommt zum sozialen Rückzug, denn für die Betroffenen ist es oft der einzige Weg, sich emotional zu entlasten. Insofern ist es verständlich, dass laut einer aktuellen Studie über 52 % der epilepsiekranken Beschäftigten von krankheitsbedingten Problemen am Arbeitsplatz berichten (vgl. Schulz, 2013).
Dabei begünstigt der soziale Rückzug die Entwicklung sozialer Angststörungen, da er positive Bewältigungserfahrungen mit Anfällen in sozialen Beziehungen verhindert. „Positiv“ kann eine Epilepsieerkrankung am Arbeitsplatz nur dann bewältigt werden, wenn die Kollegen gut über Epilepsie informiert sind und beispielsweise konkret verabredet wird, welche Erste-Hilfe-Maßnahmen im Bedarfsfall zu ergreifen sind. Der Betroffene erlebt dann, dass ein epileptischer Anfall nicht zur sozialen Ausgrenzung führen muss.
Epilepsiekranke, die die Epilepsie-Beratung und/oder eine Verhaltenstherapie nutzen, lernen zielgerichtet und selbstsicher über ihre Erkrankung zu sprechen, ohne dabei Ängste und Unsicherheiten bei ihren Gesprächspartnern zu wecken. Dass die Epilepsie nicht zum Dauergesprächsthema im Betrieb avancieren darf, sollte sich von selbst verstehen. Epilepsiekranke Erwachsene können an Epilepsie-Schulungsprogrammen wie MOSES teilnehmen, diese werden beispielsweise in spezialisierten Rehabilitationskliniken und den Epilepsie-Beratungsstellen angeboten.

Unbedingt beachtet werden sollte bei der sozialpädagogischen Beratung aber auch das soziale Umfeld des Betroffenen, ausdrücklich auch am Arbeitsplatz. Denn laut einer Emnid-Studie aus 2008 reagiert die Bevölkerung verunsichert auf die Vorstellung, selbst mit einem Anfallskranken zu tun zu haben: 44 % der Befragten seien in Sorge, es könne ein Anfall auftreten und 68 % wüssten nicht, was dann zu tun wäre. Dabei befürchten 65 % anfallsbedingte Verletzungen und 47 % ein merkwürdiges Verhalten von der betroffenen Person. Es ist daher auch nicht verwunderlich, dass 26 % der Befragten verunsichert wären, wenn ein epilepsiekranker Mitarbeiter eingestellt würde (9 % bei Diabetikern) (vgl. Thorbecke u.a. 2010).
Alle genannten Fragestellungen zum Umgang mit der Erkrankung sind genuine sozialpädagogische Beratungsfelder. Wenn epilepsiekranke Arbeitnehmer sich als „beratungsresistent“ erweisen, weil sie sich etwa weiterhin über Fahrverbote hinwegsetzen oder ihrer Informationspflicht

gegenüber dem Arbeitgeber nicht nachkommen, dann sollte auch die Sozialberatung eindringlich auf die rechtlichen, gesundheitlichen und sozialen Folgen hinweisen.

Schließlich sollte der Sozialarbeiter bei der Beratung zu Fragen der beruflichen Möglichkeiten bei Epilepsie schon eingangs stets darauf hinweisen, dass sich der Inhalt der Beratung auch an formalen und rechtlichen Vorgaben orientiert, eine „Gefälligkeitsberatung" also ausgeschlossen wird.

Schlussbemerkung

Bevor man für Beschäftigte mit therapieresistenter Epilepsie tätigkeitsbezogene Einschränkungen formuliert, sollte man interdisziplinär Lösungsstrategien diskutieren. Die Einschätzungen des Epileptologen, des Betriebsarztes und der Fachkraft für Arbeitssicherheit können hier gleichermaßen bedeutsam sein. Bei Leistungseinschränkungen wie Gedächtnis- und Aufmerksamkeitsstörungen sollte die sozialpädagogische Fachkraft regelmäßig an spezialisierte Einrichtungen der medizinischen und beruflichen Rehabilitation verweisen.

Das sozialpädagogische Setting sollte im Bereich Epilepsie und Arbeit neben sozialen Themen wie „Umgang mit der Erkrankung im Betrieb" in angemessener Weise auch Verantwortung für eine leitliniengemäße Beratung übernehmen. Die rechtsverbindliche Empfehlung an den Arbeitgeber sprechen Neurologen oder Betriebsärzte aus, die Verantwortung über die Arbeitssicherheit im Betrieb bleibt stets beim Arbeitgeber.

Literatur

Knieß, T., Stefan, H., Brodisch, P.: Diagnosis of epilepsy – consequences for work and professional activities, in: Journal of Epileptology 2015/ 23 / ID 894576.

Schulz, J. et. al.: Counseling and social work for persons with epilepsy: Observational study on demand and issues in Hessen, Germany, in: Epilepsy & Behavior 28 (2013), S. 360.

Thorbecke, R., Pfaefflin, M., Balsmeier, D., Stephani, U., Coban, I., May, T.W.: Einstellungen zur Epilepsie in Deutschland 1967-2008. Zeitschrift für Epileptologie 23 (2010), S. 82-97.

Peter Brodisch
Dipl. Pädagoge, Dipl. Sozialpädagoge
Netzwerk Epilepsie und Arbeit Epilepsie-Beratung München

Workshop: Epilepsie und Schule

Henrike Staab-Kupke
Simone Fuchs

Im Workshop wurden drei Beispiele für Angebote von Epilepsieberatungsstellen an Schulen vorgestellt:

1. Fortbildungseinheit für Lehrkräfte
2. Elemente einer Unterrichtsstunde für die 1. Klasse Grundschule
3. Elemente einer Unterrichtsstunde für die 9. Klasse Gymnasium

Fortbildungseinheit für Lehrkräfte

- Häufigkeit und Verbreitung von Epilepsien
- Ursachen und Anfallsauslöser
- Entstehung epileptischer Anfälle
- Anfallsformen mit Filmbeispielen
- Erste Hilfe im Anfall
- Anfallsbeobachtung
- EEG und MRT
- Medikamentöse Behandlung
- Nichtmedikamentöse Therapieverfahren
- Prognose
- Anfallserleben aus Sicht der Betroffenen und der Bezugspersonen

Probleme im schulischen Alltag können in engem Zusammenhang mit der Epilepsie auftreten: durch mangelende Aufnahmefähigkeit während der Anfälle (z. B. Absencen) oder Konzentrationsstörungen nach den Anfällen. Außerdem können Fehlzeiten durch Anfälle oder Krankenhausaufenthalte dazu führen, dass Lücken im Schulstoff entstehen. Manchmal ist es auch schwer einzuschätzen, ob Konzentrationsstörungen eher durch die Anfälle selbst kommen oder auch im Zusammenhang mit Nebenwirkungen der Medikamente auftreten. Auch das Auftreten von Teilleistungsstörungen kann zu einem schwankenden Leistungsbild beitragen. Weitere Probleme können durch Verunsicherung des betroffenen Schülers, eine durch die Epilepsie bedingte Sonderrolle oder Angst vor Abwertung durch Mitschüler entstehen.

Konkrete Hilfen im Unterricht sind die Ermöglichung eines individuellen Arbeitstempos. Bei Bewusstseinspausen oder Fehlzeiten sind Wiederholungen und schriftliches Unterrichtsmaterial sinnvoll, um den Stoff nacharbeiten zu können. Nach Anfällen oder bei rascher Ermüdbarkeit kann die Möglichkeit zur Entspannung oder kurze Pausen bei Konzentrationsproblemen hilfreich sein. Im Rahmen eines Nachteilsausgleiches können besondere Prüfungsbedingungen (z. B. Verlängerung der Prüfungszeit, mündliche statt schriftlicher Prüfung) beantragt werden.

Es ist immer wichtig, im engen Austausch mit den Eltern zu bleiben. Im Elterngespräch sollte immer auf die Vertraulichkeit hingewiesen. Wichtige Informationen, die Lehrer abfragen und die dokumentiert werden sollten sind:

- Art der Anfälle
- Häufigkeit
- Aura
- tageszeitliche Bindung
- Medikamente und Notfallmedikament
- Auslöser
- Vorsichtsmaßnahmen
- Erste Hilfe
- Verbote

Nach dem Elterngespräch sollte ein Plan erarbeitet werden, in dem, falls ein Medikament während der Unterrichtszeit eingenommen werden muss, Handelsname, Dosierung und Einnahmezeit und ein Notfallplan mit konkreten Maßnahmen für die Erste Hilfe im Anfall enthalten ist und der von den Eltern und auch dem behandelnden Arzt unterschrieben wird. Außerdem ist wichtig das Gespräch mit dem betroffenen Schüler zu suchen und diesen zu fragen, wie er seine Anfälle erlebt, welche Hilfestellung er sich nach einem Anfall wünscht und welche Informationen an die Klasse weiter gegeben werden dürfen.

Kinder mit Epilepsie sollen am Sportunterricht teilnehmen. Wenn keine Anfallsfreiheit vorliegt, kommt es auf geeignete Schutzvorkehrungen an, bei Absturzgefahr z. B., dass eine Person, die in der Lage ist das Kind aufzufangen, direkt neben ihm steht und/oder indem die Höhe geringer gehalten wird. (siehe dazu „Das chronisch kranke Kind im Schulsport“, herausgegeben vom Ministerium für Kultus, Jugend und Sport des Landes Baden-Württemberg – http://www.schuleundkrankheit.de/files/broschuere_ckk.pdf und die Schrift der Stiftung Michael „Sport bei Epilepsie“ – https://www.stiftung-michael.de/schriften/schriften_epilepsie.php?l=1)

Für den Schwimmunterricht sind die Regelungen in den einzelnen Bundesländern unterschiedlich, In manchen z. B. in Bayern ist eine Teilnahme möglich, wenn das Kind mindestens 3 Monate anfallsfrei ist, in anderen Bundesländern, z.˘B. Baden-Württemberg, gibt es keine anfallsfreien Fristen, die erfüllt sein müssen, um teilzunehmen, vielmehr wird eine 1:1 Betreuung empfohlen, wenn das Kind noch nicht 2 Jahre anfallsfrei ist (http://www.schuleundkrankheit.de/files/broschuere_ckk.pdf).

In der Expertenempfehlung der Stiftung Michael, wird, bevor das Kind nicht zwei Jahre anfallsfrei ist, eine angemessene Aufsicht empfohlen. Diese soll entweder in einer 1:1 Begleitung im Wasser oder, sofern das Schwimmen in einer kleinen Gruppe angeboten wird aus einer Randaufsicht und einer Begleitperson im Wasser bestehen. Alle Aufsichtspersonen sollen das DLRG- Silber-Rettungsschwimmabzeichen haben. Die Teilnahme an Klassenfahrten ist nach guter Vorbereitung meist auch möglich. Die Medikamenteneinnahme muss gesichert sein und es sollte darauf geachtet werden, dass der betroffene Schüler ausreichend Schlaf bekommt.

Es ist abzuklären ob und wie die Klasse über die Erkrankung aufgeklärt werden soll. Dies ist vor allem sinnvoll, wenn die Mitschüler schon Anfälle gesehen haben oder dies aufgrund der Anfallshäufigkeit zu erwarten ist.

Elemente einer Unterrichtsstunde für die 1. Klasse Grundschule

- Einstieg: Jedes Kind war schon einmal krank
- Überleitung: Es gibt Erkrankungen, die Menschen längere Zeit begleiten wie z. B. die Epilepsie
- Information über die Häufigkeit von Epilepsien
- Jeder Mensch (auch Tiere) können Epilepsie bekommen
- Vorstellung berühmter Persönlichkeiten mit Epilepsie
- Erklärung was im Gehirn bei einem Anfall passiert (mit Bildmaterial oder dem Film „Von Anfällen und Ameisen)
- Verschiedene Anfallsformen vorstellen (ggf. auch mit Filmmaterial)
- Ggf. Mitschüler fragen, wie sie die Anfälle erlebt haben. Bei Bedarf den Film des Bundes-Elternverbandes Epilepsie (EBE) „Aus heiterem Himmel erwähnen (http://www.epilepsie-elternverband.de/home/)
- wenn der betroffene Schüler möchte, kann er auch über seine Anfälle berichten
- Untersuchungen bei Epilepsie vorstellen: EEG und MRT

- Medikamtentöse Behandlung: Dauer- und ggf. Notfallmedikamente
- Erste Hilfe im Anfall erklären und ggf. die stabile Seitenlage üben
- Besprechen, ob und welche Einschränkungen es bei dem Schüler gibt
- Betonen, dass Epilepsie für die meisten Dinge im Leben kein Hindernis ist

Elemente einer Unterrichtsstunde für die 9. Klasse Gymnasium

Zu den bereits genannten Elementen für die Grundschule wurden folgende Inhalte ergänzt:

- Berühmtheiten mit Epilepsie
- Ursachen und Auslöser von epileptischen Anfällen
- Diagnostik und Behandlung
- Verhaltensregeln im Alltag
- Interview mit dem betroffenen Schüler über seine individuelle Situation, das im Vorfeld gemeinsam vorbereitet wurde. Hier könnte man auch eventuell einen Film zeigen: „Es gibt nur ein Ich und im Ich verweilt meine Seele; Ein Dokumentarfilm über junge Erwachsene mit Epilepsie in Deutschland und in der Türkei vom Hülja Karci und Meltem Öztürk, Payiz-Film 2013, zu beziehen über die Deutsche Epilepsievereinigung

Simone Fuchs
Dipl. Sozialarbeiterin
Epilepsie-Beratung Würzburg

Henrike Staab-Kupke
Dipl. Sozialarbeiterin
Epilepsie-Beratung Würzburg

Rundgang Werkstatt für behinderte Menschen mit Schwerpunkt Arbeitssicherheit

Monika Freitagsmüller, Berthold Löffler

Viele Arbeitgeber und auch Betriebsärzte sehen in der Diagnose Epilepsie eine große und oftmals auch unüberwindbare Hürde bei der Ausübung von vielen Berufen/Tätigkeiten. Gerade nach einem Anfall am Arbeitsplatz breitet sich Hilflosigkeit aus, die darin mündet, dass Arbeitgeber auf Grund ihrer Befürchtung die Fürsorgepflicht zu verletzen, vielfach Probleme sehen ohne nach Lösungen zu suchen.

Hier gilt es proaktiv mit Verantwortlichen und unabhängigen Fachleuten die Arbeitssituationen, den Arbeitsplatz und das Anfallsgeschehen genau zu betrachten. Es ist wichtig, nicht zu pauschalieren, sondern den konkreten Einzelfall mit all seinen individuellen Eigenschaften zu sehen. Welche Gefahren gehen von dem Arbeitsplatz und den verschiedenen Tätigkeiten aus? Was kann passieren, wenn ein Anfall am Arbeitspatz vor kommt? Welche Gefahren/Verletzungen sind zu erwarten?

Hier bietet auch gerade die seit 2015 geltende DGUV Information 250-001 „Berufliche Beurteilung bei Epilepsie und nach erstem epileptischen Anfall" viele Hilfestellungen. Auch wird das STOP-Prinzip beschrieben, nachdem „S" für Substitution von Gefahrstoffen, „T" für technische Schutzmaßnahmen, „O" für organisatorische Schutzmaßnahmen und „P" für persönliche Schutzmaßnahmen steht.

In vielen Fällen kann so durch arbeitsorganisatorische Maßnahmen das Risiko, das es zu Schäden an Leib und Seele kommt, verhindert werden. Wo dies nicht möglich ist, kann durch technische Maßnahmen wir Lichtschranken, Berührungssensoren, Kapselung von Maschinen, die Gefahr gebannt oder stark reduziert werden.

Im Rahmen des Workshops konnten viele Arbeitsplätze diskutiert und Lösungsvorschläge erarbeitet werden. Auch die Küche im Mühlen Café wurde besichtigt.

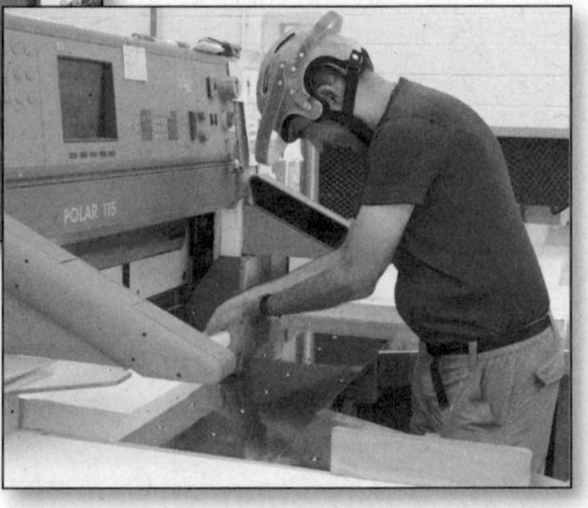

Ein sehr eindringliches Beispiel, welche technischen Möglichkeiten in der modernen Maschinentechnik realisiert werden können, konnte in der Werkstatt in Kehl Kork demonstriert werden: die Papierschneidemaschine, welche mit höchster Präzision Papier schneidet und mit einer modernen Sensortechnik so ausgestattet ist, dass selbst beim Hineingreifen in die Maschine nichts passieren kann. Ein tolles Beispiel wie Arbeitsprozesse auch für Menschen mit Epilepsie sicher gestaltet werden können.

Monika Freitagsmüller
Dipl.-Chem-Ing
Technische Beraterin
Integrationsamt Darmstadt

Berthold Löffler
Werkstattleiter
Hanauerland Werkstätten
Diakonie Kork

Adressen und Nützliche Informationen

Sozialarbeit bei Epilepsie e.V.

Während der 5. Fachtagung „Sozialarbeit bei Epilepsien“ 1998 im Epilepsiezentrum Kleinwachau wurde ein Arbeitskreis „Sozialarbeit bei Epilepsien“ gegründet, der seit Juni 2003 als gemeinnütziger eingetragener Verein besteht.

Vertreten sind Kolleginnen und Kollegen aus unterschiedlichen Einrichtungen und Diensten mit dem Schwerpunkt Epilepsie - z. B. Kliniken mit akutstationärer und ambulanter Behandlung inklusive Sozialpädiatrische Zentren (SPZs), Einrichtungen der medizinischen und beruflichen Rehabilitation, Ausbildungseinrichtungen, stationäres und ambulant betreutes Wohnen, Epilepsie-Beratungs- und Informationsstellen sowie die Selbsthilfe.

Der Anlass zur Gründung des Arbeitskreises bzw. Vereins war zum einen das Bedürfnis nach gegenseitigem Austausch und Weiterbildung, zum anderen der Mangel an ausreichenden speziellen Beratungsangeboten für Menschen mit Epilepsien. Daraus ergaben sich die gemeinsam zu bearbeitende Themen:

- Notwendigkeit, Rahmenbedingungen und Besonderheiten einer epilepsiespezifischen Sozialarbeit benennen
- Fort- und Weiterbildung und damit eine weitere Professionalisierung der Sozialarbeit bei Epilepsie.

In regelmäßigen Treffen des Vereins „Sozialarbeit bei Epilepsie“ werden insbesondere folgende Erwartungen und Ziele bearbeitet:

- Diskussion und Entwicklung von tätigkeitsspezifischen Standards und Konzepten,
- Öffentlichkeitsarbeit zu sozialpolitisch relevanten Aspekten der Sozialarbeit bei Epilepsie und Repräsentation der Arbeit,
- gegenseitiger Austausch und Zusammenarbeit mit der Selbsthilfe.

Ein wichtiger Aufgabenbereich besteht in der Organisation der Fachtagungen „Sozialarbeit bei Epilepsie“, die alle zwei Jahre in unterschiedlichen Einrichtungen der Epilepsie-Behandlung und -Beratung stattfinden.

Anschrift: (per Adresse)
Sozialarbeit bei Epilepsie e.V. Geschäftsstelle
Michaela Pauline Lux
Epilepsiezentrum Kork
Landstraße 1
77694 Kehl-Kork
mlux@epilepsiezentrum.de

Bankverbindung:
Sozialarbeit bei Epilepsie e.V.
Postbank Berlin
BLZ 100 100 10
Kto.-Nr.: 496 546 104
BIC: PBNKDEFF
IBAN: DE63 1001 0496 5461 04

Bisher erschienene Fachtagungsbände und Themenschwerpunkte

Nr. 1	1982	vergriffen	• Untersuchungsmethoden bei Epilepsie • Selbständigkeit • Berufliche Rehabilitationsmaßnahmen bei schwer einzugliedernden Patienten mit Epilepsie
Nr. 2	1984	vergriffen	• Anfälle in unterschiedlichen Umgebungen • Anfälle im Kindesalter • Familien mit einem epileptischen Partner
Nr. 3	1993	vergriffen	• Schwere von Epilepsie und Lebensqualität • Rehabilitation in der Epilepsieklinik • Soziale Rehabilitation junger Erwachsener • Rehabilitation in der Anfallsambulanz
Nr. 4	1996	vergriffen	• Epilepsiekranke Kinder - Familie, Schule berufliche Eingliederung, psychische Probleme • Berufliche Rehabilitation Erwachsener • Empowerment bei anfallskranken Menschen
Nr. 5	1998		• Biographie und soziale Arbeit • Beratung in einer Epilepsieberatungsstelle • Medizinische Rehabilitation bei Epilepsie • Familienunterstützende Dienste • Berufswahl bei Epilepsie • Ergotherapie bei Epilepsie • Dokumentation
Nr. 6	2000		• Ist Epilepsie eine Behinderung? • Brücken bauen zwischen Arbeitgebern und Menschen mit einem Handicap • Eingliederungsprojekte für behinderte Menschen in der Schweiz • Rehabilitationsrecht • Empowerment in der sozialen Arbeit, • Soziale Arbeit in der Epilepsieambulanz • Stellenwert von Gesundheit in der Ausbildung von SozialarbeiterInnen
Nr. 7	2002		• Veränderte pol. Rahmenbedingungen und Sozialarbeit • Epilepsie und Familie • Epilepsie und Selbstbestimmung • Selbsthilfe und Sozialarbeit • Sozialrecht
Nr. 8	2004	vergriffen	• Case Management • Begleitung von Kindern, Jugendlichen u. Erwachsenen mit Epilepsie und psychischen Problemen • Sozialarbeiterische Beratung von Menschen mit dissoziativen Anfällen • Sozialrecht
Nr. 9	2006		• Kinder u. Erwachse mit Epilepsie u. Migrationshintergrund • Epilepsiekranke mit Mehrfachbehinderung • Epilepsiekranke mit Persönlichkeitsstörungen • Rechtliche Aspekte

Nr. 10	2008		• Historische Aspekte • Rehabilitationsverläufe • Beratungs- und Behandlungsmodelle • Spezialisierte Behandlungs- und Beratungsangebote für Menschen mit Epilepsie
Nr. 11	2010		• Kinder und Eltern – Behandlung, Alltag und Beratung • Jugendliche und junge Erwachsene - berufliche Eingliederung • Berufliche Fragestellungen Erwachsener • Rechtliche Aspekte
Nr. 12	2012		• Soziale Netzwerke, Soziale Unterstützung, Soziale Kompetenzen • Integration, Inklusion, Teilhabe, Lebensqualität • Wohnen • Erwerbstätigkeit, Arbeitsgestaltung • Kognitive Beeinträchtigungen bei neuen Antiepileptika • Psychogene Anfälle bei Kindern und Jugendlichen • Sport • Epilepsie im Spielfilm • Rechtliche Fragestellungen • Sozialarbeit bei Epilepsie in Litauen und Tschechien
Nr. 13	2014		• Inklusion zwischen Anspruch und Realität • Theatergruppe unsichtbar • Behinderung, kultureller Kontext und Migration • Epilepsie und psychische Behinderung • Arbeitssicherheit, Bewerbung, Kündigung

Die **Tagungsbände 12, 13 und 14** können kostenfrei über den Verein Sozialarbeit bei Epilepsie, Geschäftsstelle, Michaela-Pauline Lux, Epilepsiezentrum Kork, Landstr. 1, 77694 Kehl-Kork bezogen werden.

Restexemplare der **Tagungsbände 5 - 7 und 9 - 11** können, solange der Vorrat reicht, kostenfrei angefordert werden bei:

Ingrid Coban
Krankenhaus Mara gGmbH
Epilepsie-Zentrum Bethel
Maraweg 21
D-33617 Bielefeld
Fax: 0521/772-78955
Mail: ingrid.coban@mara.de

Der Tagungsband 14 kann auch über den Bethel-Verlag bestellt werden:

v. Bodelschwinghsche Stiftungen Bethel
Bethel-Verlag
Quellenhofweg 25
D-33617 Bielefeld
Tel.: 0521/144-3604
Fax: 0521/144-6083
Mail: **bethel-verlag@bethel.de**

STIFTUNG MICHAEL

Die **STIFTUNG MICHAEL** wurde 1962 vom Verleger und Publizisten Dr. Fritz Harzendorf gegründet, dessen Sohn seit früher Kindheit an einer Epilepsie mit großen Anfällen nach dem Aufwachen und sehr häufigen Absencen litt.

Ausschließlicher und unmittelbarer Stiftungszweck sind die wissenschaftliche Erforschung der Ursachen der Anfallskrankheiten und der geeignetsten Methoden ihrer Behandlung sowie die Bekämpfung ihrer individuellen und sozialen Folgen. Die Stiftung ist als gemeinnützig anerkannt.

Die Angebote der Stiftung Michael

Michael-Preis
Der mit € 20.000,- dotierte MICHAEL-PREIS wird alle zwei Jahre an jüngere Wissenschaftler verliehen. Er ist eine international hoch angesehene Auszeichnung für die beste, zum wissenschaftlichen Fortschritt beitragende Arbeit auf dem gesamten Gebiet der Epileptologie (klinische und experimentelle Forschung).

Michael-Debate
Die Michael Debate ist ein wissenschaftlicher Beitrag der STIFTUNG MICHAEL zu dem alle zwei Jahre stattfindenden Europäischen Epilepsie Kongress.
Dabei diskutiert eine Gruppe von Forschern – überwiegend Preisträger des Michael Preises – ein aktuelles Thema untereinander und anschließend mit dem Auditorium.

Das „Praxisseminar für Epilepsie" in Gargnano
eine jährliche 3-tägige Fortbildung für epileptologisch interessierte Ärztinnen und Ärzte. Bei diesem Seminar werden Erfahrungen und Erkenntnisse aus Klinik und Praxis untereinander und in Diskussionen mit Experten ausgetauscht; dabei kommen alle praxis-relevanten Aspekte von Anfallskrankheiten aller Lebensalter zur Sprache.

Informationsschriften über Epilepsie
für Betroffene, Beratende, Behandelnde gleich geeignet. Themen sind u.a.: Epilepsie bei Schulkindern und Jugendlichen, Schwangerschaft bei Epilepsie, soziale Hilfen, Sport, Mobilität, berufliche Fragen und der Umgang mit der Krankheit.

Tagung „Sozialarbeit bei Epilepsie"
Die STIFTUNG MICHAEL unterstützt die alle zwei Jahre vom Verein „Sozialarbeit bei Epilepsie e. V." veranstaltete Tagung.

Stipendien für die Weiterbildung zur Epilepsie- Fachassistenz/-Fachberatung
an der Abteilung Bildung und Beratung Bethel. Diese Förderung wendet sich an Fachkräfte im Sozial- und Gesundheitswesen aus den Tätigkeitsbereichen Pflege, Funktionsdienste, therapeutische Dienste, Facharztpraxis, Pädagogik, Sozialarbeit und Psychologie.

Gargnano-Stipendien
Die STIFTUNG MICHAEL vergibt seit 2014 für die Praxisseminare in Gargnano bis zu 5 Stipendien an Ärztinnen und Ärzte bis zu 32 Jahren. Stipendiaten wird die Teilnahme- gebühr erlassen und sie erhalten freie Unterkunft und Verpflegung im Palazzo Feltrinelli.

VIREPA-Stipendien
Die STIFTUNG MICHAEL stellt Mittel zur Verfügung, um einer begrenzten Zahl von jüngeren Ärztinnen und Ärzten aus Deutschland und anderen europäischen Ländern eine Teilnahme an VIREPA-Fern- studien zu ermöglichen, falls sie die vollen Kursgebühren nicht aufbringen können.

Focused-Fellowship-Stipendien
Seit 2014 unterstützt die STIFTUNG MICHAEL mit den „Focused Fellowships" ein Stipendienprogramm, das sich am „Department to Department Co-Operation-Project" der European Federation of Neurological Science orientiert. Focused-Fellowship-Stipendien ermöglichen es

jungen Ärztinnen und Ärzten und Nachwuchsforschern an deutschen Zentren für mindestens 6 Wochen zu hospitieren, um vorher klar definierte klinische Prozeduren – z. B. fortgeschrittene EEG-Diagnostik oder epilepsie-bezogene Bildgebung – zu lernen oder an Forschungsprojekten teilzunehmen.
Vorerst noch erhalten Bewerber aus europäischen Ländern den Vorrang vor Bewerbern aus anderen Ländern.

Sibylle-Ried-Preis
Der Sibylle-Ried-Preis wird seit 2001 im deutschsprachigen Raum zum Gedenken an Frau Dr. med. Sibylle Ried (1956 – 2000) verliehen.
Frau Ried war eine Pionierin in der Entwicklung von Methoden zur Verbesserung der Behandlung und Beratung und der Zusammenarbeit mit Menschen mit Epilepsie.
Der Preis richtet sich an alle in diesem Bereich tätigen Menschen und Gruppen, ausdrücklich auch aus den Bereichen Neuropsychologie, Psychologie, Rehabilitation, Sozialarbeit und Selbsthilfe.
Der Preis in Höhe von **€** 2.500,- wird alle 2 Jahre im Rahmen der Gemeinsamen Jahrestagung der Deutschen und Österreichischen Gesellschaften für Epileptologie und der Schweizerischen Liga gegen Epilepsie verliehen.

Inge-und-Johann-Berger-Landefeldt-Stiftung
diese Stiftung für symptomatische Epilepsie (siehe nächste Seite) und die Stiftung Michael kooperieren eng miteinander. Die Geschäftsstelle der Stiftung Michael ist zugleich Geschäftsstelle der Berger-Landefeldt-Stiftung.

Spenden und Förderung
Jede Spende hilft die Situation der Betroffenen und ihrer Angehörigen zu verbessern.
Sie haben verschiedene Möglichkeiten zu spenden:

Spenden als Fördermitglied
Mit einem Dauerauftrag oder einer Einzugsermächtigung helfen Sie nachhaltig. Durch Ihre regelmäßige Unterstützung können wir verlässlich planen. Als Fördermitglied erhalten Sie unsere Informationsbriefe.

Einzelspenden
Mit einer Spende, so klein sie auch sein mag, können Sie schnell und direkt helfen, indem Sie einen Betrag auf das am Ende dieser Broschüre genannte Spendenkonto überweisen oder online spenden.

Vermächtnis und Testamente
Über den Tod hinaus wirksam sein und helfen, kann ein Grund sein, in einer letztwilligen Verfügung, die STIFTUNG MICHAEL zu bedenken. Vermächtnisse / Testamente sind nach dem Erbschaftssteuergesetz steuerbefreit.
Gerne stehen wir für weitere Informationen und zu einem persönlichen Gespräch zur Verfügung.

Zustiftungen
Mit einer Zustiftung erhöhen Sie das Stiftungskapital und ermöglichen eine nachhaltige Förderung. Zustiftungen sind über längere Zeiträume steuerlich absetzbar. Wir informieren Sie gerne.

Stiftungsrat und Geschäftsführung

STIFTUNG MICHAEL
Alsstraße 12
53227 Bonn

Tel.: 0228 - 94 55 45 40
Fax: 0228 - 94 55 45 42

E-Mail: post@stiftung-michael.de
Web: www.stiftung-michael.de

Einzelfall-Förderung durch die Inge-und-Johann-Heinrich-Berger-Landefeldt-Stiftung

Eine Stiftung für symptomatische Epilepsie

Die Inge-und-Johann-Heinrich-Berger-Landefeldt Stiftung unterstützt Menschen, die infolge äußerer Einwirkungen an Epilepsie erkrankt sind, also Menschen, die an einer erworbenen Epilepsie leiden.

Die Unterstützung wird vornehmlich als persönliche Einzelzuwendung für Maßnahmen und Hilfsmittel vergeben, für die sich kein anderer Kostenträger findet.

Solche Kosten(-zuschüsse) können u.a. gewährt werden:

– **für Reisen**
  - zur medizinischen, psychologischen oder pädagogischen Beratung
  - zur Orientierung über Maßnahmen der beruflichen Umschulung und Eingliederung
  - zum Erfahrungsaustausch bei Treffen von Selbsthilfegruppen
  - zu Kuren und Erholungsaufenthalten auch für notwendige Begleitpersonen
  - oder für Dienstleistungen zur Entlastung von Angehörigen

– **für spezielle Hilfsmittel wie**
  - Kopfschutz
  - Spezialschuhe
  - häusliche Behandlungseinrichtungen
  - behindertengerechte Anpassung der häuslichen Umgebung
  - Arbeitsschutz in privaten Hobbyräumen
  - zur Teilnahme am Behindertensport
  - individuelle Lernhilfen (auch computergesteuerte)

Daneben können Maßnahmen und Erhebungen gefördert werden, die dazu beitragen, Rechenschaft zu geben über den Stand und die Notwendigkeit gezielter Untersuchungen, Beratungen, Behandlungen oder die Eingliederung der betroffenen Menschen und Hilfen für ihre Angehörigen. Darunter fallen z.B. medizinische, psychologische, pädagogische Untersuchungen über die Lebensumstände und den Bedarf an geeigneten Beratungseinrichtungen für diese Menschen.

Anträge können von Betroffenen selbst oder von Angehörigen, aber auch von Selbsthilfegruppen, Betreuungseinrichtungen und Arbeitsstätten gestellt werden.

Beigefügt werden sollen ein Attest des Arztes oder der Ärztin, in dem die symptomatische Epilepsie bestätigt wird und eine genauere Angabe über die gewünschte Förderung mit Zirka-Angaben eines Euro-Wertes.

Anträge richten Sie bitte an die:

STIFTUNG MICHAEL
Alsstraße 12
53227 Bonn
E-Mail: post@stiftung-michael.de

oder an

Prof. Dr. Ulrich Stephani
Klinik Neuropädiatrie, UK S-H, Kiel
Schwanenweg 20
D-24105 Kiel
Tel.: +49 431 597 1761

Informations-Adressen

Deutsche Gesellschaft für Epileptologie (DGfE)
Informationszentrum Epilepsie
Geschäftsstelle Petra Gehle
Reinhardtstr. 27 c
D - 10117 Berlin

Tel.: +49 (0) 700 / 13 14 13 00 (12 ct/Min)
(Mo. bis Fr., 09. – 12.00 Uhr)
Fax: +49 (0) 700 / 13 14 13 99 (12 ct/Min)

Mail: office@dgfe.info, ize@dgfe.info
Web: www.dgfe.info, www.izepilepsie.de

Stiftung Michael
Alsstr. 12
D - 53227 Bonn

Tel.: +49 (0) 228 / 94 55 45 40
Fax: +49 (0) 228 / 94 55 45 42

Mail: post@stiftung-michael.de
Web: www.stiftung-michael.de

Deutsche Epilepsievereinigung e. V.
Bundesgeschäftsstelle
Zillestr. 102
D-10585 Berlin

Tel.: +49 (0) 30 / 3 42 44 14
Fax: +49 (0) 30 / 3 42 44 66

Epilepsie-Beratung
Tel.: +49 (0) 30 / 34 70 35 90
Di. und Do., 12.00 – 18.00 Uhr
Mail: info@epilepsie-vereinigung.de
Web: www.epilepsie-vereinigung.de

epilepsie-bundes-elternverband e. V.
Geschäftsstelle
Susanne Fey
Am Eickhoff 23
D-42111 Wuppertal

Tel./Fax: +49 (0) 202 / 2 98 84 65

Mail: kontakt@epilepsie-elternverband.de
Web: www.epilepsie-elternverband.de

Schweizerische Liga gegen Epilepsie
Seefeldstr. 84
CH-8034 Zürich

Tel.: +41 (0) 43 / 4 88 67 77
Fax: +41 (0) 43 / 4 88 67 78

Mail: info@epi.ch
Web: www.epi.ch

Epi-Suisse – Schweizerischer Verein für Epilepsie
ParEpi – Vereinigung der Eltern epilepsiekranker Kinder
Seefeldstr. 84
CH-8008 Zürich

Tel.: +41 (0) 43 / 4 88 68 80

Mail: info@epi-suisse.ch
Web: www.epi-suisse.ch

Österreichische Gesellschaft für Epileptologie (OGfE)
Sekretariat
Hermanngasse 18/1/14
A - 1070 Wien

Tel.: +43 (0) 1 / 890 3474
Fax: +43 (0) 1 / 890 3474 25

Mail: w@studio12.co.at
Web: www.ogfe.at

EDÖ – Epilepsie Dachverband Österreich
Liselotte Kastl-Soldan
Heiligenkreuz 76
A - 2532 Heiligenkreuz

Tel.: +43 (0) 664 / 1 25 47 88

Mail: office@epilepsie.at
Web: www.epilepsie.at